语文教学设计与微课实训

主　编◎叶俊莉
副主编◎陈忠坤

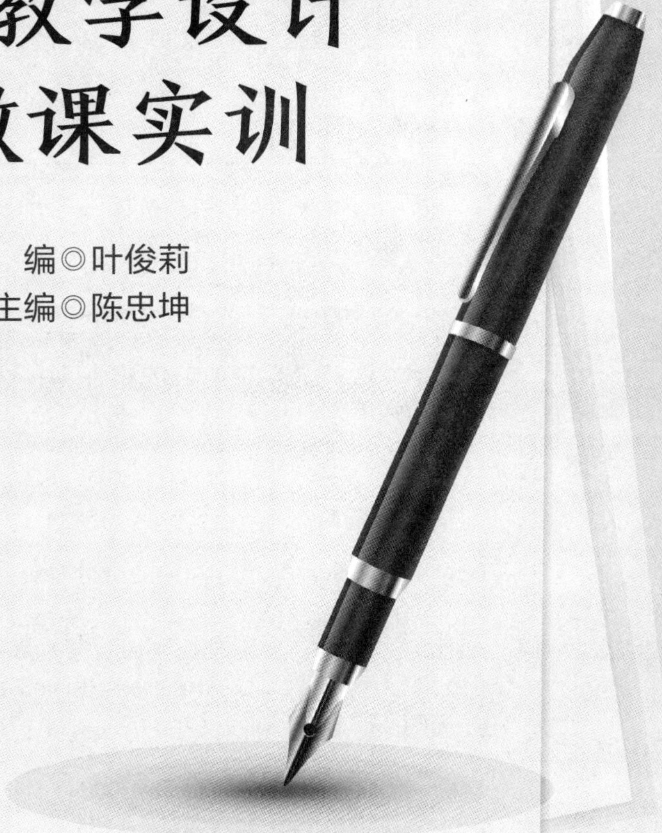

西南交通大学出版社
·成都·

图书在版编目（CIP）数据

语文教学设计与微课实训 / 叶俊莉主编. --成都：西南交通大学出版社，2023.11

ISBN 978-7-5643-9601-5

Ⅰ. ①语… Ⅱ. ①叶… Ⅲ. ①语文课－教学设计－中小学－师范学校－教材 Ⅳ. ①G633.302

中国国家版本馆 CIP 数据核字（2023）第 222474 号

Yuwen Jiaoxue Sheji yu Weike Shixun

语文教学设计与微课实训

主编 叶俊莉

责任编辑	居碧娟
封面设计	原谋书装
出版发行	西南交通大学出版社 （四川省成都市金牛区二环路北一段 111 号 西南交通大学创新大厦 21 楼）
营销部电话	028-87600564　028-87600533
邮政编码	610031
网址	http://www.xnjdcbs.com
印刷	四川森林印务有限责任公司
成品尺寸	185 mm × 260 mm
印张	18.25
字数	333 千
版次	2023 年 11 月第 1 版
印次	2023 年 11 月第 1 次
书号	ISBN 978-7-5643-9601-5
定价	49.00 元

课件咨询电话：028-81435775

前言

近年来，民族地区高校在师范类专业建设、人才培养、实践基地建设等方面取得了一些成绩。以西昌学院为例，学校的师范类专业一直秉承“开边卓荦、矢志兴教”的西康技艺专科学校①精神，坚守服务地方的教育初心，形成“民族化、本土化”特色，培养了大批甘于奉献的中小学教师，被誉为凉山州基础教育教师的摇篮。学校加强师范类专业建设，加强实践教学资源平台建设，加强大学生校外实践教育基地的建设，提升了师范专业学生的师范技能和职业能力。

但是，民族地区基础教育仍然滞后，师资力量亟待补充，而民族地区高校师范类专业人才培养与民族地区基础教育发展之间也存在着支撑度不够、匹配度不高、服务意识不浓等一些亟待解决的问题。为了切实解决存在的问题，民族地区高校要以习近平新时代中国特色社会主义思想为指导，立足新发展阶段，贯彻新发展理念，融入新发展格局，围绕立德树人根本任务，紧密结合民族地区对基础教育教师人才的需求，遵循新时代高等教育高质量发展要求及规律，主动契合乡村振兴战略，尽快补齐短板，改革、创新师范类专业人才培养模式，积极开展师范类人才培养的探索和实践，培养民族地区高层次合格的教育人才，厚植家国情怀，着力培根铸魂，提高师范生人才培养质量，有力助推民族地区的基础教育事业高质量发展。

---

① 西昌学院肇始于1936年北洋工学院内迁创建的国立西康技艺专科学校。

本教材的编写正是基于这样的指导思想，力图从教学实际出发，编订与基础教育语文学科教育相适应的教材，提高民族地区高校师范生的师范技能与教学能力，从而培养出优秀的教师人才，适应时代的要求，为乡村振兴助力。

《语文教学设计与微课实训》是着力培养汉语言文学专业、中国少数民族语言文学等专业师范生教学能力的一门实践课程，要求学生通过学习和实践全面掌握语文教学设计技能和微课授课及制作技能。本教材包括“语文教学设计”和“微课实训”上、下两编：上编介绍语文教学设计的基本理论、语文教学设计的要求与技巧、教学设计与师范技能之间的联系；下编介绍微课的相关理论、微课的具体制作流程、不同类型微课的实训方法。教材从理论的夯实到教学方法和技能的运用，最后到教学技术手段的提高，进行全方位细致的讲述，且遵循从实际应用出发的原则，选取了大量优秀学生的经典教学案例，有利于学生学以致用。

本教材具有以下特色：

第一，教学内容新颖全面。本教材拟对目前最新的语文教学设计及微课的理念和相关理论做出全面的介绍，同时对涉及的技术手段在课堂教学中应用的技术方法进行讲述，且与学生师范技能的提高紧密结合，设置了有效的实训方式和方法。

第二，理论与实践相结合，实用性强。本教材立足于语文教学及学生师范技能的提升，所选的案例均来自现行教材，涉及小学、初中和高中，内容编排由浅入深，理论知识与实践内容自然过渡。

第三，改革教学方法，强化现代教育技术，针对性强。时代发展快速，新的技术和新的理念层出不穷，教学方法要改革，任何人都需要终身学习，本教材不仅适用于在校学生，通过改革教学方法有针对性地强化现代教育技术指向的教学技能，提高师范生的综合素质，同样适用于有相关需求的教师进行教学能力的提高和教育技术的培训。

第四，案例翔实，易学好用。本教材从需求出发，立足于学生学习和教师教学中的具体问题，不仅配以翔实的案例和案例分析，还对具体的操作详细讲解，适合学习者们模仿操作和学习，特别适合初学者。

教材编写分工明确：叶俊莉负责教材的统筹和审定，以及上编“语文教学设计”部分的编写；陈忠坤负责下编“微课实训”部分的编写。本教材在编写过程中得到了语文教学研究、教学实训等方面的学者及专家们的大力支持，在此向他们致以最衷心的感谢！同时，也要特别感谢为本教材提供案例的西昌学院文化传媒学院汉语言文学专业的在读或已毕业的同学们，他们对案例的精心撰写与辛苦付出，确保了本教材以生为本、以编促教、以编促学理念的充分体现！

编者学养不丰、能力有限，本教材还存在很多很多疏漏和不足之处，敬请方家批评指正！

编　者

2023年4月

目录

上编
语文教学设计

下 编
微课实训

上　编

语文教学设计

第一章

语文教学设计基本原理

语文教学设计是探讨最优语文教学途径，促使学生语文认知结构、语文行为技能和语文情意品质产生预期变化的系统工程。语文教学的目的是使学生获得知识技能，而语文教学设计的目的是开发促使学生获得这些知识技能的经验和环境。

第一节　教学设计理论的发展

“设计”（Design）一词在社会生活中被广泛运用。《辞海》把“设计”解释为“筹划”，引用唐代孔颖达对《尚书·禹贡》中“禹敷土”的解释“禹必身行九州，规谋设法”作为补充[①]；《现代汉语词典》将“设计”解释为“在正式做某项工作之前，根据一定的目的要求，预先制定方法、图样等”[②]。美国学者P.L.史密斯及T.J.雷根认为，“设计是指人们参与的、旨在提升后继创新行为质量的活动和过程”，“设计这一术语，意味着在开发某些事物或是为了解决问题而执行计划之前，要经过一个系统的、精要的规划和观念生成过程”。[③]可见，设计是人们在具体实施某项工作之前，针对工作目标，根据一定的原则与要求，预先制定具有合理性、有效性、可操作性的方案的过程。设计的目的是有力推动特定工作的开展与实施。

作为众多设计活动中的一种，教学设计因其在教育教学中的重要作用，成为诸多设计中尤其特殊的一类。教学设计又称“教学系统设计”，是20世纪50年代以后逐渐发展成熟的一门综合性学科。其研究起步于20世纪50年代的美国；到80年代，以加涅为代表的第一代教学设计理论基本成熟；80年代末、90年代初，以史密斯和雷根为代表的第二代教学设计原理诞生，其核心是将情景教学、建构主义心理学和计算机多媒体技术结合起来。

① 辞海编辑委员会．辞海（缩印本）[M]．上海：上海辞书出版社，1980．
② 中国社会科学院语言研究所词典编辑室．现代汉语词典[M]．7版．北京：商务印书馆，2017．
③ P. L. 史密斯，T. J. 雷根．教学设计[M]．庞维国，等，译．上海：华东师范大学出版社，2008．

一、“教学设计”理论的产生

20世纪初期到30年代，教学设计处于萌芽状态，未形成系统的理论体系。20世纪50年代到60年代，教学设计理论的研究开始起步，一些教育家、心理学家对“教学设计”开展了有价值的探索与研究，提出了一些相对成熟的代表性观点。

美国心理学家、新行为主义学习理论创始人、新行为主义的主要代表伯尔赫斯·弗雷德里克·斯金纳（Burrhus Frederic Skinner，1904—1990）于1954年在《学习的科学和教学的艺术》一文中提出了“小步子、循序渐进、序列化、学习者参与、强化、自定步调”的6个教学设计原则，确立了行为主义教学设计的基础。

美国认知教育心理学家戴维·保罗·奥苏贝尔（David Pawl Ausubel，1918—2008），于1960年提出了认知心理学中的一个重要概念——“先行组织者”，认为“先行组织者”有必要“设计一个先于学习材料呈现之前呈现的引导性材料”，“先行组织者的抽象、概括和综合水平高于学习任务，并与认知结构中的原有观念及新的学习任务相关联”。

这一时期的研究处于教学设计理论研究的起步阶段，为教学设计理论的进一步完善与发展提供了实践范例，奠定了理论基础。

二、“教学设计”理论的发展

（一）第一代教学设计理论——渐趋成熟

20世纪70年代到80年代，以加涅为代表的教育家对于教学设计进行了深入、系统的研究，第一代教学设计理论基本成熟。

1. 加涅的联结—认知学习理论

罗伯特·米尔斯·加涅（Robert Mills Gagne，1916—2002）是美国教育心理学家，著有《学习的条件》（1962）、《教学设计的原理》（1969）、《知识的获得》（1962）、《学习对个体发展的贡献》（1970）、《教学方法的学习基础》（1976）、《记忆结构与学习结果》（1978）、《学习结果及其作用》（1984）、《教学的学习基础》（1988）等著作。

加涅提出的联结—认知学习理论，把学习看作一个有开头、有结尾的过程，认为获得学习不是简单地表现为对外部输入的刺激做出反应，而是发生一系列有序的信息转换或加工的过程。他认为，“教学是一项以帮助人们的学习为目的的事业。教学通常是有计划的，这就意味着，教学是以某种系统的方式设计的。有计划的教学目的在于帮助每一个人，使之按自己的方向得到尽可能充分的发展”[①]。他进一步指出，“教学设计是一个系统化（systematic）规划教学系统的过程。教学系统本身是对资源和程序做出有利于学习的安排。任何组织机构，如果其目的旨在开发人的才能均可以被包括在教学系统中”。

在此基础上，他提出了教学过程的九阶段教学事件：引起注意、告诉目标、刺激对先前学习的回忆、呈现刺激材料、提供学习指导、诱发学习表现、提供反馈、评价表现、增强记忆与促进迁移。这九个教学事件的展开是可能性最大、最合乎逻辑的顺序，但并非机械刻板、一成不变的，更重要的是，这丝毫不意味着在每一堂课中都要提供全部教学事件。如果学生在学习过程中自行满足了某些阶段的要求，则相应的教的阶段就可以不出现。由此，加涅认为，教学必须以学习者内部的学习条件为依据，合理安排外部学习条件，教学设计的目的就是为不同学习结果或能力的产生提供最佳学习条件。

美国著名教学设计专家瑞格鲁斯（Charles M.Reigeluth）对于教学设计理论的发展起到了推动作用。他在《教学设计是什么及为什么如是说》一文中指出，教学设计也可以被称为教学科学，认为“教学设计是一门涉及理解与改进教学过程的学科。任何设计活动的宗旨都是提出达到预期目的最优途径（means），因此，教学设计主要是关于提出最优教学方法的处方的一门学科，这些最优的教学方法能使学生的知识和技能发生预期的变化”。1983年，他主编出版了《教学设计的理论和模式》第一卷，进一步丰富了教学设计的理论。

以加涅为代表的教育家们，对教学设计进行了深入的研究与探索，形成了较为系统、科学的教学设计理论观点，标志着第一代教学设计理论的基本成熟。

2. 迪克的教学系统开发（Instructional Systems Development）理论

美国教育家沃特·迪克（Walter Dick）在加涅的联结—认知学习理论基础上，对教学设计进行了多方面的研究，与别人合作出版了《教学系统化设计》和《有效教学设计》。1986年，迪克提出了教学系统开发（Instructional Systems Development）理论，即“ISD”

① R. M. 加涅，等．教学设计原理[M]．皮连生，等，译．上海：华东师范大学出版社，1999．

理论。迪克认为，“ISD”包括五个环节——分析、设计、开发、实施和评价，简称为ISD模型。“ISD”模型自1986年在美国佛罗里达大学作为一门课程推出后，受到包括加涅在内的很多教学研究者的认同，并逐步被普及应用于教师发展课程之中。

3. “肯普模式”

“肯普模式”是美国教育家J.E.肯普（J.E.Kemp）提出的一种以学科教学和课堂教学为中心的教学设计模式，体现了教学设计的完整性、系统性和连续性。肯普在1977年首次提出该模式，但在后来的研究与实践中，他看到教师和设计人员所面临的教学问题与实际情况并不是完全按照他所制定的顺序来进行，因此又做过了多次修改和逐步完善。

该模式的核心理念有三个：第一，教学设计过程中的四个基本要素是教学目标、学习者特征、教学资源和教学评价；第二，教学设计需着重解决三个主要问题，即学生必须学习到什么（确定教学目标）、为达到预期目标应如何进行教学（即根据教学目标的分析确定教学内容和教学资源，根据学习者特征分析确定教学起点，并在此基础上确定教学策略、教学方法）、检查和评定预期的教学效果（进行教学评价）；第三，教学设计要适当安排十个教学环节：① 确定学习需要和学习目的，为此应先了解教学条件（包括优先条件和限制条件）；② 选择课题与任务：③ 分析学习者特征；④ 分析学科内容；⑤ 阐明教学目标；⑥ 实施教学活动；⑦ 利用教学资源；⑧ 提供辅助性服务；⑨ 进行教学评价⑩ 预测学生的准备情况。

（二）第二代教学设计理论——走向整合

20世纪80年代末、90年代初，以史密斯和雷根为代表的教育家将教学设计与建构主义心理学、计算机多媒体技术整合起来，既丰富了教学设计理论，又推进了教学设计理论的纵深发展、整合发展。

1. “ID2之父”梅瑞尔

美国教育家、教学技术与设计理论家、教育心理学家戴维·梅瑞尔（David Merrill）既是以加涅为代表的第一代教学设计理论的主要代表人物之一，又是第二代教学设计理论公认的学术领袖。梅瑞尔进一步推进了加涅开创的教学设计研究，提出了知识描述性理论、成分显示理论、精细理论等观点，为具体知识点的教学提供了行之有效的、可操作的微策略。同时，他把教育技术引入教学设计中，推进了教学设计的自动化研究，丰富了教学设计的理论体系，为第二代教学设计理论的发展奠定了基础，被称为“ID2之父”。

2. 第二代教学设计理论的代表人物——史密斯和雷根

20世纪80年代末、90年代初，史密斯（Smith Patricia L）和雷根（Ragan Tillman J）对教学设计理论进行了深入研究。首先，他们总结并综合运用了加涅、布卢姆（B.S.Bloom）、安德森（J.R.Andersor）等人有关学习结果的理论，把学习结果概括为陈述性知识、概念、规则、问题解决、认知策略、态度和动作技能。其次，他们借鉴了瑞格卢思有关教学策略的分类框架，把教学策略分为教学组织、管理和传输策略，对加涅的教学策略模型进行了扩展和重新阐释，提出了自己的教学事件理论及相应的教学策略。最后，在理论研究、实践探索的基础上，他们提出并践行了史密斯-雷根教学设计模式。

1993年，史密斯和雷根提出了史密斯-雷根教学设计模式，并发表在他们两人合著的《教学设计》一书中。他们把教学设计模式划分为三个阶段：分析、策略和评价。第一阶段，分析学习环境、学习者、学习任务，制定初步的设计栏目；第二阶段，确定组织策略、传递策略、设计出教学过程；第三阶段，进行形成性评价，对设想的教学过程予以修正。

史密斯-雷根模式的三类教学策略：

（1）教学组织策略：指有关教学内容应按何种方式组织，次序应如何排列以及具体教学活动应如何安排（即如何做出教学处方的策略）；

（2）教学内容传递策略：为实现教学内容由教师向学生的有效传递，应仔细考虑教学媒体的选用和教学的交互方式。传递策略就是有关教学媒体的选择、使用以及学生如何分组（个别化、双人组、小组或是班级授课等不同交互方式）的策略；

（3）教学资源管理策略：即在上面两种策略已经确定的前提下，如何对教学资源进行计划与分配的策略。

3. 建构主义教学设计理论

20世纪90年代，建构主义代表人物之一乔纳森（D. H. Jonassen）倡导把个体的认知置于现实的物理场景中，强调学习环境的设计，并于1996年提出了一种用于设计建构主义学习环境的新模型——建构主义学习环境（CLES）设计模型。该模型由六部分组成：① 问题（包括疑问、项目、分歧等）；② 相关的实例（或个案）；③ 信息资源；④ 认知工具；⑤ 会话与协作工具；⑥ 社会背景支持。建构主义学习环境（CLEs）设计模型为开展教学提供了富有实效的帮助和指导。在建构主义学习环境下，学生借助一定的情景（即社会文化背景），通过协作和会话等方式，结合自己的知识经验、心理结构，实现对知识的意义建构。所以，他们把建构主义学习环境的属性归纳为“情景”“协作”“会话”和“意义建构”等四个方面。

90年代以来，多媒体计算机和基于Internet的网络通信技术为建构主义学习环境提供了技术支持，使得建构主义教学设计得以实现。首先，现代教育技术能为学生对知识的意义建构提供一个真实的可操作的情景其次，现代教育技术能为学生对知识的意义建构提供切实可行的协作和会话；其次，基于Internet的网络环境为超越时空的学习创造了良好的条件；最后，建构主义教学设计促成学生知识的意义建构，这是建构主义学习的最终目的。网络技术将人类数千年历史的积淀并置于显示器上，丰富的信息有利于学生探索和整合知识，不断完成自己对知识的意义建构。

三、“教学设计”理论在中国的实践运用

中华人民共和国成立之初，我国基础教育在摸索中逐渐规整。1949年12月，第一次全国教育工作会议召开，确定了全国教育工作的总方针。根据教育总方针，1951年颁布的新中国第一个学制文件《关于改革学制的决定》对各级各类学校的地位、年限和互相衔接的关系做了新的规定，专业化教师队伍初步形成。1952年，《小学暂行规程（草案）》和《中学暂行规程（草案）》正式颁布，全面规范了我国中小学教育教学，形成了我国中小学学校课程设置的基本框架。根据这两份文件，教育部制定了新的小学、中学各科教学大纲，新的基础教育课程体系初步建立。1977年，中国教育事业迎来了期待已久的春天，重新走上正轨。

党的十一届三中全会后，我国的教学理论工作者开始高度关注教学实践中发生的实际问题，对教学的一些基本理论问题展开了深入的探讨。但是，这一时期出版发行的教育学、教学学说和教育心理学著作或教科书中很少有关于教学设计方面的阐释。在人们眼里，教学设计大体相当于课时计划或教案设计，教学理论工作者无暇也无须过多给予关注。

自80年代中期以来，教学设计理论在中国的应用与发展大致经历了引入发展、遭遇挑战、复兴发展等三个阶段。

1. 引入发展（1987—1994）

随着教育改革的不断深入，20世纪80年代中期，外国教学设计理论开始被引入国内，教学论、教育心理学、电化教育等学科研究成果不断涌现，学者、教育家们在理论和实践方面都取得了可喜的成果，教学设计研究在我国逐步步入繁荣阶段。

教学设计理论的引入、发展主要体现在以下几个方面：

（1）翻译和介绍了一些国外教学系统设计理论和方法方面的研究成果：

1986年，上海华东师范大学出版社出版了布卢姆等编、罗黎辉等译的《教育目标分类学第一分册：认知领域》。

1987年，北京教育科学出版社出版了加涅主编、张杰夫主译的《教育技术学基础》。

1990年，原国家教委电教司组织编译的《教学媒体与教学设计》出版。

（2）开设了教学系统设计课程，教学系统设计成了教育技术学专业的主干课程。

（3）出版了一批有关教学设计研究的专著。如：

1991年11月，刘茂森编著的《教学设计的过程与方法》出版。

1992年2月，李克东、谢幼如编著的《多媒体组合教学设计》出版。

1992年6月，庄为其、谢百治编著的《电化教育与教学设计》出版。

1992年6月，张祖忻主编的《教学设计——基本原理与方法》出版。

（4）进行了一些运用教学系统设计理论和方法的教学改革实验。如：

1993年，华南师范大学主持了“多媒体组合教学设计理论和实践”项目，并获得国家教委优秀教学成果奖。

北京师范大学主持联合国援助项目“北京朝阳区职业教育课程开发”。

中央电教馆主持全国教育科学“八五”规划重点科研课题“电化教育促进中小学教学优化”项目等。

2. 遭遇挑战（1994—1997）

1994年以后，传统教学设计理念受到建构主义的挑战，我国教学设计的研究逐渐陷入低谷。人们开始反思教学设计理论的引入与研究存在的不足：第一，介绍和引进的国外教学设计理论成果单一，对教学设计的概念理解单一；第二，教学设计研究主要从教师“教”的角度进行，如教材的钻研、教学手段的运用、教学组织形式的选择以及教学评价的实施等，而从学生“学”的角度考虑不足；第三，教学设计的理论研究薄弱，实验研究尚处于空白阶段；第四，教学设计研究较为零散，没有体系。

这一阶段，人们在不断反思教学设计研究局限的同时，又在积极思考教学设计新的发展路径。

3. 复兴发展（1997至今）

随着信息技术的发展，建构主义学习理论自1997年起逐渐被人们所认识和接受，并日益显示出强大的生命力，我国也开展了基于建构主义学习理论的教学设计研究。如：

1997年，何克抗教授将以教为主的教学设计模式和以学为主的教学设计模式结合起来，取长补短，提出了“学教并重”教学模式和“主导—主体”教学设计模式，促进了教学设计理论的发展。

1998年，郑永柏提出了一种新型的教学系统设计理论——教学处方论。

2001年，徐英俊编著出版了《教学设计》，皮连生编著出版了《教学设计——心理学的理论与技术》。

2002年，何克抗、郑永柏、谢幼如合作编著了面向21世纪教育技术学专业主干课程之一——《教学系统设计》。

2002年，谢幼如、李克东开发了第一个“网络教学设计”专题学习网站（http：//www.IDonline.com.cn），为精品课程“教学设计原理与方法”的建设创造了必要的条件，提供了良好的支持。

2004年，乌美娜编著出版了《教学设计》。

……

在这一阶段，人们分别从教学论、教育心理学、电化教育的不同视角研究教学设计，从而使教学设计的理论基础不断开拓和深化，弥补了以前研究视角单一的不足，并从理论与课堂教学两方面展开了积极主动的积极探索，促进了教学改革的展开。

四、什么是教学设计

关于教学设计的含义，学界有很多不同的看法。史密斯和雷根认为：“教学设计是指运用系统方法，将学习理论与教学理论的原理转换成对教学资料和教学活动的具体计划的系统化过程”[①]。帕顿认为：“教学设计是设计科学大家庭中的一员，设计科学各成员的共同特征是用科学原理及应用来满足人的需要。因此，教学设计是对学业成绩问题的解决措施进行策划的过程”[②]。我国教育家乌美娜认为：“教学设计是运用系统方法分析教学问题和确定教学目标，建立解决教学问题的策略方案、试行解决方案、评价试行结果和对方案进行修改的过程”[③]。此外还存在另外几种不同的教学设计理念，如认为教学设计是一个艺术创作的过程；认为教学设计是一个科学的过程；认为教学设计体现为“系统过程方法”；认为教学设计体现为“问题解决方法”；强调“人的因素”[④]。

那么，究竟什么是教学设计呢？教学设计就是教育实践工作者（主要指教师）为达成一定的教学目标，对教学活动进行的系统规划、安排与决策。

第二节 语文教学设计及其特征

语文教学设计是教学设计原理在语文学科的应用与发展，是教师以现代教学理论为基础，按照一定的教学目标和要求，针对教学对象的特点和自己的教学观念与方法，运用系统方法利用和开发课程资源，合理组合和安排各种教学要素而制定实施方案的系统的计划过程。

一、语文教学设计的理论基础

语文教学设计以当代行为科学、系统科学、教育学、心理学、传播学、学习理论、教学理论等的研究成果为理论基础，例如加涅的“学习结果分类”理论、布卢姆的“教育目标分类”理论、奥苏贝尔的“先行组织者”理论、维果茨基的“最近发展区”理论、巴班斯基“教学过程最优化”理论等。

---

① P. L.史密斯，T. J.雷根．教学设计．[M]．3版．宠维国，等，译．上海：华东师范大学出版社，2008．

② 徐英俊．教学设计[M]．北京：教育科学出版社，2001．

③ 乌美娜．教学设计[M]．北京：高等教育出版社，2004．

④ 余立新，缪佳芹．语文教学设计[M]．重庆：西南师范大学出版社，2014．

二、语文教学设计的意义

语文教学设计适应新课程改革的需要而产生，其意义主要表现在它提供了系统的语文教学设计的理论范式，提供了具体的语文教师备课与上课的程序方案，从而改善了语文教师的备课程序和教学方法，对于语文教师的培养和培训都具有重要的指导意义。

（一）有助于发挥师生双方的主动性和创造性

师生关系是一种平等、理解、合作的关系，语文教学应在师生平等对话的过程中进行。学生是语文学习的主人，教师则是学习活动的组织者和引导者。教学设计是建立在对学习者进行全方位分析、对现代新型师生关系重新认识的基础上的。它遵循学习规律和学生身心发展的特点，以学生的发展为出发点，运用多种方法激发学生的学习兴趣，创造良好的学习情景，鼓励学生交流彼此的思考、经验和知识，交流彼此的情感、体验与观念，从而达到共识、共享、共进。语文教师在进行教学设计时，要主动学习关于语文学科的新知识、新经验，了解学科最新的进展，还要不断更新教学理念，以适应教育教学的需要。

（二）有助于增强教学工作的科学性，提高教学效率

语文教学过程，从本质上来讲，是一个以提高学生语文素养、促进学生发展为目的的师生互动过程。这一过程涉及一系列复杂的因素，需要从整体上统筹规划、合理安排，才能取得最佳效果，达到预定目标。而教学设计正是从教学规律出发，客观地分析具体教学工作的特点，清晰地阐明教学目标，合理地拟定教学进度，科学地制定教学策略，从而使教学活动取得最佳效果。有了思路清楚、有效的教学设计，教师就能教得清楚、明了，学生也能学得系统、连贯。课堂教学每个环节的活动，就都能够有计划、有步骤地进行，教学任务的完成、教学目标的达成才有保证。

（三）有利于做好教学行为和教学效果的预测

教学设计以教学论、心理学、语文学等为理论基础，以课程标准、学情分析、教材分析等为现实土壤，不仅可以精心设计安排教学活动，而且可以对教学活动中师生的行为表现、活动进展、活动效果进行有效的预测，以便更好地驾驭教学。甚至，有经验的教师还能事先料想到教学过程中可能发生的偶然因素，以便事先采取必要措施，未雨绸

缪，做好排除教学干扰准备工作。教学设计中，教师应从教师和学生、教和学、主观和客观等多方面分析教学的有利因素与不利因素，以及教学预期目标的完成情况。这样，教师才能增强做好教学工作的信心，做到有的放矢、方寸不乱。

三、语文教学设计的特征

语文教学设计是语文教师在课前所做的准备，它把教学视为一个过程，注重对构成这个过程的各环节（导入、展开、结束）进行基本预设，把教学视为由环境、教材、教师、学生等诸多因素相互发生联系的双边或多边活动，并注重对参与这个活动的各个因素进行基本考查，注重教学内容和方法的选择，关心教学效果等。其特征主要表现在以下方面。

（一）当代语文教学设计更加完整合理地看待学与教之间的关系

长期的语文教学实践中虽然明确确立了“教师为主导，学生为主体”的原则，但在实际操作中，教师中心主义仍随处可见，其语文教学设计方案也仅停留于语文教案的预设编制上，主要表现为授课计划，没有表现出学生的参与行为，容易带来教学过程中的随意性和盲目性。我们应该明确：语文教学设计不是讲稿，必须简便适用，容易施行。除了初登讲台、经验不足的新教师被要求写详细教案以外，一般的教学设计大多为教学提要一类形式。

当代语文教学设计应注重对语文学习事件（学习的内部过程）和语文学习结果的分析，将教师授课视为语文学习的外部条件，对学生语文认知结构和语文行为技能的改变起支持和推动作用。一切教学活动都围绕学习事件展开，能避免教学的盲目性和随意性，也能有效避免“一言堂”现象的产生。

王尚坤在进行《猫》（部编版语文教材七年级上册第十六课）的教学设计时，以培养学生核心素养为目的，根据初一学生的基本情况以及本篇课文的特点，按照初中生的认知发展基本规律，遵循“学生为主体，教师为主导，训练为主线”的指导思想，设计了两个教学任务：① 引导学生注意紧紧围绕问题，扣住文章的关键语句，结合实际生活情况，理解课文内容，体会文中情感。② 指导学生注意赏析并体会文中语言特点，注重把这种写法（修辞、描写）运用到具体写作中，提高写作水平。这样的教学设计，既有效体现了教师对教学活动的主导作用，也突出了通过学生积极主动参与课堂教学而实现的对学生的情感浸润、生命启迪的教学主旨。①

（二）当代语文教学设计强调从学生的需要出发确立教学目标并加以具体化

语文教学设计既要规划教师一系列“教”的内容，也要充分考虑知识接收者的学习情况，并将教学目标具体化。所谓教学目标具体化，是指把教学目的、范围、意图、领域转化为具体的行为目标或业绩目标，即按照期望学习者身上出现的可观察、可操作、可测量的结果对教学目标做具体说明。这种说明包含了行为（做什么）、条件（在什么具体情况下）和标准（达到什么样的要求）三种成分。

李连娣、吴作奎在进行《回忆我的母亲》（部编版语文八年级上册第七课）的教学设计时，依据学生已有的知识基础来进行设计：经过七年级和八年级第一单元对《老王》《台阶》《阿长与〈山海经〉》《藤野先生》等课文的学习和相关写作训练，学生对于运用人物的外貌、神态、动作、语言等特征塑造人物的方法已经比较熟悉，对议论、叙述等手法有了一定了解，但理解和把握《回忆我的母亲》中作者夹叙夹议的写作手法还存在一定难度。因此，他们将教学目标确定为“概括典型事例，分析母亲品质，分析夹叙夹议和朴实、富有情感的语言特点”，目的是帮助学生进一步掌握塑造人物的方法，培养学生分析概括能力，进一步理解文章的语言和写作手法。②

当代语文教学设计强调用含义明确的行为动词表述教学目标，避免使用含义模糊的行为动词，如“学习、了解、体会”等。以《故乡》（部编版语文九年级上册第十五课）一课的教学目标“学习对比手法”为例，应该表述为“在教师分析课文前/后（条件）分别找出/说出（行为）课文中运用对比的地方，至少找对2处（标准）”或“通读全文后（条件），找出（行为）文中2处（标准）采用对比手法的地方”。这样的教学目标可以使学生语文学习的过程更具有操作性，也易于观察和检测。同时，它还有利于教师对学习的内部事件与外部事件进行核对。

（三）当代语文教学设计特别强调语文教学环境的开发利用和教学活动的循序操作

传统语文教学设计认为“教无定法”，而当代语文教学设计强调语文教师自身的

---

① 王尚坤．核心素养视域下的生命观课堂教学设计——以部编版语文教材初一上册《猫》为例[J]．课程与教学探索，2022（6）：29-33．

② 李连娣，吴作奎．三导向引领下的语文教学目标设计[J]．文学教育，2022（5）：120．

知识、经验与对科学原理的娴熟运用，不仅周密分析语文教学任务，而且仔细确定学习任务的类型划分，要求教学目标与检测项目相对应，将达标度作为评估教学效果的主要依据，强调遵循学习的性质展开教学活动，并且拟定了教学活动的展开程序，从引起注意、激发动机到告知目标、回忆相关知识，再到呈现新任务、提供学习指导，从而引发学习行为并提供反馈和做出评估，最终精心安排课后作业，以促进学习的巩固与迁移。这一程序犹如为教师的行为拟定了一份核对清单，虽然并非每一堂课都要完全机械遵守，但对教师的教学确实具有行为指南的作用。

石修银在《基于“可见的学习”理论的语文教学设计、过程及评价》一文中，针对《岳阳楼记》（部编版语文九年级上册第十一课）的教学，设计了一名学生课后完成的挑战性目标：“上网查找资料，看看历史上哪些是和范仲淹一样具有‘先天下之忧而忧'情怀的文人？他们各提出了什么观点？如此情怀在他们人生中的作用又是什么？”[①]这样的设计是对语文教学环境的有效利用。学生通过网络查阅资料、深入思考，比较《岳阳楼记》超脱世俗的诗心、《醉翁亭记》陶醉于山水的诗心、《湖心亭看雪》远离尘俗的诗心，从而丰富与建构阅读思想，实现深度阅读。此外，石修银还以《散步》（部编版语文七年级上册第六课）为例，设计了三个层面的教学任务：“第一，表层知识（低阶思维）的教学任务：理解作者写作目的；厘清文章脉络；厘清文章脉络与主题的关系与艺术；揣摩句子、表达等的精妙。第二，深层理解（高阶思维）的教学任务：能指出文章思想与中国文化的关系；能用200字规劝他人阅读此文；能选用或仿用文章的句子或语词，流畅嵌入自己的言语表达中；能对文章描写句子、景物选择、观点与演绎等提出疑问与修改意见。第三，概念性思维（高阶思维）的教学任务：阅读文章后，提出一个自己关注的概念（如抒情文章的景物作用、叙事散文的特点、爱的叙述等），并参阅其他文章与资料，提出概念的理解与阐释，要求阐释要有确证例子与名家观点，约500字。”[②]这样的设计很好地体现了教学活动中循序渐进地启发学生思维、训练学生思维的基本理念。

可见，当代语文教学设计是对传统语文教学的继承与发展，它更加科学地处理教与学的关系，将学习事件与教学事件对应起来寻求语文教学设计的依据，能够指导语文教师目标更加明确、程序更加清晰、针对性更强和灵活度更大地进行教学，不仅有利于提高语文课堂教学效率，而且可以提高语文教师的素质。

---

① 石修银．基于“可见的学习”理论的语文教学设计、过程及评价[J]．课程·教材·教法，2021（8）：85．

① 石修银．基于“可见的学习”理论的语文教学设计、过程及评价[J]．课程·教材·教法，2021（8）：87．

四、语文教学设计实训

（一）教学方案设计实训一

撰写一篇课文的教学方案设计（简案），要求体现“以学生为主体、教师为主导”理念。

案例

《窦娥冤》简案（部编版高中语文教材必修下册第1课）

一、教学目标

1. 分辨元杂剧体裁特点、识记关汉卿等元曲剧作家的有关文化常识。
2. 概括《窦娥冤》戏剧冲突，分析窦娥人物形象，品析戏剧语言。（重点）
3. 深析窦娥“悲剧”的原因，理解作者的创作意图。（难点）
4. 理解中西悲剧结局的差异性，提高戏剧审美鉴赏力，写出戏剧评论。

二、教学过程

第一课时

本课时目标：

了解元杂剧有关文化常识，厘清故事情节，概括戏剧冲突；分析人物形象，探究悲剧意蕴，品析语言。

（一）导入

采用简洁的陈述《窦娥冤》前两折以及最后一折的大概内容导入。采用复述故事情节导入能够帮助同学们梳理文章的前因后果，更加迅速地进入本文。

（二）文化常识介绍

课前给每个小组分配任务，提前预习，查找相关资料，课堂中各小组介绍，老师补充整合。

1. 元杂剧，角色（生旦净末，旦本，末本），构成（科，动作；白，说白；唱，歌唱），曲调（宫调，一折一宫调；曲牌，一宫调若干曲牌）。

2. 关汉卿生平介绍。

3. 元曲四大家及其代表作：关汉卿的《窦娥冤》《救风尘》，白朴的《梧桐雨》《墙头马上》，马致远的《汉宫秋》《青衫泪》，郑光祖的《倩女离魂》。

4. 元曲四大悲剧：《窦娥冤》（关汉卿），《梧桐雨》（白朴），《汉宫秋》（马致远），《赵氏孤儿》（纪君祥）。

5. 元曲四大爱情剧：《拜月亭》（关汉卿），《西厢记》（王实甫），《墙头马上》（白朴），《倩女离魂》（郑光祖）。

6. 《窦娥冤》故事情节：楔子，父女分别。第一折，蔡婆婆要债未果，引张驴儿父子入室。第二折，张驴儿误毒死其父，窦娥无奈屈招。第三折，窦娥被绑赴刑场，发下三桩誓愿。第四折，窦娥冤魂托梦于窦天章，蒙冤得以昭雪。本篇课文是第三折内容。

（三）整体感知

1. 请学生再次阅读全文，概括本文也就是第三折的戏剧冲突。提示：可以从人物、地点角度去概括。

明确：绑赴刑场，婆媳诀别，刑场发誓愿。分别表达出“怨”“悲”“愤”的转变过程。

让学生能读通，能读懂，结合注释能明白意思并初步感知对窦娥的悲剧命运。

2. 学生分角色朗读，感受戏剧语言魅力。

要求学生读出情感，读出戏剧语言的动作感。

（四）深入解读

师生合作探讨以下问题，在此过程中引导学生感受当前的幸福生活。

1. 窦娥人物形象是怎样的？联系课文选段及整部戏剧《窦娥冤》进行分析。

明确：善良孝顺，照顾婆婆，为了不让婆婆挨打，背下罪名；贞洁刚烈，面对威逼，拒绝嫁给张驴儿，在府衙，被打始终不屈；反抗精神，发下三桩誓愿。

通过对窦娥的语言进行分析，了解戏剧语言的动作性、个性化特点。

2. 窦娥为什么要发下三桩誓愿？这三桩誓愿的顺序能不能更换？

明确：不能更换，表达一层比一层强烈的悲愤。

3. 《窦娥冤》被称为十大悲剧之一，你认为“悲”在哪里？（重点探讨）

明确：身世之悲，内外交困之悲，黑暗时代之悲。

（五）赏析语言

赏析《滚绣球》《耍孩儿》《二煞》《一煞》。

体会对偶、对比、呼告、用典的修辞手法；掌握苌弘化碧、望帝啼鹃、六月飞霜、东海孝妇的典故。（分小组分析、体味、交流感受，教师评价拓展，学生反复诵读，体

味戏曲语言的韵律感、内容的丰实感）

第二课时

本课时目标：

拓展赏析，深入感受戏剧魅力，提高学生审美的建构与创造能力，理解中西悲剧结局的差异性，从而进一步理解优秀的传统文化。

（一）《窦娥冤》京剧赏析

通过后街诀别、刑场发愿片段，进一步感受窦娥形象。

（二）感悟中西悲剧的区别

PPT出示《窦娥冤》结局和《哈姆雷特》结局，对比两者结局有何不同，思考产生这种不同的原因是什么，由此引申出中国古典悲剧补偿性的特点。

小组探讨，教师引导总结。

明确：中国古典戏剧喜闻乐见的是冤情得以昭雪，坏人得到了相应惩罚的结局，体现了中国传统儒家文化中“中庸”“仁义”等理念，符合中国传统文化中“哀而不伤”的文学审美特质。教化作用也有助于统治阶级维护社会的稳定。同时这样的结局也更能迎合封建社会劳苦大众的情感期许。这在一定程度上能扩大剧本的影响力，最终提高创作者的创作热情。

西方历来崇尚个人英雄主义，因此那种抗争与拼搏而不得之后的毁灭感更符合他们的审美价值取向，西方民众更希望通过那些英雄从顺境到逆境，直到被毁灭的过程来引起自己的怜悯，从而产生一种升化情感的作用，结局注定悲剧无法改变、没有补偿的剧情发展模式更符合西方审美的心理定势。

（三）作业

任选一段戏曲进行赏析，写一篇文艺评论，300字左右。

提示：可以从戏曲内容、人物表演、语言特色等方面去赏析。（写文艺评论是提升戏曲鉴赏力的实践活动）

案例分析

《窦娥冤》是教育部主编教材必修下册第二单元第一篇课文，是一部经典的古代戏剧，属于《普通高中语文课程标准（2017年版2020年修订）》的“中华传统文化经典研习”和“文学阅读与写作”两个任务群。这两个任务群的要求分别是“引导学生通过阅读中华传统文化经典作品，积累文言阅读经验，培养民族审美趣味，增进对中华优秀传统文化的理解，提升对中华民族文化的认同感、自豪感，增强文化自信，更好地继承和弘扬中华优秀传统文化”“感受作品中的艺术形象，理解欣赏作品的语言表达，把握作品的内涵，理解作者的创作意图。能多角度欣赏作品，获得审美体验，认识作品的美学价值，发现作者独特的艺术创造”。基于此，对《窦娥冤》的教学设计以其悲剧性为切入点，就悲剧故事情节、悲剧人物形象、悲剧产生根源、悲剧艺术效果逐层深入地去体味鉴赏探究，加强学生的思维思辨能力和审美鉴赏能力，提高学生对传统文化的理解力和认同感。课程设置两个课时，通过《窦娥冤》的学习，让学生感受古代戏剧的魅力，拥有初步鉴赏戏剧的能力，提高对传统文化的兴趣，加深理解力，让学生在对窦娥命运的感受中，深入感受悲剧美的内蕴，激发学生的悲悯情怀。课前让学生收集资料，分小组布置任务，学生也不会有太重的学习压力。课上小组展示，教师简单补充总结，避免直接灌输，也加深了学生对于文化常识的记忆。对文章教学重难点的理解是教师全程引导，学生合作探究，充分发挥了学生的主体地位，教师也全程参与。教案设计中，亮点在于最后一个问题的探究——“中西悲剧的差异”，结合接下来要学习的《哈姆雷特》，也体现了“群文阅读”的教学理念，不会一开始就整合几部戏剧，增加学生理解的难度，增强了学生学习的积极性，同时引出中西文化传统文化以及文学理论的差异，拓宽了学生的视野，发散了思考问题的角度，也帮助学生在阅读其他作品时更加深入理解。

（西昌学院2019级汉语言文学专业陈静提供）

（二）教学方案设计实训二

撰写一篇课文的教学方案设计（简案），要求体现“语文教学环境的开发利用、教学活动的循序操作”。

案例 《记念刘和珍君》简案（部编版高中语文选择性必修中册第6课）

一、教学目标

1. 了解作者的写作背景和写作意图。
2. 通过阅读课文，梳理文章结构，品析文中刘和珍的形象，获得审美体验。

二、教学重、难点

教学重点：阅读课文，梳理文章结构，把握作品的主要内容。

教学难点：在阅读中，小组合作品析文中刘和珍的人物形象。

三、教具：

多媒体、黑板。

四、教学方法：

讲授法、朗读法、合作探究法。

五、课时：

12分钟。

六、教学过程

（一）导入新课，了解背景

播放“三一八”惨案的视频，让同学们感受视频中的黑暗残忍。

教师提问：“同学们看完这个视频，知道这是什么时候发生的事吗？请一位同学给我们介绍一下。”

明确：1926年3月18日，北京民众为了反抗帝国主义的压迫制削，在天安门集会抗议，受到了当时段祺瑞政府的残酷杀戮，很多爱国青年都倒在了血泊之中，刘和珍就是其中的一位。

（二）作者简介，明确写作意图

鲁迅，原名周树人，字豫山，后改字豫才，浙江绍兴人，著名文学家、革命家、教育家、民主战士，新文化运动的重要参与者，中国现代文学的奠基人。

教师提问：说到鲁迅，我们之前学过他的《藤野先生》，作者选择弃医从文的原因是什么呢？请大家回忆一下。（出示PPT）

明确：拯救国民之精神。

（三）阅读课文，梳理文章结构

1. 学生自由朗读，注意读准字音。

2. 听教师泛读，把握节奏。

3. 疏通文章结构。

明确：文章分为三部分。第一部分（1～2节）介绍故事的缘由；第二部分（3～5节）介绍刘和珍的相关事迹；第三部分（6～7节）表明刘和珍事迹的意义。

（四）合作探究，品析人物

1. 本文写了刘和珍的哪些事件？从这些事件中你看出了她的什么性格？

明确：刘和珍毅然预订《莽原》一年→追求真理，自强上进

刘和珍反抗专制校长→不畏强暴，敢于反抗

刘和珍始终微笑上课→温和，细心的女学生

刘和珍请愿被杀→沉勇奋进，无所畏惧

2. 作者采用了什么方法来记叙刘和珍？

明确：片段式的白描。围绕自己和刘和珍的相识、交往，以点带面，勾勒出爱国青年的生平，再进一步叙述她遇害的经过，形成一种波澜起伏，生动感人的效果。

3. 作者在文中多次提及刘和珍的什么特征？这与后文写刘和珍被害形成什么样的表达效果？

明确：微笑，出现了三次，与她遇害形成反差。一边是温暖的刘和珍，一边是冰冷的刽子手；一边是美好的女学生，一边是残酷的恶势力；一边是生命，一边是死亡，构成暖与冷的两种色调、美与丑的两种感受、生与死的两种反差。

4. 回到标题，为何作者称一个女学生为“君”。

明确：古文里“君”是对男性的尊称，鲁迅先生使用这个字除了表示尊称外，还有对男女地位平等的歌颂，他歌颂刘和珍身上中国女子的勇毅。

（五）课堂小结，布置作业

鲁迅先生用片段式的白描记叙了刘和珍的事迹，为我们展现了一位中国女子的英勇奋进、顽强不屈。请课后阅读鲁迅的《无花的蔷薇》，看看鲁迅是如何写这件事的，试与《记念刘和珍君》作比较。

七、板书设计

记念刘和珍君

鲁迅

记念

温和微笑　　刘和珍　　英勇奋进

君

案例分析

本节教读课贯彻了钱梦龙先生“三主四式”的教育思想，充分体现了“以学生为主体，教师为主导，训练为主线”的指导思想。在整个教案设计中，教师始终坚持学生是教学过程中的学习主体、认识主体、发展主体，充分开发多媒体语文教学环境，循序渐进地开展教学活动。首先，通过回忆《藤野先生》一文，帮助学生建立新旧知识的联系，启发学生推旧知新，作者写《记念刘和珍君》也是为了拯救国民之精神。然后，通过学生自读、教师范读，落实到了提升学生自读能力，随即引导学生梳理文章结构，概知文章内容，总结出文中叙述了刘和珍的几件小事，对人物形象有一个整体的了解，再落实到文章中多次出现的微笑这一人物神情，着重对比刘和珍和施暴者，得出刘和珍具有中国女子的勇毅这一特征。

（西昌学院2019级汉语言文学专业罗炼提供）

五、教学目标设计实训

设计一篇课文的教学目标，要求从学生的需要出发确立该课文的教学目标。

案例一　《鱼我所欲也》教学目标（部编版语文九年级下册第9课）

（一）知识和技能目标

学懂文言实词、虚词；学习并会运用文言中使用的三种论证方法；拓展学习孟子的《得道者多助，失道者寡助》在生活中的现实意义。

（二）过程与方法目标

通过小组合作学习学懂文言实词和虚词，在文章结构梳理中归纳并学习论证方法。

（三）情感态度和价值观目标

生活中有许多利益诱惑，在追求理想的过程中要学会做出最优选择，要果敢地舍生取义，毫不动摇地坚持“本心”，要坚守道义。

案例分析

孔子说：“行有余力，则以学文。”孔子要求弟子们首先致力孝悌、谨信、爱众、亲仁，培养良好的道德观念和道德行为，如果还有闲暇时间和余力，则用以学习古代典籍，增长文化知识。本案例通过课文教学有意识地对学生进行素质教育符合新时期的语文教学目标。在学生学有余力的情况下，对学生的知识进行延伸拓展，帮助学生丰富知识，增强能力。

（西昌学院2020级汉语言文学专业安莉提供）

案例二　《紫藤萝瀑布》教学目标（部编版语文七年级下册第18课）

（一）知识与能力目标

能够使用普通话正确、流利、有感情地朗读全文；积累文中的生字词。

（二）过程与方法目标

了解作者的生平及写作背景，做到知人论事；通过景物品味作者的感情；学习文中比喻、拟人等修辞手法的运用，学会模仿运用，做到学以致用。

（三）情感态度及价值观目标

引导学生树立正确的三观，培养学生面对挫折也要积极乐观向上的能力，学会珍惜热爱生命，感悟生命的美好。

案例分析

七年级的学生所遇困难和挫折较少，心理承受能力还较为脆弱，在遭遇困难或生活中的不幸时，很容易一蹶不振。因此，教师有必要引导学生以积极的态度去面对人生的困难和不幸，培养学生的受挫能力。学生在该阶段，口语表达能力和写作能力都较为薄弱，需要多鉴赏品味、模仿学习优秀范本。且学生正处于好奇心较强、表现欲旺盛的阶段，因此，教师需要采用多样的教学方法，做到以学生为主，让学生积极主动地参与课堂，激发学生的学习兴趣。

（西昌学院2020级汉语言文学专业赵燕提供）

第三节　语文教学设计的条件

当代语文教学设计与传统的语文教学设计最大的不同，就是运用教学设计的系统观和新课程教育理念来进行教学设计。当代语文教学设计必须具备以下条件。

一、了解新课程改革背景下的语文课程理念

教育部制定的《义务教育语文课程标准》（2022年版）及《普通高中语文课程标准》（2017年版2020年修订）指出：语文课程是一门学习祖国语言文字运用的综合性、实践性课程。工具性与人文性的统一是语文课程的基本特点。语文课程应引导学生在真实的语言运用情境中，通过自主的语言实践活动，积累言语经验，把握祖国语言文字的特点和运用规律，加深对祖国语言文字的理解与热爱，培养运用祖国语言文字的能力；发展思辨能力，提升思维品质，培育社会主义核心价值观，培养高尚的审美情趣，积累

丰厚的文化底蕴，理解文化多样性。

了解、熟知新课程改革背景下的语文课程理念，是进行语文教学设计的必备条件之一。

（一）义务教育语文课程理念

《义务教育语文课程标准》（2022年版）明确指出，义务教育语文课程理念包含以下几个方面。

1. 立足学生核心素养发展，充分发挥语文课程育人功能

义务教育语文课程围绕立德树人根本任务，充分发挥其独特的育人功能和奠基作用，以促进学生核心素养发展为目的，以识字与写字、阅读与鉴赏、表达与交流、梳理与探究等语文实践活动为主线，综合构建素养型课程目标体系；面向全体学生，突出基础性，使学生初步学会运用国家通用语言文字进行交流沟通，吸收古今中外优秀文化成果，提升思想文化修养，建立文化自信，德智体美劳得到全面发展。

2. 构建语文学习任务群，注重课程的阶段性与发展性

义务教育语文课程结构遵循学生身心发展规律和核心素养形成的内在逻辑，以生活为基础，以语文实践活动为主线，以学习主题为引领，以学习任务为载体，整合学习内容、情境、方法和资源等要素，设计语文学习任务群。学习任务群的安排注重整体规划，根据学段特征，突出不同学段学生核心素养发展的需求，体现连贯性和适应性。

3. 突出课程内容的时代性和典范性，加强课程内容整合

义务教育语文课程内容突出时代性，充分吸收语言、文学研究新成果，关注数字时代语言生活的新发展，体现学习资源的新变化。强调内容的典范性，精选文质兼美的作品，重视对学生思想情感的熏陶感染作用，重视价值取向，突出中华优秀传统文化、革命文化、社会主义先进文化。注重课程内容与生活、其他学科的联系，注重听说读写的整合，促进知识与能力、过程与方法、情感态度与价值观的整体发展。根据“六三”学制和“五四”学制各自的特点，合理组织与安排课程内容。

4. 增强课程实施的情境性和实践性，促进学习方式变革

义务教育语文课程实施从学生语文生活实际出发，创设丰富多样的学习情境，设计富有挑战性的学习任务，激发学生的好奇心、想象力、求知欲，促进学生自主、合作、探究学习；引导学生注重积累，勤于思考，乐于实践，勇于探索，养成良好的学习习惯；关注个体差异和不同的学习需求，鼓励自主阅读、自由表达；倡导少做题、多读书、好读书、读好书、读整本书，注重阅读引导，培养读书兴趣，提高读书品位；充分发挥现代信息技术的支持作用，拓展语文学习空间，提高语文学习能力。

5. 倡导课程评价的过程性和整体性，重视评价的导向作用

义务教育语文课程评价要有利于促进学生学习，改进教师教学，全面落实语文课程目标。课程评价应准确反映学生的语文学习水平和学习状况，注重考查学生的语言文字运用能力、思维过程、审美情趣和价值立场，关注学生学习过程和学习进步。根据不同年龄学生的学习特点和不同学段的学习目标，选用恰当的评价方式，抓住关键，突出重点，加强语文课程评价的整体性和综合性。注重评价主体的多元与互动，以及多种评价方式的综合运用，充分利用现代信息技术促进评价方式的变革。

（二）普通高中语文课程理念

《普通高中语文课程标准》（2017年版2020年修订）明确指出，普通高中语文课程的基本理念包含以下几个方面。

1. 坚持立德树人，增强文化自信，充分发挥语文课程的育人功能

语文课程对继承和弘扬中华优秀传统文化、革命文化、社会主义先进文化，培养文化自信，推动文化的创新发展，具有不可替代的优势。

普通高中语文课程必须以习近平新时代中国特色社会主义思想为指导，坚持立德树人，弘扬民族精神，融入社会主义核心价值观教育，培养热爱中华文明、热爱祖国、热爱人民、热爱中国共产党的深厚感情，以及热爱美好生活和奋发向上的人生态度，使学生逐步形成自己的思想、行为准则，增强为中华民族伟大复兴而努力的历史使命感和社会责任感。坚持加强语文课程内容与学生成长的联系，引导学生积极参与实践活动，学习认识自然、认识社会、认识自我、规划人生，在促进学生全面而有个性地发展方面发

挥应有的功能。

2. 以核心素养为本，推进语文课程深层次的改革

随着社会和教育事业的发展，语文课程更加强调以核心素养为本。要进一步改革语文课程的目标和内容，既要关注知识技能的外显功能，更要重视课程的隐性价值，还要关注语文课程在社会信息化过程中新的内涵变化；通过改革，让学生多经历、体验各类有启示性、陶冶性的语文学习活动，逐渐实现多方面要素的综合与内化，养成现代社会所需要的思想品质、精神面貌和行为方式。

普通高中语文课程应继续引导学生丰富语言积累，培养良好语感，掌握学习语文的基本方法，养成良好的学习习惯，提高运用祖国语言文字的能力。语言文字运用和思维密切相关，语文教育必须同时促进学生思维能力的发展与思维品质的提升。语文教育也是提高审美素养的重要途径，要让学生在语言文字运用的学习中受到美的熏陶，培养自觉的审美意识和高尚的审美情趣，培养审美感知和创造表现的能力。语言文字的运用体现时代的发展状况和人的文化修养，语文课程应该引导学生自觉继承中华优秀传统文化和革命文化，吸收世界各民族文化精华，积极参与中国特色社会主义先进文化的建设与传播。

3. 加强实践性，促进学生语文学习方式的转变

语文课程作为一门实践性课程，应着力在语文实践中培养学生的语言文字运用能力。学习运用祖国语言文字的资源和实践机会无处不在，应增强学生学语文、用语文的自觉意识，积极利用信息技术以及身边的各种资源和机会，通过阅读与鉴赏、表达与交流、梳理与探究等语文实践，积累言语经验，把握语文运用的规律，学会语文运用的方法，有效地提高语文能力，并在学习语言文字运用的过程中促进学习方法、习惯及情感、态度与价值观的综合发展。

语文课程还应当适应当代社会的发展需要，为培养创新人才发挥重要作用。要引导学生在语言文字运用的过程中发现问题，培养探究意识和发现问题的敏锐性，探求解决问题和语言表达的创新路径。

4. 注重时代性，构建开放、多样、有序的语文课程

普通高中语文课程应适应社会对人才的多样化需求和学生对语文教育的不同期待，

精选学习内容，变革学习方式，确保全体学生都获得必需的语文素养；帮助学生认识自己语文学习的已有基础、发展需求和方向，激发学习兴趣和潜能，在跨文化、跨媒介的语文实践中开阔视野，在更宽广的选择空间发展各自的语文特长和个性。

普通高中语文课程应具有相对稳定的结构和富有弹性的实施机制。应在课程标准的指导下，提高教师水平，发展教师特长，引导教师开发语文课程资源，有选择地、创造性地实施课程；把握信息时代新特点，积极利用新技术、新手段，建设开放、多样、有序的语文课程体系，使学生语文素养的发展与提升能适应社会进步新形势的需要。

二、掌握语文核心素养

语文课程的教学设计要围绕核心素养，体现课程性质，反映课程理念，确立课程目标。因此，掌握语文核心素养对于语文教学设计具有重要意义，是开展语文教学设计的必备条件之一。

（一）义务教育语文核心素养

《义务教育语文课程标准》（2022年版）指出了义务教育语文课程核心素养的内涵：核心素养是学生通过课程学习逐步形成的正确价值观、必备品格和关键能力是课程育人价值的集中体现。义务教育语文课程培养的核心素养是学生在积极的语文实践活动中积累、建构并在真实的语言运用情境中表现出来的，是文化自信和语言运用、思维能力、审美创造的综合体现。

1. 文化自信

文化自信是指学生认同中华文化，对中华文化的生命力有坚定信心。通过语文学习，热爱国家通用语言文字，热爱中华文化，继承和弘扬中华优秀传统文化、革命文化、社会主义先进文化，关注和参与当代文化生活，初步了解和借鉴人类文明优秀成果，具有比较开阔的文化视野和一定的文化底蕴。

2. 语言运用

语言运用是指学生在丰富的语言实践中，通过主动积累、梳理和整合，初步具有良好语感；了解国家通用语言文字的特点和运用规律，形成个体语言经验；具有正确、规范运用语言文字的意识和能力，能在具体语言情境中有效交流沟通；感受语言文字的丰富内涵，对国家通用语言文字具有深厚感情。

3. 思维能力

思维能力是指学生在语文学习过程中的联想想象、分析比较、归纳判断等认知表现，主要包括直觉思维、形象思维、逻辑思维、辩证思维和创造思维。思维具有一定的敏捷性、灵活性、深刻性、独创性、批判性。有好奇心、求知欲，崇尚真知，勇于探索创新，养成积极思考的习惯。

4. 审美创造

审美创造是指学生通过感受、理解、欣赏、评价语言文字及作品，获得较为丰富的审美经验，具有初步的感受美、发现美和运用语言文字表现美、创造美的能力；涵养高雅情趣，具备健康的审美意识和正确的审美观念。

核心素养的四个方面是一个整体。语言是重要的交际工具和思维工具，语言发展的过程也是思维发展的过程，二者相互促进。语言文字及作品是重要的审美对象，语言学习与运用也是培养审美能力和提升审美品位的重要途径。语言文字既是文化的载体，又是文化的重要组成部分，学习语言文字的过程也是学生文化积淀与发展的过程。在语文课程中，学生的思维能力、审美创造、文化自信都以语言运用为基础，并在学生个体语言经验发展过程中得以实现。

（二）普通高中语文学科核心素养

《普通高中语文课程标准》（2017年版2020年修订）明确指出，普通高中语文学科素养的内涵如下：

学科核心素养是学科育人价值的集中体现，是学生通过学科学习而逐步形成的正确价值观、必备品格和关键能力。语文学科核心素养是学生在积极的语言实践活动中积累与构建起来，并在真实的语言运用情境中表现出来的语言能力及其品质；是学生在语文学习中获得的语言知识与语言能力，思维方法与思维品质，情感、态度与价值观的综合体现。其主要包括“语言建构与运用”“思维发展与提升”“审美鉴赏与创造”“文化传承与理解”四个方面。

1. 语言建构与运用

语言建构与运用是指学生在丰富的语言实践中，通过主动的积累、梳理和整合，逐步掌握祖国语言文字特点及其运用规律，形成个体言语经验，发展在具体语言情境中正确有效地运用祖国语言文字进行交流沟通的能力。

2. 思维发展与提升

思维发展与提升是指学生在语文学习过程中，通过语言运用，获得直觉思维、形象思维、逻辑思维、辩证思维和创造思维的发展，促进深刻性、敏捷性、灵活性、批判性和独创性等思维品质的提升。

3. 审美鉴赏与创造

审美鉴赏与创造是指学生在语文学习中，通过审美体验、评价等活动形成正确的审美意识、健康向上的审美情趣与鉴赏品位，并在此过程中逐步掌握表现美、创造美的方法。

4. 文化传承与理解

文化传承与理解是指学生在语文学习中，继承和弘扬中华优秀传统文化、革命文化、社会主义先进文化，理解和借鉴不同民族和地区的文化，拓宽文化视野，增强文化自觉，提升中国特色社会主义文化自信，热爱祖国语言文字，热爱中华文化。

普通高中语文学科核心素养的四个方面是一个整体。语言是重要的交际工具，也是重要的思维工具；语言的发展与思维的发展相互依存，相辅相成。语言文字是文化的载体，又是文化的重要组成部分；学习语言文字的过程也是文化获得的过程。语言文字作品是人类重要的审美对象，语文学习也是学生审美能力和审美品质发展的重要途径。语言建构与运用是语文学科核心素养的基础，在语文课程中，学生的思维发展与提升、审美鉴赏与创造、文化传承与理解，都是以语言的建构与运用为基础，并在学生个体言语经验发展过程中得以实现的。

三、树立语文教学设计的系统观

教学设计的系统观指出，从教学过程本身看，教学过程是一个系统，它是由各个要素构成的，主要包括：学习需要、学习内容、学习者的特征等的分析；教学目标、教学策略、教学媒体等方面的确定和选择；教学活动的具体展开；教学效果的评价；等等。这些要素相互联系、相互依赖，形成一定的结构，指向特定的目标，所有要素发挥各自的作用并形成一定的整体功能，构成一个有机的整体。

系统观教学设计要求将系统论的思想和观点作为语文教学设计的指导思想。从系统论的角度出发，对参与教学过程的要素以及各要素构成的结构和教学环节等进行尽量优化的设计，以期获得最佳的教学效果。

四、运用现代教育理念指导语文教学设计

语文教学设计从表面看是一种技能、技巧，但实质上是设计者教育思想、教学观念的反映。因此，语文教师需要不断学习教育理论，吸纳教育学、心理学等的新成果，树立现代教育理念。主要包括以下几方面。

（一）转变教学观念，树立正确的教学观

当代语文教学设计中，教师要提高素质、更新观念、转变角色，树立正确的教学观。

1. 对待学生，强调尊重赞赏

“为了每一名学生的发展”是新课程改革的核心理念。为了实现这一理念，教师必须尊重每一名学生做人的尊严和价值，尤其是以下六种学生：① 智力发育迟缓的学生；② 学业成绩不良的学生；③ 被孤立和拒绝的学生；④ 尊重有过错的学生；⑤ 有严重缺点和缺陷的学生；⑥ 和自己意见不一致的学生。

尊重学生意味着不伤害学生的自尊心：① 不体罚学生；② 不辱骂学生；③ 不大声训斥学生；④ 不冷落学生；⑤ 不羞辱、嘲笑学生；⑥ 不随意当众批评学生。

教师不仅要尊重每一名学生，还要学会赞赏每一名学生：① 赞赏每一名学生的独特性、兴趣、爱好、专长；② 赞赏每一名学生所取得的哪怕是极其微小的成绩；③ 赞赏每一名学生所付出的努力和所表现出来的善意；④ 赞赏每一名学生对教科书的质疑和对自己的超越。

2. 对待教学，强调帮助引导

教怎样促进学呢？教的职责在于帮助：① 帮助学生检视和反思自我，明了自己想

要学习什么和获得什么，确立能够达成的目标；② 帮助学生寻找、搜集和利用学习资源；③ 帮助学生设计恰当的学习活动和形成有效的学习方式；④ 帮助学生发现他们所学东西的个人意义和社会价值；⑥ 帮助学生营造和维持学习过程中积极的心理氛围；⑥ 帮助学生对学习过程和结果进行评价，并促进评价的内在化；⑦ 帮助学生发现自己的潜能和兴趣。

教的本质在于引导，引导的特点是含而不露、指而不明、开而不达、引而不发；引导的内容不仅包括方法和思维，也包括价值和做人。引导可以表现为一种启迪：当学生迷茫的时候，教师不是轻易告诉方向，而是引导他怎样去辨明方向；引导可以表现为一种激励：当学生畏惧困难的时候，教师不是拖着他走，而是唤起他内在的精神动力，鼓励他不断向上攀登。

3. 对待自我，强调教学反思

反思是教师以自己的职业活动为思考对象，对自己在职业中的行为以及由此所产生的结果进行审视和分析的过程。教学反思被认为是教师专业发展和自我成长的核心因素。新课程改革非常强调教师的教学反思，按教学的进程，教学反思可分为教学前、教学中、教学后三个阶段。在教学前进行的反思能使教学成为一种自觉的实践；在教学中进行的反思即在行动过程中及时、自动地反思能使教学高质高效地进行；教学后的反思即有批判地在行动结束后进行的反思能使教学经验理论化。教学反思会促使教师形成自我反思的意识和自我监控的能力。

4. 对待其他教育者，强调协同合作

在教育教学过程中，教师除了面对学生外，还要与周围其他教师发生联系，要与学生家长进行沟通与配合。

课程的综合化趋势特别需要教师之间的合作，不同年级、不同学科的教师要相互配合，齐心协力地培养学生。每个教师不仅要教好自己的学科，还要主动关心和积极配合其他教师的教学，从而使各学科、各年级的教学有机融合、相互促进。教师之间一定要相互尊重、相互学习、团结互助，这不仅具有教学的意义，而且还具有教育的功能。

家庭教育的重要性是不言而喻的，教师必须处理好与家长的关系，加强与家长的联系与合作，共同促进学生的健康成长。首先，要尊重学生家长，虚心倾听学生家长的教育意见；其次，要与学生家长保持经常的、密切的联系；最后，在教育要求与方法上家校应保持一致。

（二）致力于提高学生的语文核心素养，促进学生全面发展

《义务教育语文课程标准》（2022年版）指出：（义务教育）语文课程致力于全体学生核心素养的形成与发展，为学生学好其他课程打下基础；为学生形成正确的世界观、人生观、价值观，形成良好个性和健全人格打下基础；为培养学生求真创新的精神、实践能力和合作交流能力，促进德智体美劳全面发展及学生的终身发展打下基础。语文课程在推广普及国家通用语言文字、增强凝聚力、铸牢中华民族共同体意识，建立文化自信、培育时代新人，实现中华民族伟大复兴等方面具有不可替代的优势。①

《普通高中语文课程标准》（2017年版2020年修订）指出：普通高中语文课程，应使全体学生在义务教育的基础上，进一步提高语文素养，形成良好的思想道德修养和科学人文修养，为终身学习奠定基础，为传承和发展中华文化、增强民族凝聚力和创造力发挥独特的功能，为培养德智体美劳全面发展的社会主义建设者和接班人发挥应有的作用。②

可见，语文教学设计必须面向全体学生，使学生获得基本的语文核心素养，最终达到使学生逐步形成良好的个性和健全的人格，促进学生德、智、体、美、劳全面发展、和谐发展的目的。

（三）学生是学习和发展的主体，倡导自主、合作、探究的学习方式

20世纪70年代，联合国教科文组织发布的《学会生存》中明确指出“未来社会最终走向学习化社会”，并提出要“学会学习”的口号。

我国老一辈语文教育家叶圣陶也早就提出，教师的“教是为了不教”，“教课之本旨并非教讲一篇课文与学生听，而是教师引导学生理解此课文，从而使学生自己观其他类似文章”③。

学生是学习和发展的主体，语文课程必须根据学生身心发展和语文学习的特点，关注学生的个体差异和不同的学习需求，爱护学生的好奇心、求知欲，充分激发学生的主动意识和进取精神，倡导自主、合作、探究的学习方式。教学内容的确定、教学方法的

---

① 中华人民共和国教育部．义务教育语文课程标准（2022年版）[S]．北京：北京师范大学出版社，2022．

② 中华人民共和国教育部．普通高中语文课程标准（2017年版2020年修订）[S]．北京：人民教育出版社，2020．

③ 叶圣陶.叶圣陶语文教育论集[M]．北京：教育科学出版社，2015．

选择、评价方式的设计，都应有助于这种学习方式的形成。因此，语文教学设计的重点应由注重教师的教转向学生的学，与学生自主学习、合作探究相契合。

（四）语言是“习得”的产物，在语文实践中培养学生个性化的言语能力

“习得”与“学得”是不同的。相对而言，“学得”主要是一种理论学习，是一种认知行为，在语言学习中只起辅助作用，它只是言语能力生成的条件之一；而“习得”却是语言学习的主要方式，它是言语能力生成的必要条件。

从本质上说，语言学习是一个“习得”过程，习得的途径是多读、熟读、多听、多说、多写的实践活动。因而，课堂教学中教师的讲解、分析不应该是主要方式，而应在语文实践活动中培养学生个性化的言语能力。

（五）树立“大语文”教学观，合理开发、利用语文课程资源

美国教育家华特·B. 科勒涅斯克指出，语文学习的外延与生活的外延相等。对语文的学习，不能仅仅停留在课堂中、教材上，而应树立“大语文”教学观，实现“语文生活化”和“生活语文化”。

具体来说，“语文生活化”就是合理开发利用课程资源，把生活中无处不在、无时不有的语文学习资源引入语文课程教学中来，使语文学习植根于现实，贴近学生生活，激发学生的积极主动性。“生活语文化”就是通过语文拓展学习或语文实践活动，使语文学习延伸到社会生活中去，让学生有意识地体验生活，在此过程中开阔视野，锻炼听、说、读、写、口语交际及语文实践能力，增强语文学习的兴趣。

五、掌握语文教学原则

语文教学原则是从语文教学实践中概括出来，又反过来指导语文教学实践的理论，是语文教学中最主要、最本质的内在规律的集中体现，是语文教师处理教材、组织教学应该遵循的准则。语文教学原则一般有以下几条。

（一）言语内容与言语形式相统一

言语内容与言语形式是语文教学中的一对基本矛盾，内容决定形式，形式为内容服务。

语文课程性质是工具性和人文性的统一，这就要求在语文教学中既要重视言语内容，正确理解文本的思想，挖掘其中的人文因素，培养学生情感态度和价值观，又要重视言语形式，注意语文基础知识的掌握和基本的听、说、读、写能力的培养，达到人文性与工具性的结合，言语内容与言语形式的统一。

（二）听、说、读、写能力相促进

进行听、说、读、写训练以培养学生的语文能力是语文教学的根本任务，也是社会的实际需要。听、说是口语的运用，读、写书面语的运用。语文教学中要合理设计听、说、读、写与口语交际的训练，以课文为凭借和范例，以读促写、以读促说等，使几种能力相互促进、共同提高。

（三）语感训练与思维训练相结合

语言与思维是相互依存的，语言是思维的工具，没有语言就无法表达思维的成果；思维是语言的潜能，没有思维的明晰性、条理性、敏捷性和形象性，就没有语言的准确、连续和生动。因此，《语文课程标准》指出，在教学中尤其要重视培养良好的语感和整体把握的能力，在发展言语能力的同时，发展思维能力，激发想象力和创造潜能。

在语文教学中，通过学生的语文实践，如朗读、默读、体味等来培养语言的直觉，在此过程中，引导学生体会文章的条理性与思维的敏捷性，激发学生学习兴趣，养成勤动口、动脑、动手的习惯，进行思维训练，把语感训练与思维训练相结合。

（四）课堂语文学习与生活言语实践相联系

课堂语文学习只是语文学习的一小部分，是“精学”，生活言语实践是“博学”，是对课堂语文学习的检测与运用，同时促进课堂语文学习的效果。

语文教师要有意识地创设各种语文活动，把课堂语文学习与生活言语实践相互联系，实现语文课程资源的优化和重构，培养学生在各种场合学语文、用语文的意识，有效地促进学生语文能力的提高和语文素养的积淀。

六、掌握语文教学策略

教师要准确理解语文课程的基本理念，把握学生核心素养发展的基本规律，根据课程目标、课程内容和学业质量的要求，创造性地开展语文教学，充分发挥语文学科独特的育人功能。

（一）义务教育阶段语文教学策略

《义务教育语文课程标准》（2022年版）对语文教学提出了一些指导性建议，可以作为语文教师开展语文教学的基本策略[①]：

1. 立足核心素养，彰显教学目标以文化人的育人导向

教师应理解核心素养的内涵，全面把握语文教学的育人价值，突出文以载道、以文化人。把立德树人作为语文教学的根本任务，清晰、明确地体现教学目标的育人立意。引导学生在学习语言文字运用的过程中，逐步树立正确的世界观、人生观、价值观，体认和传承中华优秀传统文化、革命文化、社会主义先进文化，积淀深厚的文化底蕴，增强文化自信。

教师应充分认识语文课程工具性与人文性是统一的，从培养核心素养出发，把握四个方面整体交融的特点，设定教学目标时既有所侧重，又融为一体。注意在识字与写字、阅读与鉴赏、表达与交流、梳理与探究的过程中，整体提升学生的核心素养。注意教学目标之间的关联，避免将核心素养四个方面简单罗列。

2. 体现语文学习任务群特点，整体规划学习内容

教师要明确学习任务群的定位和功能，准确理解每个学习任务群的学习内容和教学提示。在此基础上，综合考虑教材内容和学生情况，设计不同类型的学习任务，依托学习任务整合学习情境、学习内容、学习方法和学习资源，安排连贯的语文实践活动。注重语文与生活的结合，注重听说读写的内在联系，追求语言、知识、技能和思想情感、文化修养等多方面、多层次发展的综合效应。

关注不同学习任务群之间的内在联系，以及同一学习任务群在不同学段的连续性和差异性；关注不同地区学校和学生的差异，合理安排学习内容，把握学习难度，组织学习活动。根据学生需求提供学习支持，引导学生在完成任务、解决问题的过程中积累语文学习经验，发展未来学习和生活所需的基本素养。注意减轻学生学习负担，避免死记

---

① 中华人民共和国教育部．义务教育语文课程标准（2022年版）[S]．北京：北京师范大学出版社，2022．

硬背、机械训练；注意幼小衔接，减缓坡度，降低难度，增强学习的趣味性和吸引力。

3. 创设真实而富有意义的学习情境，凸显语文学习的实践性

学习情境的设置要符合核心素养整体提升和螺旋发展的一般规律。语文学习情境源于生活中语言文字运用的真实需求，服务于解决现实生活的真实问题。创设情境，应建立语文学习、社会生活和学生经验之间的关联，符合学生认知水平；应整合关键的语文知识和语文能力，体现运用语文解决典型问题的过程和方法。

创设学习情境，教师应利用无时不有、无处不在的语文学习资源与实践机会，引导学生关注家庭生活、校园生活、社会生活等相关经验，增强在各种场合学语文、用语文的意识，建设开放的语文学习空间，激发学生探究问题、解决问题的兴趣和热情，引导学生在多样的日常生活场景和社会实践活动中学习语言文字运用。

4. 关注互联网时代语文生活的变化，探索语文教与学方式的变革

教师要关注互联网时代日常生活中语言文字运用的新现象和新特点，认识信息技术给学生阅读和表达交流等带来的深刻影响，把握信息技术与语文教学深度融合的趋势，充分发挥信息技术在语文教学变革中的价值和功能。

积极利用网络资源平台拓展学习空间，丰富学习资源，整合多种媒介的学习内容，提供多层面、多角度的阅读、表达和交流的机会，促进师生在语文学习中的多元互动。充分利用网络平台和信息技术工具，支持学生开展自主、合作、探究性学习，为学生的个性化、创造性学习提供条件。发挥大数据优势，分析和诊断学生学业表现，优化教学，提供及时、准确的反馈和个性化指导。积极关注教学流程、教与学方法、资源支持、学习评估等新变化，探索线上线下相结合的混合式语文学习。要正确认识信息技术对阅读习惯、写字能力、深度思考等可能产生的影响，扬长避短，使用适度，避免网络沉溺。

（二）普通高中语文教学策略

《普通高中语文课程标准》（2017年版2020年修订）对语文教学提出了一些指导性建议，也可作为语文教师开展语文教学的基本策略：

1. 发挥语文课程的独特功能，促进学生语文学科核心素养全面发展

普通高中语文课程应重视对学生情感、态度与价值观的正确引导。教学时应注意教

学内容的价值取向，发挥语文课程的熏陶感染作用。尊重学生独特的学习体验，引导学生在语文学习中接受优秀文化的熏陶，获得丰富的审美体验，形成良好的人文修养，树立正确的世界观、人生观和价值观。

语文学科核心素养的四个方面既各自独立，又相互依存；既各有侧重，又相互融通。必修和选修课程都应该围绕核心素养，整合阅读与鉴赏、表达与交流、梳理与探究，引导学生积极参与丰富多彩的语文实践活动，促进学生在语言建构与运用、思维发展与提升、审美鉴赏与创造、文化传承与理解等方面的全面发展。

2. 充分理解学习任务群的特点，处理好学习任务群之间的关系

普通高中语文课程设计了18个学习任务群，每个任务群都有各自的学习目标与内容，彼此之间又渗透融合、衔接延伸。教师可根据学习任务群的特点、学生的学习程度，结合自身的专业优势、教学风格，有规划、创造性地实施教学。教学中应统筹考虑各个学习任务群的特点，要明确不同学习任务群的定位和功能，妥善处理各个学习任务群之间的关系，避免遗漏缺失；要关注共同任务群在必修、选择性必修、选修课程中学习重点、呈现方式和深度广度的差异，避免简单重复。

3. 创设综合性学习情境，开展自主、合作、探究学习

应关注学生学习方式的转变，做好学生语文学习活动的设计、引导和组织，注重学习的效果。根据学生的发展需求，围绕学习任务群创设能够引导学生广泛、深度参与的学习情境。可通过多样的语文实践活动，融合听说读写，跨越古今中外，打通语文学科和其他学科、语文学习和学生的生活世界，运用优质的素材和范例，激发学生的学习兴趣和动力，提高语言文字运用能力。加强课程实施的整合，通过主题阅读、比较阅读、专题学习、项目学习等方式，实现知识与能力，过程与方法，情感、态度与价值观的整合，整体提升学生的语文素养。

鼓励学生根据个人兴趣、能力和特长，自主选择学习内容和学习方式，学会自我监控和学习管理，探索个性化的学习方法。要坚守语文课程的基本要求，恰当把握教学容量，不任意增加学生的学习负担，同时也要鼓励对语文学习有兴趣而且学有余力的学生追求更高的目标。

要根据学生身心发展和语文学习的特点，保护学生的好奇心、求知欲，鼓励自主阅读、自由表达，激发问题意识，引导他们体验发现问题、解决问题的过程。积极倡导基

于学习任务群的专题学习，围绕语言和文化、经典作家作品、科学论著等，组织学生开展合作探究、研讨交流活动，鼓励学生以各种形式相互协作，展示与交流学习成果。合理利用信息技术，优化整合课堂教学，促进知识的迁移与运用。教师要注意引导学生在自主学习的基础上，学会倾听和分享、沟通和协作，掌握探究学习的方法，提高实践和创新能力。

4. 整体把握必修和选修课程，加强课程之间的衔接和统整

教学时要特别注意加强必修、选择性必修、选修三类课程之间的衔接和统整。既要整体把握必修和选修课程的关系，更要注意不同课程专属任务群和共同任务群的衔接。

必修课程的教学应立足于共同基础，重视日常语文积累，为学生学习选修课程奠定坚实根基。教学时要重点培养学生基本的语言文字运用、思考表达、文学作品阅读与鉴赏，以及文化传承、理解与创新等方面的素养。

选修课程的教学应突出差异性和层次性，鼓励开展个性探究，充分激发学生的学习兴趣和潜能。教学时要进一步培养学生的语言梳理和建构能力、文学作品的个性化体悟能力、科学思维和问题解决能力、文化理解和批判能力。选择性必修应注重学习“面”的广度，选修应注重学习“点”的深度。

5. 探索信息化背景下教与学方式的转变

要改变因循守旧的语文教学习惯，也要打破唯技术至上的观念，把握好技术与语文的关系，合理利用信息技术。要创设运用语言文字的真实情境，形成有意义的互动学习环境，帮助学生有效投入语文实践；要借助信息技术优化整合课堂教学，引导学生经历多样化的学习过程，促进学生在更广阔的语言环境中主动学习，实现知识的迁移与运用；要积极探索基于网络的教学改革，利用具有交互功能的网络学习空间，创设线上线下一体化的“混合式”学习生态，为课堂教学和课外学习服务。在信息化环境下，需要进一步探索教学流程、资源支持、教学支持、学习评估等影响学生学习的各种要素所发生的新变化，积极探索信息化环境下的语文教学模式。

6. 提高课程开发与设计的能力，实现教师与课程同步发展

教师要具有专业发展意识，努力建构教学共同体；应努力适应、积极参与语文课程改革，持续学习，更新观念，改进实践，提升教学水平；要善于与同行、学生合作，在

集体备课、案例研讨等对话交流中学会自我反思，实现教学相长；应遵循语文学习任务群的教学规律，根据教学的实际需要，整合相关课程资源，拓宽学生的学习视野，提高日常教学效率；要注意利用本学校、本地区的特色资源，关注教学过程中生成的资源，引导学生学习从现实生活中发现问题，提出活动主题，增强在各种场合学语文、用语文的意识，多方面地提高学生的语文素养。

教师除了掌握语文教学设计的理念、原则及策略外，还需要具备教学设计的一些技巧和方法。这是教师开展语文教学设计的前提条件，也是开展语文教学、达到教学目标、培养德智体美劳全面发展的社会主义建设者和接班人的必备条件。

七、语文教学设计实训

撰写一篇课文的说课稿，要求体现语文教学设计的系统观（含学情分析、教学内容分析、教学目标、教学策略、教学媒体、教学方法、教学过程、教学效果评价等），对参与教学过程的要素、各要素构成的结构以及教学环节等进行优化。

案例 《桃花源记》说课稿（部编版语文八年级下册第9课）

对于本节课，我将以“教什么，怎么教，为什么这么教”为思路，从教材分析、学情分析、教学目标、教学方法、教学过程等几个方面加以说明。

一、说教材

教材是连接教师和学生的纽带，在整个教学过程中起着至关重要的作用。《桃花源记》编排在部编版初中语文八年级下册第三单元，是本单元的第一篇文章。本单元通过对三篇文言文和六首古诗的鉴赏，培养学生阅读和欣赏古诗文的能力，使学生注重情感体验，受到高尚情操的熏陶，发展个性，丰富精神世界。

《桃花源记》是陶渊明所写的一篇散文，以简练、隽永的笔调，借武陵渔人的行踪将世外桃源一一展现在我们眼前，它也成为东方文学中不朽的精神乌托邦。作者在文中写落花、写土地、写屋舍、写阡陌、写农作、写人情，展现出了一幅和乐安宁、自给自足、没有剥削与压迫的乡村生活图景，同时借以表达作者追求美好生活的理想和对现实生活的不满。

二、说学情

只有充分地了解学生，才能更好地因材施教，传道授业。学生在此之前已经接触过类似文体，例如八年级上册第三单元的《三峡》和《与朱元思书》等写景散文。因此学生对文言文的一些基本常识和学法已经有所了解和认识，教师应在这基础上进一步培养学生阅读文言文的能力，积累一些文言词语，为以后的文言文学习打下更加扎实的基础。在教学过程中应尽力引导学生体会古人对美好生活的追求。

三、说教学目标

根据新课程标准、教材特点、学生实际、课文内容，我制定了以下目标：

1. 朗读并背诵课文，积累文言字词并能结合注释翻译全文。
2. 了解课文的叙事线索，厘清结构层次。
3. 品味作品语言，感受美好意境。
4. 了解时代背景，深入理解文章内容及主旨，探究世外桃源的现实意义。

四、说教学重难点

根据学生已有的知识储备和知识点本身的难易程度，我将本课教学重点设置为理解积累相关文言知识，把握文章的叙事线索；将本课教学难点设置为学习文章故事曲折回环的写法，深入理解文章内容及主旨。

五、说教学方法

为解决教学重点，突破教学难点，顺利实现本课教学目标，我将结合教材特点与学生思维特征，采用以下几种教学方法：引导提问法、小组讨论法、自主探究法。

六、说教学过程

教学过程是本次说课最关键的部分，我将从以下几个环节展开：

（一）环节一：情景导入

好的导入是成功的一半，我会采用多媒体播放视频并配合相应导语的形式来进行。

1．播放《桃花源记》视频。

2．导入语：同学们，我们刚刚看到的这段古色古香、充满中国味的视频叫《桃花源记》，讲的是一位打鱼人不经意间发现了一片桃林，在好奇心的驱使下，走到了桃林尽头、溪水的源头，发现这里有一个可容一人通过的石缝，那石缝后面有什么呢？这个渔人又会有什么奇妙的经历呢？想知道的话，就和我一起走进今天的课文——《桃花源记》。

设计意图：能够引起学生的学习兴趣，调动学生学习的积极性和主动性。

（二）环节二：整体感知

整体感知是赏析文章的前提，向学生授课不仅要教给学生知识，更要教学生学会学习，所以在此环节，我将带领学生积极参与课堂，让他们学会学习。

第一步，多媒体介绍作者，写作背景，听配乐朗读，同桌交流解决生字词。

第二步，师生合作解决重点字词，自主翻译全文，梳理文章线索。

设计意图：学生能够初步感知文章内容，培养概括归纳能力，为后续深入研读做铺垫。

（三）环节三：深入研读

研读是深入地和文本对话，和作者对话，所以我会提出以下问题，并让学生分小组讨论，这一环节我会巡视并指导学生。

问题一：分类感受桃花源的美丽、神秘、幸福。

学生讨论后明确："桃花源"已经成为人们心中的理想世界，成为美的象征。

问题二：分析本文的写作手法。

学生讨论后明确：文本叙事简约、精于描绘、情景优美、故事曲折、结构精巧。

问题三：探究桃源成因及内涵。

学生讨论后明确：作者虚构的世外桃源是与作者所处的现实社会相对照的，在一定程度上反映了广大人民的愿望，是时代背景下的整体愿望。

设计意图：小组合作讨论这些问题，将课堂交还给学生，力求激活学生的思维，突出了学生的学习主体地位，同时还能够提升学生的团队合作能力和表达交流能力。

（四）环节四：拓展延伸

课程进行到此，学生对于课文知识及思想已经有了相当的了解，需要将学生的思维进一步发散，我设计了如下课堂练习：

乌托邦在今天的社会条件下是否能实现呢？请同学们自由发表意见。

（五）环节五：小结作业

1. 课程小结是对本课所学知识的巩固，我会采用师生共同总结的方式回顾本课重点知识。

设计意图：师生共同总结的形式，体现了“教师为主导，学生为主体”的教学理念。

2. 课后作业是教与学的交汇点，设置如下：

千百年来，“桃花源”已成为人们在失意时精神的避难所，衍化成为一种“桃源情结”。请结合自己的生活体验说说“桃花源”魅力长存的原因。

设计意图：开放式的作业设计可以达到“课虽下，味还在，趣仍浓”的目的。

七、说板书设计

好的板书就像一份微型教案，本课的板书用美丽、神秘、幸福三个关键词概括桃花源的特点，同时也体现出“向往理想生活”这一主旨，力图全面而简明地将授课内容传递给学生，清晰直观，便于学生理解和记忆，理清文章脉络。

（四川省甘孜州色达县九年一贯制学校甘林江提供）

思考题

1. 什么是“教学设计”？了解“教学设计”理论的发展及其在中国的实践运用。
2. 什么是“语文教学设计”？语文教学设计的意义体现在哪些方面？
3. 结合实例，分析语文教学设计的特征。
4. 进行语文教学设计需要具备哪些条件？
5. 新课程改革背景下的语文课程理念有哪些？
6. 义务教育语文核心素养及普通高中语文学科核心素养分别指什么？
7. 结合实例分析，如何树立语文教学设计的系统观？
8. 如何运用现代教育理念指导语文教学设计？
9. 在语文教学设计中，应遵循哪些语文教学原则？
10. 结合一篇初中或高中的课文，设计你认为恰当的语文教学策略。

第二章

语文教学方案设计

语文教学方案是教师将语文教学设计以文字形式加以外化、固定的书面成果，是语文教学设计的书面表达，也是开展语文教学的主要依据和重要支撑。语文教学方案常常简称为“语文教案”。

语文教案的主要类型有单元教学设计方案、课文教学设计方案及课时教学设计方案等。语文教学方案的设计，包括教学目标设计、教学内容设计、教学方法设计、教学过程设计和教学评价设计等多种要素。

第一节　语文教学方案的类型及设计要求

语文教学方案的设计，要依据语文课程标准，遵循语文教学设计的一般原理和学生认知规律的实际，结合语文学科特点及教师自身特点和优势，对教学目标设定、教学内容选择、教学过程安排、教学方法运用等做出合理、科学、可行的设计与策划。

一、语文教学方案的类型

语文教学方案的类型，有以下两种分类方式：

根据教案设计的繁简程度，语文教学方案大致可以分为详细教案、简明教案和微型教案等三类。

详细教案内容周详全面，几乎接近讲稿，对教学的具体程序、环节、内容及过渡、提问等写得详细周到，便于系统地呈现教学内容，全面地把握教学进程。

简明教案又称教学提纲，短小精练，只写出最基本、最重要的内容，如教学进程的主要环节等，对教学起到提纲挈领的作用。

微型教案也称卡片教案，内容只涉及最基本的教学步骤和简明的板书，与课本的批注配合，只是对教学的一种提示。

这几种教案可单独使用，也可配合使用，根据自身的具体情况和特点灵活进行。一般，新教师写详细教案，随着水平的提高和经验的积累，教案逐渐由繁到简，最高境界为“心中有案，手中无稿”。

根据教案设计所涉及课文的范围，语文教学方案可以分为单元教学设计方案、课文教学设计方案及课时教学设计方案三类。

单元教学设计方案将相对独立的、性质相近、任务一致、有内在联系的内容划成单元，安排一个单元的教学工作，包括单元名称、教学目的、教学要求、主要内容、课时划分、各课时的类型、主要教学方法、必要的教具等。

课文教学设计方案是单篇课文的教学设计方案，即课文教学计划，包括课题、年级和班级、教学目标、教学内容、教学重点、教学难点、教学方法、教学用具（包括媒体）、课时安排、教学过程（分课时计划）、教学后记等。其中，教学后记是完成实际教学之后，教师对教学实施情况进行简要记录，对教学效果进行评价和检测，对教学过程进行反思和总结等。写教学后记是教学成长的重要途径。

课时教学设计方案，即分课时的教学计划，一般包括以下要素：

课时类型：每个课时都由不同的教学内容和不同的教学方法构成不同的课型，如阅读教学中的预习课、讲读课、自读课、朗读课、讨论课、练习课、复习课等，作文教学中的指导课、观察课、写作课、评讲课等。

教学目标：总体目标的分散。

教学内容：总体内容的分散，要突出重点和难点。

教学步骤：这是教学思路的具体表现，应具有很强的系统性和操作性。

板书设计：这是教学思路的形象化和简明性表现。它使教学内容纲要化、图表化，结构鲜明、重点突出、形象直观，从而加深学生的理解和记忆。

作业布置：结合教学目标、教学内容、学生情况，设计符合实际的、恰当可行的作业，以巩固学习成果。

一般来说，课文教学设计方案、课时教学设计方案使用最多，因为，课文教学、分课时教学是语文教学活动开展的最基本形式。

二、语文教学方案的设计要求

语文教学方案的设计是为语文教学活动的开展与实施提供重要依据的，影响到教学过程的实施、教学目标的达成和教学效果的优劣。语文教学方案的设计既要符合语文教学的基本规律，也要符合科学性、创造性及实用性等要求。

（一）科学性

语文教学方案设计的科学性是指教案要能反映语文教育内在的特点和规律，反映语文教学过程的系统性和目标指向性，有利于学生准确地获得知识、提高能力、陶冶情操，促进语文素养的提高。

（二）系统性

语文教学方案设计的系统性是指教案由多个与语文教学密切相关的有机联系的要素构成。语文教学方案的设计包括教学目标、教学内容、教学方法、教学过程和教学评价等多个要素的设计，这些要素的设计与整合构成了完整的语文教学方案设计系统。

（三）创造性

语文教学方案设计的创造性是指教案是适应具体情况的具体设计，是具体情况下教师创造性智力劳动的产物。语文教案不是语文知识的汇集，也不是教学参考资料的摘抄，任何一个具有实用价值的优秀教案都具有创造性。

（四）实用性

语文教学方案设计的实用性，是指语文教案能够运用于教学实践，有利于语文教学活动的开展。它的根本任务是解决教什么、怎么教的问题。实用性教案是操作程序，而不是知识序列，也不是文章分析，更不是教学论文，而是实现教学目标的途径和方法。

三、语文教学方案设计实训

设计一篇课文的教学方案（详案），要求：

1. 格式规范。
2. 符合教学方案设计的科学性、系统性、创造性和实用性特点。

案例 《桃花源记》详细教案（部编版语文八年级下册第9课）

一、教学目标

1. 朗读并背诵课文，积累文言字词并能结合注释翻译全文。
2. 了解课文的叙事线索，厘清结构层次。
3. 品味作品语言，感受美好意境。
4. 了解时代背景，深入理解文章内容及主旨，探究世外桃源的现实意义。

二、教学重点

理解积累相关文言知识，把握文章的叙事线索。

三、教学难点

学习文章故事曲折回环的写法，深入理解文章内容及主旨。

四、教学方法

引导提问法、小组讨论法、自主探究法。

五、教学课时

2课时。

六、教学过程

第一课时

［教学目标］

1. 朗读并背诵课文，积累文言字词并能结合注释翻译全文。
2. 了解课文的叙事线索，厘清结构层次。

[教学重点]

积累文言字词并能结合注释翻译全文。

[教学难点]

厘清结构层次。

[教学过程]

（一）视频导入

（1）播放《桃花源记》视频前半段。

（2）导入语：同学们，我们刚刚看到的这段古色古香充满中国韵味的视频叫《桃花源记》，讲的是一位打鱼人不经意间发现了一片桃林，在好奇心的驱使下，走到了桃林尽头、溪水的源头，发现这里有一个可容一人通过的石缝，那石缝后面有什么呢？这个渔人又会有什么奇妙的经历呢？想知道的话，就和我一起走进今天的课文——《桃花源记》。

（二）作家作品

1. 了解作者

陶渊明（365—427年），名潜，字元亮，私谥靖节，浔阳柴桑（今江西九江西南）人，东晋著名诗人，是大司马陶侃的曾孙，其祖父、父亲都做过官。他受家庭教育和儒家思想的影响，年少时就有“大济于苍生”的壮志。但时值东晋和南朝宋的易代之际，社会动荡不安，使之壮志难酬。陶渊明29岁开始做官，任江州祭酒，不久，解职归。陶渊明35岁时，在江陵为桓玄僚佐。40岁为镇军刘裕参军，第二年，义熙元年八月，因叔父推荐，得为彭泽令。郡遣督邮至县，吏役告诉他要束带鞠躬迎接，他说：“我不能为五斗米而折腰。”即自离职去，在官仅八十多天。离任时，作《归去来兮辞》以明志。因深感官场污浊、仕途凶险，从此过着“躬耕自资”的隐居生活，再没有出仕，直至63岁在贫病交迫中去世。

2. 写作背景

本文大约写于南朝宋武帝（刘裕）永初二年（421年），作者时年57岁。他目睹了当时黑暗的社会：统治者内部互相倾轧，军阀连年混战，为了争夺统治地位，多次发生流血政变。如元熙二年（404年）六月，刘裕废晋恭帝为零陵王，改年号为“永初”。次年，刘裕采取阴谋手段，用毒酒杀害恭帝。统治者日益加重对人民的赋税徭役和剥削压榨，给百姓造成了家破人亡、妻离子散的痛苦。他面对现实，深有感触，于是，产生了对刘裕政权的不满，加深了对现实社会的憎恨，但他又无法改变这种现状，只好借助创作来抒写情怀。这篇文章就是在这样的背景下产生的。

3. 文章体裁

《桃花源记》即《桃花源诗》前边的记。记是一种记述事物的文体。这篇“记”后面是一首五言古诗，“记”相当于这首诗的序，故《桃花源记》又叫《桃花源诗并序》。记，是古代的一种文体。主要是记载事物，并通过记事、记物、写景、记人来抒发作者的感情或见解，即景抒情，托物言志。

（三）字词正音

豁然开朗（huò）　俨然（yǎn）　垂髫（tiáo）

诣太守（yì）　阡陌交通（qiān）　便要（yāo）

还家（huán）　刘子骥（jì）

（四）朗读释意

1. 课文录音

多媒体播放朗读音频，学生在听的过程中要注意读音及朗读节奏，进一步感知全文。

2. 学生朗读

学生自由朗读课文，然后提出朗读中的疑难字句，教师组织同学们相互讨论，互助解答。

3. 自主学习

结合工具书和注释，初步疏通文句，将自己不理解的词句标出。

4. 翻译并反复朗读

同桌一人读原文一人口译，逐句疏通文章。对于翻译有不妥之处，师生共同加以纠正。

设计意图：语文教学要注重语言的积累、感悟和运用，注重基本技能的训练，给学生打下扎实的基础。对于初二学生，能粗略看懂一篇文言诗词并能尝试着用现代汉语把文意表达出来，已达到我们的教学目的。能用普通话正确、流利、有节奏反复朗读并能熟读成诵是初中生阅读浅易文言美文最基本的要求。

5. 想象

默读课文，想象武陵人一路上见到的景色和桃花源中的景象。

（五）重点字词

1. 通假字

便要还家（“要”同“邀”，邀请）。

2. 古今异义

① 阡陌交通（古义：交错相通。今义：交通运输）。

② 率妻子邑人（古义：妻子儿女。今义：指男方的配偶）。

③ 来此绝境（古义：与人世隔绝的地方。今义：没有出路的地方）。

④ 无论魏晋[古义：不要说，更不必说。今义：不管（连词）]。

3. 一词多义

① 舍：A. 便舍船（离开）

B. 屋舍俨然（房子）

② 寻：A. 寻向所志（寻找）

B. 寻病终（随即，不久）

③ 志：A. 处处志之（做记号）

B. 寻向所志（记号）

④ 为：A. 不足为外人道也（对、向）

B. 捕鱼为业（作为）

⑤ 乃：A.见渔人，乃大惊（于是，就）

B. 乃不知有汉（竟然，居然）

⑥ 遂：A.遂迷（竟然）

B. 后遂无问津者（于是，就）

4. 词类活用

渔人甚异之（形容词活用为动词，对……感到惊异）

（六）梳理情节

明确：全文以渔人进出桃源的行踪为线索，按渔人行踪的不同分五部分：发现桃花源—进入桃花源—访问桃花源—离开桃花源—再寻桃花源。其中重点是第二、三两部分，描写了桃花源优美的环境，淳朴的人情，和平安定、丰衣足食的生活，自由平等、其乐融融的人际关系。

（七）课堂小结

这一节课通过合作学习，我们基本上理解了课文的内容，并学到了不少文言实词、虚词。让我们一步一个脚印随着古人去寻幽访古，感受祖国文化的美丽和伟大。

（八）板书设计

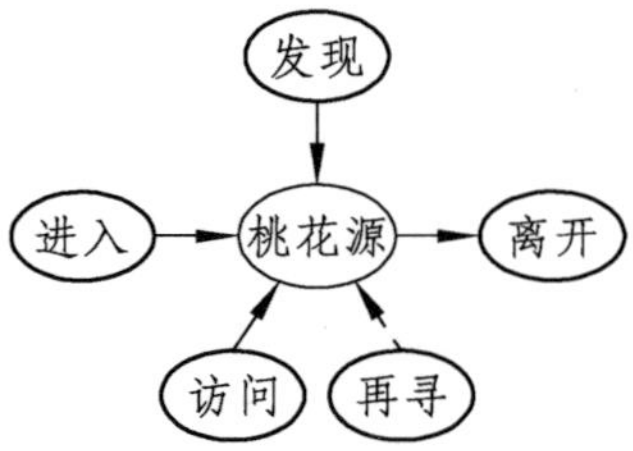

（九）作业布置

（1）正确流利有感情地朗读并背诵全文。

（2）课后选读以下诗作：《桃花源诗》（陶渊明）、《桃源行》（王维）、《桃源图》（韩愈）、《桃花溪》（张旭）。

第二课时

[教学目标]

1. 品味作品语言，感受美好意境。
2. 了解时代背景，深入理解文章内容及主旨，探究世外桃源的现实意义。

[教学重点]

品味作品语言，深入理解文章内容及主旨。

[教学难点]

探究世外桃源的现实意义。

[教学过程]

（一）视频导入

（1）播放《桃花源记》完整视频。

（2）引导语：我们看到，动画中的桃花源真是美极了，桃源外桃花灼灼，落英如雨；桃源内屋舍俨然，人们其乐融融。这动画中的美景，正是从这篇文字生出的。同学们，我们何不再来看看这些文字，也许我们能创造出比动画更美丽、更神秘、更幸福的桃花源呢！

（二）分类感受

1．感受桃花源的美丽

（1）桃花源美在何处？（学生回答，教师归纳）

桃林美，土地美，屋舍美，田池美，桑竹美，阡陌美。

（2）教师小结：桃花源美在环境幽雅，风景优美。

2．感受桃花源的神秘

桃花源神秘在何处？（学生回答，教师归纳）

桃林神秘：夹岸数百步，中无杂树。

山洞神秘：仿佛若有光，形状奇特。

林中人神秘：乃不知有汉，无论魏晋。

结局神秘：不复得路，探访未果。

3．感受桃花源幸福

桃花源的幸福表现在何处？（学生回答，教师归纳）

（1）黄发垂髫：怡然自乐（和平安定、丰衣足食）。

（2）男女：往来种作（没有战乱，安居乐业）。

（3）渔人（侧面烘托）：杀鸡作食，皆出酒食（民主平等，民风淳朴）。

学生小结：桃花源幸福在生活和平安定，丰衣足食，民主平等，民风淳朴。

4. 桃花源中的生活是一种怎样社会理想？

明确：反对战乱，追求和平、幸福、自由生活的社会理想。

5. 文中哪一句话表现了桃花源中人的这种社会理想？

明确：“此人一一为具言所闻，皆叹惋。”

6. 文中哪一句话还表现了桃源中人不愿与世俗交往、不愿受到干扰的心理？

明确：“此中人语云：‘不足为外人道也’。”

7. 渔人出桃源时，“处处志之”，为什么再往时，“寻向所志，遂迷，不复得路”？

明确：作者这样写的目的是使人觉得桃源是一个似有而无、似真而幻的所在，暗示桃源是虚构的。作者虚构的世外桃源是与作者所处的现实社会相对照的。这里景色优美，土地肥沃，资源丰富，风俗淳朴；这里没有压迫，没有战乱，和平安宁，确实是当时乃至整个封建社会人民理想的世界。这理想在一定程度上反映了广大人民的愿望，但在当时的条件下是不可能实现的，因而它只是一种空想。

8. 今天我们应当怎样看待这样的理想？

明确：“桃花源”已经成为人们心中的理想世界，成为美的象征。无论社会怎样发展，人类追求幸福和谐安宁生活的愿望都没有改变。

（三）笔法分析

1. 文章叙述如此多的美，理当需要很长篇幅，但作者短短几百字，不仅叙述了其中的美，还叙述了遇桃源的前因后果。其中有什么秘密呢？

明确：原因在于文本叙事简约。

具体体现：

（1）省略句子成分。

例如：（村中人）见渔人，乃大惊，问（渔人）所从来。（渔人）具答之。（村人）便要（渔人）还家，设酒杀鸡作食。

（2）省略问答内容。

例如：“问今是何世，乃不知有汉，无论魏晋”这句话中没有交代渔人的答语，可见作者裁剪功夫。

（3）运用指代词语，避免重复前文内容。

例如：“诣太守，说如此”这句话中的“如此”包括前文所介绍内容。

2. 本文虽然简约，但是意蕴却丝毫不减，这是为什么呢？

明确：文章的语言不仅朴素，而且简练生动。如“设酒杀鸡作食”几字，虽着墨不多，但亲切之情溢于言表。又如“不知有汉，无论魏晋”更是以少胜多，仅两句八个字，就从反面高度概括他们已经过了汉魏以来整个漫长而动乱的历史时期。文章里还有许多词语，由于简练生动，一直被后世沿用下来，至今仍有生命力，如“芳草鲜美，落英缤纷”“豁然开朗”“土地平旷”等。

3. 除了文本叙事简约，文章还有哪些艺术特色呢？

（1）精于描绘，情景优美。本文的景物描写极具特色，作者用优美的文笔精心描绘了一幅如诗如画的桃源仙境。这些景物极具画面感，如开头这段景物描写：“缘溪行……忽逢桃花林……芳草鲜美，落英缤纷。”在陶渊明的笔下，桃花源的景色是那样诱人：清清的小河，芳草鲜美的绿草地，满地铺洒着鲜艳的桃花……这美不胜收的景色自然令人流连忘返。作者还善于把景物描写与人的活动紧密结合在一起，使景物平添了无穷的情趣。例如："土地平旷，屋舍俨然，有良田美池桑竹之属……黄发垂髫，并怡然自乐。"寥寥数语，便将一幅恬静和谐、悠然自得的乡村美景呈现在我们面前。桃花源的美景如此令人心旷神怡，自然会吸引读者饶有兴致地读完故事。

（2）故事曲折，结构精巧。全文结构摇曳多姿，引人入胜。作者多用曲笔把故事情节写得跌宕起伏、扣人心弦、充满奇趣。尤其是作者巧设伏笔，妙用悬念，精当剪裁，使故事多姿多彩。如前文"忽逢桃花林"中一个"忽"字，暗含桃花源可遇而不可求，为后文写再寻桃花源不遇做了很好的铺垫。而后文的"……遂迷，不复得路……"更增加了文章的传奇色彩。

（四）探究桃源

1. 同学们有没有想过，作者以如此精湛的艺术手法虚构这桃源仙境到底有何目的？请同学们结合时代背景以及之前探讨过的桃源之美来分析这个问题。

时代背景：东晋末年，陶渊明家乡江州（今江西九江）一带，由于战乱频繁，民不聊生，"至乃男不被养，女无匹对，逃亡去就，不避幽深"（《晋书刘毅传》）。及至晋宋易代，人民逃亡情形更为严重。《宋书·荆州蛮传》说"宋民赋役严苦，贫者不复堪命，多逃亡入蛮"，因"蛮无徭役，强者又不供官税"。

分析：作者虚构的世外桃源是与作者所处的现实社会相对照的。他生活的东晋末年是一个战乱不断、政治腐败、民不聊生的社会。他深感痛苦和不满，但是要想改变这种现实又根本不可能，于是他憧憬着一种没有剥削、没有战乱，人民生活宁静和乐，风气淳朴、自由平等的理想社会。本文正是他这种理想的写照。

2. 说这是作者本人理想的写照，也许还不够准确，我们可以看见，作者笔下，太守欲往，高尚士刘子骥欲往，这说明了什么？而后大家都未能寻到桃花源，这又说明了什么？

分析：桃花源在一定程度上反映了广大人民的愿望，是时代背景下的整体愿望。但这样的社会在当时的条件下是不可能实现的，因而它只能是一种空想。桃花源究竟在何处，无处找寻。

（五）材料拓展

桃花源与乌托邦

"乌托邦"是欧洲拉丁文的音译，原意为"乌有之乡"，即不存在的地方。自从16世纪初叶，英国人莫尔在《乌托邦》一书中描绘了一个废除私有财产、实行公有制、按计划生产和消费及人人都从事劳动生产的理想社会后，人们便把“乌托邦”理解为“空想的理想社会”，“乌托邦”也就成了“空想”的同义语。在中国，乌托邦同样令人憧憬、神往。晋代著名的田园诗人陶渊明，在他的作品中就表现了对“乌托邦”的美好向往。

陶渊明一生都生活在社会动荡、灾害频繁的年代，几次出仕，壮志难酬，最终归隐田园。自己一生贫病交加，以及所目睹的社会腐败混乱、民生疾苦，使其内心深处产生了一种对美好、平等、安定的社会生活的渴盼，正是有了这种渴盼，才使得他唱出了一曲世界上最古老的“乌托邦”恋歌。

案例分析：此环节利用信息技术手段补充课外知识，深化文章主题，提升情感、态度、价值观教育，让学生的语文学习真正与生活融合。

（六）课堂总结

桃花源不是陶渊明消极的逃避，而恰恰是他闪光理想的依托。毛泽东《登庐山》中的一句诗：“陶令不知何处去？桃花源里可耕田。”充分肯定了陶渊明对理想社会的追求，面对中华大地的千年变迁，中国人民真正站了起来。如今祖国各地不是桃源，胜似桃源，倘若陶渊明地下有知，一定会感到无比欣慰的。

（七）作业布置

1. 千百年来，“桃花源”已成为人们在失意时精神的避难所，衍化成为一种“桃源情结”。请结合自己的生活体验说说“桃花源”魅力长存的原因。

2. 请以《我心目中的桃花源》为题写一篇习作。

（八）板书设计

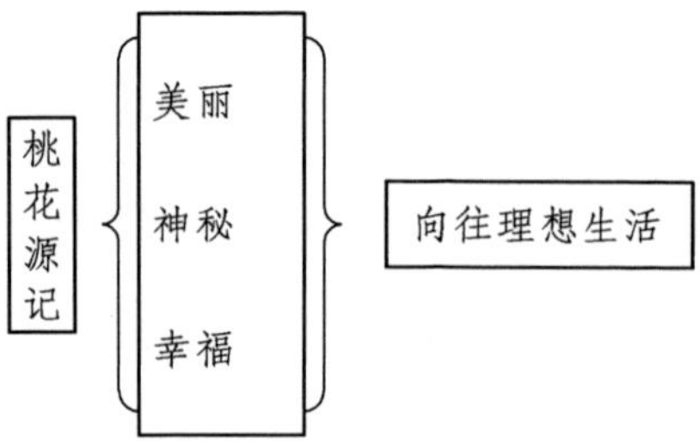

案例分析

《桃花源记》编排在部编版初中语文八年级下册第三单元，是本单元的第一篇文章。教学伊始，教师充分利用多媒体，创设情境，营造了一个良好的语文教学环境，既吸引了学生的注意力，又提高了学生学习的主动性和积极性。教学过程中师生双方在教学中的主动性都得到了发挥，整个教学过程中始终贯彻教师主导、学生主体这一理念。设置探讨问题时，采用小组合作探讨、师生共同总结的方式营造师生互相交流的学习氛围，让学生既学到了知识，又满足了好奇心。同时，通过此次教学也可增进学生对古人追求美好生活的体会，更增加他们对中国特色社会主义的热爱，从而做到文道统一。

（四川省甘孜州色达县九年一贯制学校甘林江提供）

第二节 语文教学目标的设计

教学目标是教学活动所要达到的目的、状态及效果等，是教师进行教学设计、开展教学活动的定向指标，也是评价教学达成、教学效果的重要依据。

语文教学目标是语文教师以现代教育理念为指导，根据语文课程标准，结合语文教材、学段特点及学生学情等实际情况，精心设计的语文教学预期。语文教学目标是教师语文教学活动的出发点和归宿，是教师选择教学内容、教学策略、教学方法的依据，也是评价教学效果的重要依据，在教学活动中发挥着指向、评价、激励等多种作用。

一、语文教学目标设计的依据

语文教学目标的设计需要依据以下几个要素：

（一）依据语文课程标准中的课程目标

教育部制定的《义务教育语文课程标准》（2022年版）及《普通高中语文课程标准》（2017年版2020年修订），明确规定了义务教育阶段及普通高中的语文课程总目标，也确定了不同学段、不同模块、不同学习任务群的具体目标。这是语文教师进行教学目标设计的根本遵循和基本依据。

（二）依据教材

教材是开展教学活动的重要阵地，是教师“教”与学生“学”的重要依托。部编版义务教育阶段及普通高中的语文教材是按照《义务教育语文课程标准》（2022年版）及《普通高中语文课程标准》（2017年版2020年修订）来编写的。部编版语文教材的编写以马克思主义为指导，坚持立德树人，坚持面向现代化、面向世界、面向未来，体现了社会主义核心价值观，贯彻了国家课程改革的精神，全面落实了语文课程标准要求。同时，教材的编写适应学生的认知特点和身心发展水平，符合语文核心素养发展的规律，充分体现了语文学习的阶段性特征，做好系统规划和整体安排，注重各学段之间的衔接。设计语文教学目标必须依据教材内容，如果脱离教材，那便会成为无源之水、无本之木。

（三）依据教学内容

教学内容是教学过程中师生开展教学双边活动、完成教学任务、达到教学目的、起到育人效果的主要素材及相关信息，是教学过程中师生互动的主要信息。语文教学主要是指导学生学习如何运用语言来表情达意，从而达到用自己的语言表达思想感情的目的。语文教师需要围绕语文核心素养，依据教学内容来确定具体的教学目标，义务教育阶段可以从“文化自信”“语言运用”“思维能力”“审美创造”等四个维度来设计课文教学目标、课时教学目标以及学习任务群教学目标，高中语文课可以从“语言建构与运用”“思维发展与提升”“审美鉴赏与创造”“文化传承与理解”等四个维度来设计课文教学目标、课时教学目标以及学习任务群教学目标。

（四）依据学生学习情况

学生原有的知识结构、学习基础、学习习惯、学习程度及学习有效性等，都是影响学生进一步学习的重要因素。教师在设计教学目标时，一定要考虑学生的学习实际情况，即通常所说的“学情”，设计出符合学情、具有针对性和可行性、学生通过努力能达到的合理的教学目标，以便在教学中有的放矢、因材施教。

二、语文教学目标设计的要求

设计语文教学目标应注意以下要求：

（一）把握教学目标的整体性和阶段性

《义务教育语文课程标准》（2022年版）提出了义务教育阶段语文课程的九个“总目标”，并按1～2年级、3～4年级、5～6年级、7～9年级这四个学段，分别从“识字与写字”“阅读与鉴赏”“表达与交流”“梳理与探究”等四个方面提出了各学段具体目标——“学段要求”，体现了语文课程的整体性和阶段性。

《普通高中语文课程标准》（2017年版2020年修订）提出了普通高中阶段语文课程的十二个“总目标”，并提出了普通高中语文课程的18个学习任务群的学习目标。

这里需要介绍一下普通高中语文课程的构成及学习任务群的设置。《普通高中语文课程标准》（2017年版2020年修订）规定，普通高中语文课程由必修、选择性必修、选修三类课程构成，各类课程分别安排了7～9个学习任务群，即必修课程7个学习任务群，选择性必修课程9个学习任务群，选修课程9个学习任务群。其中，“整本书阅读与研讨”“当代文化参与”“跨媒介阅读与交流”等三个学习任务群贯穿了必修、选择性必修和选修三个阶段。“语言积累、梳理与探究”学习任务群贯穿了必修、选择性必修两个阶段。去除重复计数，普通高中语文课程的学习任务群一共设置了18个。

语文教学目标的设计要依据总目标，体现目标的整体性，同时又要根据不同学段学生的身心特点、不同学段的学习要求、不同学习任务群的具体要求，体现目标的阶段性。

（二）促进学生发展、体现语文本质、适应社会需要

语文教学目标的设计要以发展学生语文能力、培养学生良好个性和健全人格、全面提高学生语文素养为出发点，促进学生的发展。

随着社会的发展和分工的细化，社会人际交往日益增加，语文教学目标的设计也需要考虑这些社会需要。

（三）规范语文教学目标的表述

教学目标确定之后，需要用规范的语言将目标外化、固定下来，使之成为可操作、

可测量或可评价的行为目的。一般情况下，语文教学目标表述的基本要素有四个：

① 行为主体：应是学生，而不是教师。有时可省略“学生”两字，但也必须是隐含的。

② 行为条件：是达到行为目标的过程、方法或影响学生产生学习结果的特定的限制或范围。

③ 行为动词：应尽可能具有质和量的具体规定性，以便于教学时把握和评价时适用。

④ 表现程度：指学生学习之后预期达到的最低表现水准，用以评价测量学习表现或学习结果所达到的程度，可以是定性的，也可以是定量的。

例如，一个完整的语文教学目标的表述应为：

学生（行为主体） 在通读全文后，（行为条件） 找出（行为动词） 课文中的修辞手法，至少找出三种。（表现程度）

需要注意的是，为了陈述简便，有时会省略行为主体和行为条件。

三、语文教学目标设计实训

设计一篇课文的教学目标，要求：

1. 依据语文课程标准中的课程目标、教材、教学内容及学情来设计教学目标。
2. 把握教学目标的整体性和阶段性。
3. 教学目标能促进学生发展、体现语文本质、适应社会需要。
4. 语文教学目标的表述要规范。

案例一 《喜看稻菽千重浪——记首届国家最高科技奖获得者袁隆平》教学目标（部编版语文高一上册第4课）

知识与能力目标：学习人物通讯文并掌握其语言特点和选材的作用；深入了解袁隆平是科学家亦是劳动者身份的原因；了解袁隆平在水稻研究上的巨大贡献。

过程与方法目标：分析四个小标题的意义和作用；梳理人物的事迹；抓住细节描

写；观看小短片与文本内容结合感悟理解。

情感态度与价值观目标：通过文本内容铭记这一段艰难历程的历史；培养学生学习科学家创新和讲事实的高尚品质并运用到社会实际；学习袁隆平在科学道路上的敢于挑战权威、执着不懈的精神；学习他坚信党的领导的信念，帮助学生树立正确的价值观。

案例分析

根据高中语文课程标准，高中生已经学习过一些其他体裁的文本，已经有能力学习新的体裁，并且经过初中、小学的积累，也已有了一定的阅读理解能力，同时也该逐渐树立正确的价值观。该阶段的学生除了掌握基本的常识，更应该放眼时代、国家，乃至世界，向投身社会主义建设和中华民族伟大复兴的杰出前辈们学习，形成正确的观念。

（西昌学院2020级汉语言文学专业李鸿提供）

案例二　《拿来主义》教学目标（部编版高中语文必修上册第12课）

1. 知识与能力目标

了解作者的生平以及代表作；了解本篇议论文创作的时代背景以及文章中的事件；掌握本篇议论文的类型以及文章中的论证方法；通过本文进一步掌握议论文的写作模式，能够独立写作议论文。

2. 过程与方法目标

问题导向：围绕“究竟什么是‘拿来主义’，我们为什么要学会拿来主义”，让学生带着问题阅读课文，结合时代背景，深刻领会“拿来主义”的内涵；比较“送去”与“拿来”“送来”与“拿来”的区别，分析作者是如何展开议论的。

3. 情感态度与价值观

体会作者深邃的思想和想要表达的情感，领会文章的精神实质，深刻理解文章的主题；树立正确的文化观念，正确对待传统文化和外来文化；感悟“拿来主义”在当今时代的作用和意义。

案例分析

高中语文课程标准要求学生“发展逻辑思维，能够辨识、分析、比较、归纳和概括基本的语言现象和文学现象，并能有理有据地表达自己的观点和阐述自己的发现；运用基本的语言规律和逻辑规则，准确、生动、有逻辑地表达自己的认识；运用批判性思维审视语言文字作品，探究和发现语言现象和文学现象”。高一学生在学习这篇课文之前，对论证文以及论证方法已经有了一定的了解，因此本课教学目标主要设置了两个问题，让学生带着问题分析文本，提高学生分析议论文的能力；让学生思考“拿来主义”在当今社会的作用，培养学生的思辨能力，在生活中学会举一反三。

（西昌学院2020级汉语言文学专业赵宇航提供）

第三节　语文教学内容的设计

义务教育语文课程内容包括中华优秀传统文化、革命文化、社会主义先进文化等三个主题，同时还包括反映世界文明优秀成果、科技进步、日常生活特别是儿童生活等方面的主题。高中语文课程内容包括整本书阅读与研讨、当代文化参与、跨媒介阅读与交流、语言积累、梳理与探究、文学阅读与写作等18个学习任务群。

不论义务教育阶段，还是高中阶段，语文课程内容都主要以学习任务群形式组织与呈现，语文学习任务群由相互关联的系列学习任务组成，共同指向学生的核心素养发展，具有情境性、实践性、综合性。

语文学科的教学内容是很丰富的，语文教学内容的每个学习任务群，都又包括了一系列内容。作为母语教育学科，语文课程资源十分丰富，教学内容也十分繁杂，因此要十分重视语文教学内容的设计。

一、语文教学内容设计的原则

语文教学内容设计的实质就是对丰富的教学内容进行科学处理，从中筛选出需要教给学生的知识或技能点，并建立起这些“点与点”之间的逻辑关系（结构）①。

（一）注重对文本的解读

西南大学余立新教授指出，语文教学最重要的任务之一，就是从浩瀚的学科内容中筛选出最有效的知识，建立最科学的结构，让学生既能建立有严密的学科内容的逻辑骨架，又能体验、欣赏、获得学科内容中丰富的血肉②。因此，语文教学内容设计应在熟悉、研究文本的基础上引导学生与文本对话，在解读文本的过程中发现问题、解决问题，同时提高学生语文鉴赏能力。

目前的语文教学中出现了流于表面热闹而架空文本的倾向。一篇很长的课文，在学生没有预习的情况下，有的教师只给学生几分钟的时间阅读，而把大量时间用在之后的讨论、分组合作等活动中。在没有理解文本内容、挖掘文本意蕴，甚至没有读完课文的前提下，“对话”根本无从谈起，探究性阅读和创造性阅读也无法真正实现，教学效果可想而知。

（二）突出重点内容，避免面面俱到

语文教学内容繁杂，设计语文教学内容时要把握重点内容。确立教学重点是教学活动得以展开的基础，如果没有教学重点，语文教学活动将必然散漫而缺乏凝聚力。

确定教学重点的前提是熟知课程目标、根据教学目标了解语文教学内容体系，要从语文教学内容系统或语文教学材料中提取一个或若干个知识（或技能），形成教学重点。教学重点既可以是知识点，也可以是技能点、思维训练点、情感升华点、审美欣赏点等。

语文教学不能从段落大意到中心思想、从修辞手法到写作特色面面俱到地肢解课文，而是在每堂课中突出一两个重点内容，通过各种方法使学生深入理解并把握，“一课一得”即可。也可分解单元教学的内容，在每篇课文中各突出一点，在学完一单元后再进行总结，仍能较好地实现单元教学目标。

（三）注重语文知识体系及技能框架的建构

在确立了教学重点后，还要注意语文教学内容的系统性、完整性，要在把握教学重

① 余立新，缪佳芹．语文教学设计[M]．重庆：西南师范大学出版社，2014．

② 余立新，缪佳芹．语文教学设计[M]．重庆：西南师范大学出版社，2014．

点与其他教学内容点之间的逻辑联系的基础上建构语文知识体系及技能框架。

语文教材知识体系是根据学科知识体系和学生已有发展水平及可接受性等方面因素来建构的，呈现出系统性、科学性、逻辑性及渐进性等特点。因此，语文教学内容的设计要依据语文教材体系，系统、整体地建构起语文知识体系及技能的框架。具体来说，就是要从不同角度和层面明确教学重点与其他相关点的关系，从而使教学内容形成有点有面的、系统完整的逻辑结构。教师在设计时应充分分析教学内容的构成，梳理出这些内容（知识或技能点）之间的关系，并将它们具体落实到语文活动教学中，通过教师、学生的双边活动达到建构知识体系、技能框架的目的。

（四）优选并重构语文课程资源

语文教师应高度重视课程资源的开发与利用，创造性地开展各种活动，增强学生在各种场合学语文、用语文的意识，多方面地提高他们的语文能力。因此，语文教学内容的设计应该沟通课堂内外，充分利用学校、社区、家庭的课程资源。

1. 学校语文课程资源

学校语文课程资源包括学生学习用书、教师教学用书、语文教师、学科代表、文学社团、图书馆、文化环境以及语文教学模式、语文学习策略、语文教学评价等。

学校语文课程资源的优选与重构表现在以下两方面：① 利用作品开展丰富多彩的活动，如诗歌可以“读—背—唱”，童话故事可以“读—讲—演”，小说、戏剧等可以排演舞台剧等。让学生在活动中加深体验，发展语言，激发想象。② 开展丰富多彩的实践活动，通过写字比赛、查字典比赛、词语接力比赛、成语故事比赛、诗歌背诵比赛、主题演讲比赛、社会调查写作等活动，培养学生学语文、用语文的能力。

2. 社区语文课程资源

社区语文课程资源包括语文教育人才资源、社区文化艺术场馆、社区文化艺术设施、社区文化艺术环境等。

社区语文课程资源的优选与重构表现在以下两方面：① 联系生活学语文，鼓励学生多参加社区语文及文化活动，利用社区语文课程资源，积累语文知识，锻炼语文技能，提升语文素养。② 引导学生多看、多听、多想，养成写观察日记的习惯，锻炼观察周围事物、发现问题、学写建议等能力。

3. 家庭语文课程资源

家庭语文课程资源包括学生家长和亲友、家庭藏书、报纸杂志、音像资料、电脑器材，以及家庭文化环境、家庭文化活动、家庭亲友交往、学生学习习惯等。

家庭语文课程资源的优选与重构表现在可以向家中的老人、父母收集某种主题的资料，如神话传说、战争故事、儿时趣闻等，写成文章，提高语文能力，并能增进亲子之间的沟通与交流。

二、语文教学内容设计的要求

语文教学内容的设计要符合以下几点要求：

（一）依据语文教学目标设计教学内容

教学目标是对学生能力的预期，教学内容则是为培养学生能力而教给学生的知识（技能）体系；教学目标解决为什么教的问题，教学内容则解决教什么的问题；教学目标决定教学内容，教学内容服务于教学目标。所以，语文教学内容的设计首先要依据教学目标来进行，即根据教学目标，对语文课堂教学内容进行有层次、有步骤的分解，使之逐步接近并实现教学目标。

（二）依托语文教材设计教学内容

语文教材是体现语文课程标准、实现语文课程目标、提升学生语文核心素养的基本载体，也是语文教学活动的依托。语文教学内容的设计需要根据语文教材内容编排、遵循语文教材序列，按照循序渐进、科学开展的原则来进行。目前，全国中小学大多采用中华人民共和国教育部编印的教材，简称部编版教材。

（三）根据学生需要设计教学内容

预设语文教学内容，必须熟知学生学情，关注学生需要，了解不同学段学生的生理特点、心理特征、思想动态及知识基础、学习习惯、接受情况、学习需要等，体现因材施教、全面发展的原则。

（四）根据语文课程资源设计教学内容

设计语文教学内容时，教师要广泛开发课程资源，思考如何合理利用课程资源，以确保由语文课程资源转化而来的教学内容具有语文性及正确的目标指向性。

三、语文教学内容设计实训

设计一篇课文的教学内容，并在语文课堂教学中加以实施，要求：

1. 依据语文教学目标、教材、学情及课程资源来设计教学内容。
2. 突出教学重点，把握教学难点，兼顾整体性、系统性。
3. 以课堂教学实录的形式呈现。

案例

《拿来主义》第二课时课堂教学实录（部编版高中语文必修上第12课）

师：（导入）同学们，大家好！我们现在开始上课。今天我们继续学习鲁迅先生的《拿来主义》（写板书标题）。之前我们对鲁迅先生的生平以及这篇课文的背景有了初步的了解，并学习了文章的前半部分，搞清楚了什么是“闭关主义和送去主义”。那么在开始学习新课之前，我们先一起来回顾一下这两个主义……

师：我们已经学习并掌握了文章前半部分的这两个主义，接下来我们就要学习文章最后也是最重要的一个主义——拿来主义。请同学们自行朗读一遍课文，边读边思考PPT上展现的这个问题：作者是怎样引出拿来主义的？读完之后，我会请同学起来回答。好的，现在开始朗读。

（学生齐读）

师：同学们读得非常好啊，那么有没有同学愿意自告奋勇地起来说出你的答案？好，这位同学你来说，你认为作者是怎样引出拿来主义的？

生：作者用了一句话“我在这里并不想对于送去再多说什么，否则太不摩登了”来引出拿来主义。

师：好，请坐！这位同学读得非常仔细，成功地抓到了文章中第五自然段的第一句话，也就是我PPT上展示的这句话。就是这样看似普普通通的一句话，你们知道它有什么样的作用吗？请注意这句话的前后文。大家看原文，在这句话的前面，作者是在写什么？

生：作者是在对送去主义进行着强有力的批判。

师：这句话的后面呢？

生：作者自然而然地就提出了拿来主义的主张。

师：这样一反一正的写作手法或者说结构方式是什么呢？

生：先破后立。

师：没错，就是先破后立，那么这句话在其中起的就是桥梁作用（板书）。

生：老师，我不是知道什么是先破后立。

师：那么我给大家仔细地解释一下什么是先破后立。在议论文中先批驳别人论点的错误，接着再证明自己观点的正确，这就叫作先破后立。文章的题目是什么？拿来主义。那么自然作者想要论说的也是拿来主义。但是你们看文章的开头并没有直接就切入拿来主义，而是先大谈了“闭关主义”和“送去主义”。他为什么要这样呢？我们要知道，“拿来主义”是针对历史和现实存在的问题提出来的。那么历史和现实存在的问题又是什么呢？鲁迅先生在文章中有提到，近代的“闭关主义”是必将导致后来的“送去主义”的。我们刚刚才回顾了送去主义，它是一种有往无来的卖国行径，它是必然会导致我们日渐衰弱、被动挨打的，而从长远上看，它也将会造成亡国灭种。因此采取与送去主义针锋相对的拿来主义就显得刻不容缓了。我们可以看到，其实“送去主义”和“拿来主义”就是一个问题的两个方面，我们有一个成语叫作“不破不立”。“破”是为了“立”，先写送去主义，就是为了让拿来主义更加鲜明，破得彻底，才能立得牢靠！但其实，在议论文中，先破后立的结构往往也伴随着破立结合，在本篇文章中也是这样。大家看到在前半部分中，作者在批判“送去主义”的同时，其实也有提到“拿来主义”，这个就是破立结合！

师：那么同学们，你们现在清楚什么是破，什么是立了吗？好，既然大家已经知道了，那么接下来，我想请同学们再次精读课文，找到最后一处作者使用了这种结构方式的地方，以前后两排的小组形式进行讨论，待会儿，我想看看同学们是不是真的清楚了。好，现在开始讨论。

（学生小组讨论）

师：好的，同学们都讨论完了吧，有没有小组愿意派一个代表来说说你们组的答案？好，这位同学很积极，你说。

生：文化遗产这一段。作者在文章中先列举了三种对待文化遗产的错误态度，这个是破，再阐明了正确态度，这个是立。

师：没错，就是这一处。大家看我的PPT上的这段话，这三种错误的态度你们能不能把它们归纳出来，比如说这个“孱头”，根据这句话你觉得它形容了什么人？

生：懦弱的人。

师：还有呢？

生：无用的人。

师：是的，它形容的就是懦弱无能、害怕继承、拒绝借鉴的逃避者。那么“昏蛋和废物”呢？

生：是割断历史、盲目排外的虚无主义者，还有“废物”——它形容的是崇洋媚外、主张全盘西化的投降主义者。

师：那作者破了，他立的是什么呢？大家看下一段，第一句话，“他占有挑选”占有挑选怎么理解呢？其实换一个说法就懂了，就是——（引导学生集体回答）

生：取其精华，去其糟粕。

师：没错，这个就是作者想要立的正确态度，也是他想表达的拿来主义者们的态度。

师：好了，今天，我们通过了解作者是怎样引出拿来主义的，掌握并学习了什么是破立的结构方式，通俗一点来说，它其实就是批驳别人，再肯定自己。我相信在课堂上同学们应该都已经掌握了什么是“破立结构”，不过我还是想给同学们布置一个作业，在下课以后去多多练习一下这样的结构方式，去仿照鲁迅先生的文章自己写一段。

师：好，以上就是我们今天上课的内容，下课。

案例分析

本篇课文是高一年级第一学期的课文，所以我们面对的是刚刚步入高中的学生。虽然在初中学生们已经接触过很多的议论文，对议论文的三大要素有所掌握，但对于论证方法的把握还只停留在引证和例证这两种最基本的论证方法上，其他的论证方法如因果论证和比喻论证等方法还未掌握，并且他们的逻辑思维能力还在进一步形成之中，所以要帮助、引导学生学会并正确使用新的论证方法，提高写作能力。而该课例不仅帮助学生层层深入，学习何为“先破后立”的论证手法，而且让学生通过此手法体会到了鲁迅先生强烈的爱国情感，运用举例说明，对比鲜明，形象生动，小组讨论以及课后练习加深学生记忆，有助于巩固复习知识。

（西昌学院2019级汉语言文学专业张涵雨提供）

第四节　语文教学方法的设计

教学方法是教师和学生在教学过程中为实现语文教学目标而运用的具体的教学手段的总称，包括教的方法（教法）和学的方法（学法）。在教学活动中，教学方法是教法与学法的统一，教法处于主导地位，学法处于主体地位。为了达到语文教学目标，完成语文教学任务，教师必须遵循语文教学方法设计的原则，科学地设计教学方法，并在教学活动中合理运用教学方法。学生则在教师的教法的引导下，积极地、自主地、合作地、探究地开展学习。

一、语文教学方法设计的原则

语文教学方法是师生开展语文教学活动的主要策略及方式手段，教学方法的设计要充分考虑教学目标、教学内容、学生情况等因素，特别是要建立在对学生学习情况了如指掌的基础之上，体现因材施教。因此，语文教师应尊重学生所处的区域特点、学校特点、学段特点及班级特点，特别是每一名学生在语文学习方法和学习能力方面的差异，尽量做到共性方法与个性方法相结合。

（一）多样性原则

在语文教学过程中，为了更好地完成教学任务，实现教学目的，教师不能只依靠一种教学方法，因为各个教学方法都有各自的适应性和针对性，必须把多种教学方法合理地结合起来，发挥统一的整体作用。一般来说，以一种方法为主，联合运用多种方法，常常是最有效的方法。

（二）灵活性原则

教学有法，但无定法。教学过程本身是动态的，在教学实际活动中存在各种变化，要求教师随时调整进程、方法。因此，语文教师在设计教学方法时要估计教学活动中可能出现的新情况，预设灵活的、应变的教学方法。

（三）创造性原则

语文教师在教学中对已有教学方法要能进行改造、组合，创造性地设计教学方法，从而发挥最大功能。语文教师在设计教学方法时，要能够充分体现自己的能力和专长，发挥主观性与创造性，使教学带上鲜明的个性色彩。

二、语文教学方法的分类

对教学方法进行分类，是为了便于语文教师认识各种教法的原理，从而根据个人的实际选择不同的教学方法。

从教师的哲学观上分，有启发式和注入式两类。前者确认学生是能动的、发展的、变化的学习主体，后者把学生看成是一成不变的、僵化的、静止的“瓶子”，强行灌装死知识。

从师生双方活动分，有讲授法和发现法两类。讲授法以教师为核心，能在较短时间内传授较多的系统的语文知识。发现法的特质在于学生参与求知的过程，领悟知识的形成与发展，主动获取知识。

从教学信息传递方式分，有语言法、直观法、练习法等。

教师要熟练掌握教学规律，灵活运用各种教法，充分发挥教育才能，激起学生的思维活动和积极的情感体验，使教学形式与教学内容完美结合，达到教学的科学性与创造性的统一。“教亦多术矣，运用在乎人。”这是教学成功的根本因素。

三、语文教学方法设计例举

1978年改革开放打开了全国语文教学改革的通道，一方面引进了西方的信息论、控制论、系统论等教学理论；另一方面，语文教改和教学实验全面展开，魏书生、于漪、钱梦龙三人被誉为语文教学改革的“三座高山”。在层出不穷、如火如荼的语文教学改革和教学实验中，很多人开展了对教学方法的探索与实践，各种新的教学模式、新方法不断涌现，这里列举其中一部分。

（一）魏书生的“六步教学法”

魏书生，中学语文特级教师，1950年5月4日出生于河北省交河县，1956年随父母迁居沈阳，1966年初中毕业时，“文化大革命”开始，他失去了升入高中读书的机会；1968年到辽宁省盘锦地区新建农场当下乡知识青年；1969年受上级指派在新建农场的红旗小学教书（任代课教师）；1971年被招到盘锦电机厂工作；1978年2月到盘锦地区盘山县三中做语文教师；1979年3月开始第一轮语文教改实验。

魏书生认为，一个人在学校学到的东西很快会老化，终身教育是必然趋势，学校学习所做的只是为日后的学习和发展打基础。特别是农村普通中学的学生，多数人毕业后要直接参加劳动、工作，必须通过自学来获取知识。鉴于传统的教学方法不重视学生自学能力和学习兴趣的培养，魏书生决心摸索出一条培养学生自学能力的有效途径。在语文教学实践中，他逐渐探索出一种适合自己也适合学生的教学方法——“六步教学法”，同时辅之以三个自学系统的建立。从1978年到1985年，魏书生共进行了三轮实验，都取得了理想的效果，他也获得了诸多荣誉（特级教师、年轻的教育改革家、省和国家劳动模范、国家级有突出贡献的专家、全国人大代表等）。他以“培养自学能力”为基本策略的教改实验也随之在全国介绍和推广。

1. “六步教学法”

魏书生把语文课堂教学分为定向—自学—讨论—答疑—自测—自结等六个步骤。

定向：明确教学要求。教师公布本单元、本课的训练重点，将本课文的字、词、句、段、篇的重点、难点及必须掌握的知识点、能力训练重点一一公布在黑板上。同时，他强调对“语文知识树”的掌握，每一年级、每一册、每一单元、每一篇课文、每一堂课都要有“语文知识树”，从课时“语文知识树”开始，从下往上，层层叠加，最终汇聚成每一年级的整棵“语文知识树”，体现语文知识的整体与局部的逻辑联系。

自学：学生根据学习重点和难点自学教材，独立思考，自己解决问题。自学时，中差生可适当降低要求，优秀生可适当提高要求。

讨论：前后左右每四人为一组，围绕重点问题，讨论疑点、难点，充分发挥学生的主动性。学生提出各自的观点，允许产生不同意见。不能解决的问题，记录下来，留待下一步解决。

答疑：回答上一步尚未解决的问题。教师针对讨论中未解决的问题及重点问题、难点做必要的讲解，回答学生的疑问。

自测：根据第一步指出的重点、难点和学生学习后的自我理解，由学生拟出一组十分钟的自测题，自我检测或交换检测，也可全班一起回答。学生自我评分，自己检查学习效果。

自结：学生自己总结学习收获。下课前几分钟，先让每个学生自己总结这节课的学习过程和主要收获，然后教师在不同层次的学生中分别选一两名在全班总结，使各类学生接收的信息都得到及时的反馈。

2. 三个自学系统

“六步教学方法”是魏书生语文教学改革与教学实验的一个组成部分。在课内外的各种教学活动中，魏书生在激发学生学习兴趣、教给自学方法、培养学习习惯、建立语文知识结构体系等方面做了大量工作，帮助学生建立了三个自学系统。

（1）计划系统，包括以下内容：第一，每人每天做的几件事，如写一份500字的语文练习、写一篇日记、进行一次口头作文，明确新学知识在语文知识结构中的位置等；第二，每天按学号轮流做的三件事，即办日报，搜集格言、警句、名人名言，轮流分工实施课堂教学六步骤；第三，每周做一次的三件事，即练写字、学新歌、进行文学欣赏；第四，每学期做一次的几件事，如确立座右铭、自出考试试卷并抽签答题、重视知识结构图、写教材分析、复习一类文章的读法、复习一篇文章的读法、写作文、批改作文，作业检查总结等；第五，不定期做的几件事，如读课外书，郊游，介绍学习方法，教师向学生介绍教育学、心理学有关知识及国内外教改信息，组织向相关学科渗透的活动，教师向学生介绍国外科技动态等；第六，经常做的与语文课堂教学相互渗透的几件事，如写学习病历、写针对个人学习上存在问题的“法院审判程序”、写分析自己学习上错误的说明书、参加语文相关的竞赛性训练、学用结合、听说读写结合、课内外语文学习结合、培养自我教育能力等。

（2）检查系统，即检查学生执行计划的情况，方式有学生自检、学生互检、班干部检查、班集体检查、教师抽查等。

（3）反馈系统，即学生的学习情况及时反馈到教师那里，方式有个别讨论反馈、班干部反馈、班集体反馈、家长反馈等。

从魏书生的“六步教学法”及三个自学系统的建立来看，培养学生自学能力、提高学生语文素养是他的教学方法所要达到的核心目标，也是他开展语文教学活动的终极目的。他的教学模式与教学方法充分体现了教师为主导、学生为主体的教学理念，充分调动了学生的学习积极性、主动性，充分发挥学生在语文学习中的个性特点，教学效果非常好。

（二）于漪的“情感教学法”

于漪，中学语文特级教师，出生于1929年，江苏镇江人，1951年毕业于复旦大学教育系，先后历任上海市杨浦中学语文教师、校长、全国中学语文教学研究会副会长、全国语言学会理事。

1. 于漪“情感教学法”的措施

娱目：有计划地以文学精品娱学生耳目，创设优美的意境。

动情：用课文中的真挚情感，激起学生共鸣。

激志：激发学生，探索生活道路和人生真谛。

励志：激励学生树立远大志向，培养坚忍不拔的意志、奋斗不息的精神。

“娱目—动情—激志—励志”四个措施贯穿在于漪语文课堂教学的各个环节，四者之间有交叉、有融合，共同发挥情感教学法的以情动人、以情化人的作用。

2. 于漪“情感教学法”的特点

（1）注重思想性。

党的教育方针和“三个面向”是教学改革的依据，于漪牢牢地把握着这一依据。她的全部教学改革活动贯穿着一条鲜明的红线，那就是“教文育人”。于漪所上的语文课，充分地体现了“文道统一”的精神，听说读写训练中结合了思想教育，恰似春风化雨，渗入学生的心灵深处，真可谓教养与教育的和谐统一。于漪语文教学的思想性是很强、很突出的。

（2）注重学生的学习。

重教轻学，是传统教学的积弊。于漪主张，教师应把从教出发的立足点转换到从学出发的立足点上来，重视对学法的研究，使教学为学生的学习服务。为此，教师必须

“目中有人”，要研究当代学生的新情况、新特点，从学生的实际出发进行教学。

（3）重视情趣。

于漪主张，讲课要有情趣。教学有了情趣，就能吸引学生产生一种孜孜不倦、锲而不舍的学习愿望，才能产生实效，而效果又会促使兴趣的巩固和发展。为此，教学须在“得”字上下功夫，学生学有所得，才能对语文学习产生情感和趣味。

（4）重视培养学生智能。

于漪站在培养社会主义现代化建设者的高度，十分重视学生的智力开发与能力培养。只要全面地阅读于漪的教学论文，就不难发现于漪全部语文教学活动中都贯穿着一条重要线索，那就是运用启发式进行教学，培养学生的思维能力，尽力开发他们的智力。关于如何开发学生的智力，于漪曾写过不少专论，诸如《谈语言和思维的训练》《谈观察训练》《谈想象力与创造力的培养》《谈把握记忆的支撑点》等。这些启示我们：语文教学要通过启发式教学，让学生在主动、活泼的学习中逐渐成长为聪明有为的人才。

在语文能力的培养上，于漪主张读写听说全面训练。她深感“重读写轻听说”教学的滞后性，从适应信息化社会的需要角度考虑，她在自己的教学实践中是十分重视听力与说话训练的。纵观于漪的读、写、听、说实践，可以从中寻找出另一条重要线索，那就是由教师主导，学生在主动、自觉的学习活动中逐步培养起自学能力。

（5）讲究文学性。

人的生活离不开文学。于漪的语文教学带有浓厚的文学色彩。只要听听她的学生在发言时熟练地运用古诗词，恰到好处地使用成语表达自己的意见，在课堂上一首又一首地背诵古代诗词，就可以知道于漪平时是怎样成功地向学生进行文学教育了。听于漪讲课，读于漪文章，文学味浓是一个突出的感受。她的教学语言十分优美，感染力很强，这对学生的影响是潜移默化的。把学生带入文学的情境之中，提高其语文学习的主动性与积极性，语文教学的效率也必然随之提高。

（6）注重知识的整体性。

于漪认为，语文教学是个系统工程。它首先应具有科学的序列，然后才能有序有效地传授知识、进行训练。教师对每个学期教学工作的安排，既要全局在胸，又要明确每堂课、每个单元、每个阶段的教学目标与教学任务。在实际教学中，她引导学生遵循文道统一的规律，从整体上去理解、把握课文，使学生不仅理解、把握课文写什么、怎样写，而且理解为什么这样写。学生从课堂教学中不仅学到知识、技能，而且受到思想教育。

3. 于漪关于上好一堂语文课的主要经验

第一，“挖掘文章内在的思想性，揭示其寓含的深意”；第二，“重锤敲打关键词句，使它们溅出耀眼的火花”；第三，“变换提问的角度，选择最佳入口处，激发学生的感情”；第四，“创设情境，带领学生置身于情境之中，使他们耳濡目染，受到熏陶”；第五，“联系、扩展，增添感情浓度，形成余音缭绕”。

（三）钱梦龙的“三主三式导读法”

钱梦龙是我国著名语文特级教师，上海市嘉定县实验中学前校长。钱先生有着深厚的教育理论修养，对语文教学有着精深而独到的研究，在长达40年的教学生涯中，形成了系统、深厚、科学的语文教学理论体系，成为我国知名的语文教育家。在中国语文界，钱梦龙、魏书生素有“南钱北魏”的美誉。

钱梦龙的教学方法体系是在批判旧教法基础上诞生的。他认为，旧的以“讲书”为主的教法效率太低，必须改革，必须走“导读”之路。钱先生从1953年开始教语文，他曾回忆说：“我执教中学语文40年，‘语文导读法’的提出虽然是近十多年的事，但‘导读’这一思路的酝酿，却是在我踏上中学讲台的时候就开始了。”

钱梦龙1977年开始在初中进行比较系统的教改实验。在实验基础上，1979年他提出“自读、教读、练习”三种课型的教学设计；1982年提出“学生为主体，教师为主导，训练为主线”的语文教学思想；1983年在总结教改实践经验基础上正式提出“‘三主四式’语文导读法”教学模式。后来他又将“四式”中的“练习式”并入其他“三式”，形成比较成熟的“三主三式导读法”体系。

所谓“三主”，即“教师为主导，学生为主体，训练为主线”。三者的关系如图2-1：

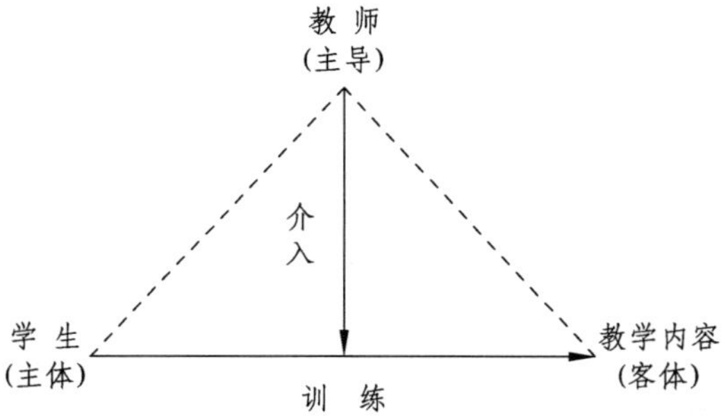

图2-1　“三主”的关系

“教师为主导，学生为主体”是个教育学命题，讲的是教育教学活动中的师生关系：“主导”即主持、引导，“教师的主导作用”指教师在教育教学活动中应该发挥的组织、引导、督促作用。“主体”指教育教学舞台的基本活动对象，“学生的主体作用”指课堂教学的着眼点应是学生的学习活动，学生应是学习的主人，不应把学生当作观众或没有生命的容器来对待。这一教育原理怎样落实到语文教学中？钱梦龙的回答是，应以“训练为主线”贯穿教学过程，将教师的主导作用与学生的主体作用结合起来。“训练为主线”是一种很实在、很明智、很有特色、很值得借鉴的教学策略思想。有人用“训练论”来指代钱梦龙先生的语文教学思想是有道理的。

所谓“三式”，指体现阅读教学过程的三个基本式，即自读式、教读式和复读式。

1. 自读式

自读指学生的阅读实践。这是以学生独立操作为主的阅读训练形式。它大体包括三种情况：① 教师先教给阅读的方法，然后学生自读，即先教后读；② 学生先自读，然后在教师引导下加深理解，进而领悟阅读的方法，即先读后教；③ 教师边指导，学生边自读，即边教边读或边读边教。自读训练是有一定目标的，为此他制定了以下目标体系（如图2-2）：

2. 教读式

教读式即学生在教师具体指导下进行阅读训练。与自读式一样，教读也是以学生为主体的。教师的“教”指必要的组织、指导、启发、扶掖和鼓励，着眼点仍是学生的读。“读”是与“自读”同步进行的，其常用方法是讲述法、谈话法和讨论法。

3. 复读式

复读式是一种复习性的阅读训练形式，包括“单篇复读”与“单元复读”两种形式。“单篇复读”是学生在学习新课文后的复习性阅读，常见作业类型有以记诵或积累知识为主的作业、以消化知识为主的作业、以应用知识为主的作业、评价性作业等四种。“单元复读”是把一单元的课文集中起来进行复读性阅读的训练形式，目的是通过课文间的联系、比较，获得比单篇阅读时更系统、更具规律性的知识。复读单元可与教学单元重合，也可按需要重组单元。它包括以知识归类为目标的复读、以比较异同为目标的复读、以求得规律为目标的复读等三种类型。

- 阅读教学目标体系
  - 阅读方式
    - 音读
      - 朗读
      - 背读
    - 视读
      - 扫读
      - 跳读
      - 精读
    - 抄读
      - 全抄
      - 摘抄
      - 集录(分类抄录材料)
  - 阅读步骤
    - 初读感知(对文章的内容、语言获得整体的感受)
    - 辨体析题(辨别文体，解析题意，进一步把握文章形式和内容)
    - 定向问答(按“什么”“怎样”“为什么”顺序自问自答或相互提问)
    - 深思质疑(质疑问难，把理解引向深层)
    - 复述整理(复述文章要点，整理阅读心得)
  - 阅读习惯
    - 使用工具书
    - 符号助读
    - 随手批注
  - 阅读心理
    - 内驱力
    - 意志力
    - 注意力
    - 记忆力
    - 思考力
    - ……

图2-2　阅读教学目标体系

（四）宁鸿彬的“五步教学法”

宁鸿彬，北京市第八十中学语文特级教师，1936年出生，1955年北京师范学校毕业后即开始从事教育工作。1978年以来，他坚持语文教学的实验、改革，在报刊上发表了大量有关语文教学的文章，大多收录在《面向未来，改革语文教学》一书中。他多次外出讲学并择要摄制成纪录片，在中学语文教学界产生了一定影响。

1. 以训练学生自学能力为核心的“五步教学法”

宁鸿彬认为，在教学过程中，文章要由学生自己读懂，疑问要由学生自己提出，问题要由学生自己分析解决，知识要由学生自己发现获取，规律要由学生自己去概括掌握。教师只在“指导”上下功夫，在打开学生各个学习实践环节的“思路”上作文章。在这样的教学思想指导下，他提出了“通读—质疑—理解—概括—实践”阅读教学五步教学法。

通读：学生自己通读课文，对课文形成初步的、整体的把握。

质疑：学生提出问题。这是对学生阅读课文的深层次要求。

理解：学生在对课文深刻钻研的基础上，对疑难问题进行解决。

概括：学生对学习内容进行抽象概括。

实践：学生将所获的知识与技能在听说读写方面进行具体运用。

这五步教学程序中包含四个相关环节：一是认真读书，提出问题；二是分析研究，解决问题；三是归纳总结，掌握知识；四是加强练习，运用实践。

2. 宁鸿彬教改实验的特点

（1）善于把握青少年的心理规律，创造出适合他们特点的教学方法。

宁鸿彬在教学实践中，深感“不懂得传道有方、授业适时的教师，纵有满腹经纶，学富五车，也难以让学生达到解惑的境界”。他从教育学、心理学、教学法著作中汲取营养，从观摩老教师的教学中学习经验、方法，广采博取，兼容并蓄，进而在实践中创造了一套结合自身教学特点、适合学生接受能力、又符合教育理论的教学方法。例如，为使学生扎扎实实地掌握知识，他总结出“懂—记—用”三环一体的教学方法；针对青少年“记得快，忘得快”的普遍现象，根据“机械识记要以意义识记为基础，意义识记要以机械识记加以巩固”的理论，创造了“语文基础知识卡片辅助教学法”；运用遗忘曲线的原理，“利用教学卡片设计了连续复习和间或复习的教学环节，大大减少了学生对知识的遗忘率，并使得新旧知识在学生头脑印迹中相辅相成、互促互补地完成了较扎实的积累”；为使学生正确而熟练地运用知识，宁鸿彬抓住“指导运用知识的方法”“创造运用知识的条件”两个关键，并在课堂教学中发挥非智力因素（动机、兴趣、情感、意志、性格等）的重要作用，融洽了师生关系，解放了学生的思想，从而活跃了课堂气氛，提高了教学效率。他的课之所以能使学生听得轻松，学得愉快，记得迅速，用得自然，知识的掌握与运用逐步达到了正确而熟练的境界，就是因为他能把握青少年的心理规律，“利用他们好问、好说、好争辩又少有顾虑的特点而取得的成果”。

（2）善于把握教学规律，变革现状，提高教学质量。

为了改变语文教学少、慢、差、费的现状，宁鸿彬从语文教材的特点出发，突出重点、分清主次，有详有略地进行精要教学。对所讲的基础知识，他从多方面、多角度进行理解与掌握的强化训练，在训练过程中又悉心观察，适时引导，培养学生的学习兴趣与良好习惯，以建立他们的学习常规。在强化训练过程中，把重点放在指导学生把握语文知识结构规律与基本技能实践的规律上，使学生的学习逐步从必然走向自由，学习效率大为提高。例如从1978年起，宁鸿彬仅用了3年时间，就教完了初、高中10册统编教材，而且教学质量完全合乎标准。

（3）教学工作富有超前、创新的意识。

宁鸿彬的教改实验就是建立以培养与发展学生创造力为核心的全新教学机制为提高目标，从教材、教法、作业、考试和课外活动五个方面入手的更高层次的整体改革。

他为了在教学中培养学生的创造力，就从破“师传生受”的观点开始，向学生提出：“坚持独立思考，不迷信古人，不迷信名家，不迷信老师，不轻信他人，要勇于发表独立见解。”为了培养学生的求异思维，他引导学生广泛阅读各种与课文有关的资料，并允许带到课堂上来与老师的讲授对照。凡发现讲的与资料中的观点有别，均可提出自己的见解。

传统的考试制度对师生影响很深，但分数并不一定能够反映学生的真实水平。于是，宁鸿彬取消了考试，代之以“根据平日学生在课堂上的表现而做出的听、说、读、写、思五方面的记录”。少了考分的重压，学生无需整天去死记硬背知识，可以深入地探讨一些问题。课外作业也不再布置，把课余时间还给学生，让学生成为自学的主人，为学生提供了发展创造力的条件。

要培养学生的创造力，关键是培养他们的创造性思维，而培养创造思维，重点在发展求异思维。发展学生的求异思维需要发挥教师的主导作用，要求教师有意识地去开拓学生求异思路，培养求异意识。宁鸿彬认为，培养创造型人才，就必须培养他们的探索能力。而语文教学可利用学科特点，发挥自己的优势，为培养与发展学生的探索能力起到独特的效用。

（五）洪镇涛的“五环式”教学法

洪镇涛，武汉六中特级教师。洪镇涛于20世纪80年代初提出了“变讲堂为学堂”的主张，创立并实践了“五环式”教学法。

“五环式”教学法即提示设问—阅读思考—讨论切磋—归纳总结—练读练习。

提示设问：教师提示，指示方向，创设情境，提出问题。

阅读思考：学生阅读课文，思考问题，解决问题。

讨论切磋：学生间讨论重点、难点问题，互相切磋，相互提高。

归纳总结：教师讲解重点、难点及疑难问题，给出正确的、完整的答案。归纳全文，总结课文内容及写作特色，总结学生讨论的情况。

练读练习：训练学生的思维能力，开发智力，培养实际运用能力。

（六）王明万的“六步一环式单元教学法”

单元教学（unit teaching）指打破以单篇或单个知识点为教学单位的传统，将教材、活动等按一定标准划分为相对独立的完整单元所进行的教学。其目的在于改变教学中偏重相对零碎的知识和记忆符号的状况，使学生所学知识更有系统性和完整性，使教学具有更高的效率。1931年，美国人莫里逊根据加哥大学附属中学的实践撰写了《中学教学实践》一书，首次提出单元教学法，史称“莫里逊计划”。改革开放以后，我国一些语文教研工作者在语文学科的单元教学方面做了可贵的探索，取得了一定的成果。

王明万是四川荣昌中学的教师，他的“六步一环式单元教学法”是在多年语文教学实践中形成的。

所谓“六步一环式教学法”即由导、读、写、编、选、教六个步骤，从理论（导）开始，经过实践（读、写、编、选），再回到理论（教）中去，从而形成一个圆环的教学方法。

导，即理论指导。其具体做法为：针对教学内容和目标，联系学生以前学过的有关知识，先对所教单元的单元教学和训练中的“基础知识”进行抽象的讲解；当学生基本理解所教单元知识要点的本质、规律后，再运用单元中一些有代表性的典型例子，对所教知识要点做极其精当的具体讲解，让学生理解所学知识。导的目的在于让学生基本把握所学单元的有关知识要点，获得指导学习实践的理论知识。

读，即阅读。其基本方式包括“精读”“泛读”两种。“精读”以讲读课文为内容，以“导”中获取的理论为指导，围绕阅读重点及目标，联系已有的知识和经验，理解课文内容，体会文章思想感情，品赏文中优美词句的片段，并重点琢磨作者观察认识事物和谋篇布局等方式方法。“泛读”以自读课文（可增选其他文章）为内容，让学生围绕目标，广泛猎取知识，培养多种能力，目的是使学生能从实践中进而理解并巩固理论知识，吸取写作营养，培养多种能力。

写，即写作。其方式包括“仿写”“自写”两种。“仿写”是让水平中等以下的学生根据单元目标要求，运用导中获得的理论，联系已有知识和经验，按所给命题自选题材，仿照一篇讲读课文的形式写作，即写自己的题材，仿文章的样式。学生在仿样式、语言特色的同时应注意仿作者观察事物、认识事物的方式方法。“自写”是让写作水平较高的学生根据所教单元的写作要求，运用导中获得的理论知识和读中吸取的写作营养，联系已有的写作知识和经验，按所给命题，不拘泥于讲读课文样式来自行构思作文。写的目的是让学生能运用导读中有关知识，培养写作能力，因而写作中可因人因文体的不同，就审题立意、选材、组材、谋篇布局等给予学生指点。

编，即拟编补充“教材”。其方式为：让学生本着发展智力，重视思想教育，体现综合性、序列性、实用性、易教易学等原则，围绕所学单元在阅读、写作以及字词句修辞等方面的目标，紧扣单元知识要点，仿照所教单元讲读课文的样式，给自己写的文章拟编“阅读提示”“思考与练习”，给生字新词注音释义。其目的是让学生能巩固“导、读、写”的有关知识，学习、巩固与单元同步的一些相关基础知识，在创造性的学习实践中培养多种能力。

选，即评选补充“教材”。其方式为：当自编补充“教材”后，把学生分成若干小组。让学生根据所教单元教材的目标要求，通过交流阅读、集体讨论，每小组从“仿写”“自写”中各评选出一篇补充“教材”，继而让每组推出（也可轮流）一人上讲台朗读所选的教材（限时，可只读一部分），并在限制的时间内讲述推选理由。然后让学生围绕教师依据教学目标而确定的标准集体讨论，从“仿写”“自写”中各确定一篇作为补充“教材”。未选中的（包括初选未中）“教材”收来查阅，以反馈教学效果。选的目的是让学生从中培养听说能力、鉴赏能力，并进而巩固以上各步有关知识。

教，即教学。其基本方式为：教师用导的理论知识，把所教学单元的讲读课文与所选的补充“教材”作对比，围绕知识重点、关键、本质，将作者（包括补充教材的作者）的写作意图、写作方式、语言特色、编者（包括补充教材的编者）的编辑意图、编拟“阅读提示”“思考与练习”的方式等比照起来作精要的分析讲解（注意引用未入选的补充“教材”的典型）。教的目的在于使学生深化理论、解决疑难、受到多种启发，以利再学。

王明万指出，这六个步骤连接起来，便可有效地完成所教单元读写听说以及其他相关知识的教学。

综上，好的教学模式与教学方法值得借鉴，但是，教学方法的设计与运用必须因人而异、因时而异，不提倡完全照搬、机械模仿。

第五节　语文教学过程的设计

语文教学过程是一个由教学内容、教学环节、教师和学生对话三个维度生成的动态系统，语文教学内容在教学过程中实现从书本、老师到学生的传承；语文教学目标在教学过程中实现，语文教学原则在教学过程中体现。因此，语文教学过程的设计对语文教学具有重大作用。

一、关于教学过程设计的相关学说及实践探索

从古今中外教育史的发展来看，教学过程在漫长的发展中伴随着教学理论研究的深入而不断得以完善。

（一）国外的教学过程学说

这里主要介绍现代关于语文教学过程的几种学说：

1. 赫尔巴特的“教学四阶段”论

约翰·弗里德里希·赫尔巴特（1776－1841）是19世纪德国哲学家、心理学家、科学教育学的奠基人。赫尔巴特认为，教学过程就是学生兴趣产生和发展的过程。与兴趣的产生和发展过程相适应，他提出了教学的四个阶段，即明了、联想、系统、方法。

第一阶段：明了。教师明确地讲授新知识，通过实物的观察、图片的演示、简练而清晰的讲述，让学生在保持集中注意力中清楚、明了地感知新内容。

第二阶段：联想。教师采用分析教学，在学生已有知识基础上，帮助学生通过想象、联想与对比，唤起已有的观念，将新知识与旧知识建立联系。

第三阶段：系统。教师指导学生对已获得的知识进行综合、归纳、概括、做出结论，使之概念化、系统化，并纳入原有的知识系列，以形成组织严密的、更加完整的知识体系。

第四阶段：方法。举一反三，学生通过独立作业，或按教师指示进行练习，把系统化了的知识应用到实际中去，运用到“个别情况”中去。

2. 齐勒的“教学五阶段”论

德国教育家齐勒（1817—1882）是赫尔巴特学派的重要代表之一。赫尔巴特的“教学四阶段论”为他的追随者齐勒所发展，变成了“教学五阶段”论。齐勒把原来的第一个阶段分成两步，将教学过程分为预备、提示、联结、总括、应用五个阶段。“教学五阶段”论在19世纪下半叶曾广泛流行于世界各国中小学，影响极为深远。

第一阶段：预备。教师唤起学生的有关旧观念，以引起其对新知识的兴趣。

第二阶段：提示。教师讲授新内容。

第三阶段：联想。教师采用比较与抽象的教学方法，对新旧知识进行分析比较，使之建立联系。

第四阶段：总括。教师指导学生对知识进行综合、归纳、概括，得出结论、定义或法则。

第五阶段：应用。教师指导学生，运用得出的概念或法则解答课题或练习。

赫尔巴特的“教学四阶段”论、齐勒的“教学五阶段”论在19世纪末、20世纪初盛行于欧美各国，清末传入中国，曾对中小学教学产生了广泛的影响。

3. 凯洛夫的“五环节教学论”

伊凡·安德烈耶维奇·凯洛夫（1893—1978）是苏联著名教育家，20世纪40—50年代苏维埃教育学的代表人物之一，1942—1950年担任《苏维埃教育学》杂志主编。他所主编的《教育学》一书曾对中国产生过很大影响。

凯洛夫师承赫尔巴特学派，强调知识的系统学习、教师的主导作用，强调三中心（以教师为中心，以课堂为中心，以知识为中心）。在此基础上，凯洛夫提出了教学过程的五环节：

第一环节：组织教学；

第二环节：复习旧课；

第三环节：讲授新课；

第四环节：巩固新课（或知识、练习）；

第五环节：布置作业。

凯洛夫的“五环节教学论”对中华人民共和国成立后我国的基础教育产生了重要的影响。

4. 格雷尔·哈特的“四阶段论”

格雷尔·哈特在20世纪40年代提出了阅读教学的“四阶段论”，认为阅读教学过程包括以下四个阶段：

第一阶段——感知。通过对文章的初步感知，达到读准字词、理解含义的目的。

第二阶段——理解。通过对文章词、句的理解与整合，达到对文章观点、内容和主题的理解。

第三阶段——反应。在理解文章内容、主题的基础上，体会读者对文章的感受与反应，让阅读接受者与阅读对象之间建立情感联系，甚至产生共鸣。

第四阶段——同化。把文章的各种信息纳入读者的认知结构，成为个人的经验。

5. 古德曼的“教学四阶段论”

美国当代社会评论家、教育家古德曼于20世纪70年代提出了“教学四阶段论”，认为教学过程包括以下四个阶段：

第一阶段——文字符号。通过对文章中的文字符号的理解，初步了解文章的基本内容。

第二阶段——选择信号。选择文章中的有用的、有意义的语言信息，作为重点感悟的对象。

第三阶段——预测意思。对所选择的文章的重点信号进行探究，预测文章通过这些讯号想要传递怎样的意思。

第四阶段——理解意义。通过对文章重点的把握，达到对文章整体内容、主题和意义等的深入理解。

6. 佛朗西斯·鲁滨孙的“五段过程说”

美国教育心理学家佛朗西斯·鲁滨孙于20世纪80年代提出了阅读活动的“五段过程说”。

第一，探查。迅速阅读标题、主题句和结论，初步感知文章基本内容。

第二，提问。在初步感知的基础上，提出问题。把标题或主题句变为问题，如：本文的主要内容是什么？作者的写作意图是什么？文章中重要的细节和材料有哪些？等等。

第三，通读。有的放矢，带着问题阅读文章，抓住重点，尤其要寻找自己提出的问题的答案。

第四，回答。解决问题，回答问题。

第五，回想。回想全篇文章及内容、情感，复习巩固，从整体上把握全文的思想、观点。

7. 托马斯·斯特顿的“五段过程说”

20世纪80年代以后，美国教育家托马斯·斯特顿提出了阅读教学的“五段过程说”。

第一，预读。预读文章的标题、结论和思考题。

第二，提问。对文章的各级标题、文章重点、主题等进行提问。

第三，通读。认真、迅速地读完全文。

第四，陈述。回答提出的问题，并对忽略的、没有提出的问题进行理解、阐述。

第五，考查。检查对所读内容的掌握情况。

8. 威廉·阿姆斯特朗的“四段过程说”

美国作家、教育工作者威廉·阿姆斯特朗于20世纪80年代以后提出了阅读活动的“四段过程说”：

第一，预查。预读文章，了解文章主题，梳理过去学过哪些与文章有关的知识和材料。

第二，精读。精读全文，掌握相关内容，并做笔记。

第三，迅速复查。快速复习所读内容，复述文章的主要内容、主题等。

第四，总结。总结文章的所有重要知识、主要内容等。

（二）国内的阅读教学过程

1. 中国传统的教学过程“三阶段”法

我国封建社会长期沿用的阅读教学过程，一般包括三个阶段：

第一阶段：识记。主要以朗读、默读、背诵等方式，对文章进行初步感知和记忆。

第二阶段：理解。教师逐句讲解，让学生理解文章句读、内容及情感表达。

第三阶段：练习。通常以吟诗、作文、对联等形式，练习巩固所学知识与技能。

2. 清末到五四运动以前教育界的教学过程“四阶段法”及“五阶段法”

清末到五四运动之前，教育界受德国赫尔巴特教育学派的影响，先是借鉴赫尔巴特的“教学四阶段”论，采用了教学过程“四阶段法”，后又借鉴齐勒的“教学五阶段”论，采用了教学过程“五阶段法”。

3. 中华人民共和国成立后的教学过程“五阶段法”

中华人民共和国成立后，受凯洛夫的“五环节教学论”的影响，教育界将教学过程分为五个阶段：组织教学—检查复习—讲授新课—巩固新课—布置作业。

4. 20世纪80年代以后的教学过程“四阶段法”

教育界最普遍的观点是将教学过程分为四个阶段：

感知（预习）：要求学生解决字词句以及课文内容大意。

理解（分析）：要启发学生积极思维，分析课文的思想内容及语文形式。

运用（练习）：进行朗读、复述和提纲编写、作业练习等活动。

巩固（复习）：要求学生熟读或背诵课文等。

以上所列举的教学过程的相关学说及人们的实践探索，体现了不同历史阶段人们对语文教学规律的探索和成果，为建立新的教学过程模式奠定了基础，对提高教学质量起到了积极的作用。

当然，有一些学说及实践也存在一定的局限性，如偏重理解、忽略运用，或者虽然注重运用但大多比较机械，未能很好地达到培养学生综合素质的目的。

5. 新课改以来的教学过程设计探索

1999年，我国基础教育课程改革正式启动，简称“新课改”。改革的核心是课程标准的研制、实验与推广，所以新课程改革大致分为三个阶段：研制阶段（1999年1月—2001年6月，高中课程标准的研制稍晚于义务教育阶段）；实验阶段（2001年7月—2004年，高中课程标准于2004年开始实验）；推广阶段（2004—2005年，高中课程标准于2007年在全国推广）。

这一时期，中华人民共和国教育部颁布了新的语文课程标准：2001年7月颁布《全日制义务教育语文课程标准（实验稿）》和2003年4月颁布《普通高中语文课程标准

（实验稿）》。

经过多次修订，截至2023年2月，最新版的课程标准为《义务教育语文课程标准》（2022年版）、《普通高中语文课程标准》（2017年版2020年修订）。

新课改以来，众多的语文教师以《语文课程标准》为依托，遵循新课程改革的理念，在语文教学实践中积极探索教学过程设计的新模式。通过反复的实践—总结—再实践—再总结的过程，部分语文教师逐渐形成了具有鲜明特色、行之有效的、教学效果上佳的教学过程设计模式，也有部分教师虽然有了教学实践，但还缺乏系统归纳、理论归纳，尚未形成自己的语文教学模式。

当前，教学过程设计的模式众多、方法多样、风格各异、各具特色，我们不能以优劣来简单评论。只要是适合当时当地、适合师生双方、教学效果好、教学目标达成度高的、有利于学生语文核心素养的养成、有利于学生全面发展的教学过程模式，就是优秀的、有效的！

二、语文教学过程设计的原则

（一）主线鲜明、行进自然流畅、体现完整性

语文教学过程是一个流畅完整的进程，语文教师在规定的时空，借助各种媒介（如教材、多媒体技术等），通过一连串的教学环节和多种教学方法，与学生共同对教学内容展开多向度的信息交流，以达成教学目标。

语文教学过程一般包括下面几个环节：

导入——唤起学生的学习需要；

师生共同明确目标——就教学要达到的目标形成共识；

复习学过的相关内容——激活学习所必需的先前经验；

呈现学习内容——规划学习领域并提供适当的学习资源；

教与学——运用教学方法促使学生完成学习任务；

拓展学习——总结学习内容并保存、迁移；

布置作业——引出作业并适时提供作业情况的反馈。

进行语文教学过程设计时，要注意各个环节的照应、前后的过渡和衔接及进程的自然流畅，要突出重点内容，用一条合适的线索把各项内容串联起来，使整个教学过程似行云流水、浑然一体。

（二）打破教学模式，掌握多样的设计思路

古今中外出现过很多教学模式，中国改革开放以来也出现了丰富多彩的语文教学改革和教学模式，它们都具有各自的合理性和适用性，都能给我们的教学过程设计提供借鉴和启示。但对于语文教师来说，教学设计是一种创造劳动，要结合具体情况进行，任何对某一模式的照搬都是教学生命力枯竭的标志。因此，教师要打破某种教学模式的限制，掌握多种设计思路，让课堂焕发出生命活力。

三、语文教学过程具体环节的设计

语文教学过程包括导入、教学展开、课堂小结、作业布置等具体环节，此外，课堂教学还有一个重要因素——板书。一般来说，语文教学过程的设计，主要是指对四个教学环节、一个教学要素的设计。

（一）“导入”设计

“导入”是语文教学过程的起始环节，其主要任务是吸引学生、引起学生注意，将学生的注意力集中到本课将要学习的内容上来。“导入”通常能起到知识的承上启下、内容上的点明主题、教学上的激发兴趣等作用。怎样开始一堂课，是许多老师都头疼的事情。良好的开端是成功的一半，新课的“导入”要如“凤头”一般，精彩绝伦、引人入胜。

1. “导入”设计的原则

如何设计科学、合理、可操作、效果佳的“导入”呢？一般来说，“导入”的设计要遵循以下三个原则：

第一，切合课文。

“导入”要与课文的教学目标和教学内容紧密相扣，切合课文内容。

如《从百草园到三味书屋》（部编版语文七年级上册第9课）的教学，可以设计不同的导入方式，但不论哪种方式，都要与课文紧密相关的。

导入一——作者作品简介导入，以介绍作者鲁迅的生平及代表作品、本篇课文的写作背景等为新课导入，这是与课文密切相关的，为学生后面的学习奠定了基础、提供了帮助。

导入二——师生共忆童年生活，因为《从百草园到三味书屋》是一篇回忆童年妙趣生活的散文，描绘了奇趣无穷的儿童乐园“百草园”，也写出了孩子在严厉的私塾“三味书屋”中的谐趣和儿童不可压抑的快乐天性，教师引导学生回忆自己的童年，并与鲁迅的童年相比较，能使学生产生好奇心和求知欲，学生非常想知道鲁迅的童年与自己的童年有哪些共同之处，又有哪些不同，同时，也能使学生在后续的学习中产生强烈的代入感，实现学生、教材与教师之间的共情。

导入三——歌曲《童年》导入，在课堂上播放《童年》歌曲的视频，伴随着熟悉的旋律，“池塘边的榕树上/知了在声声叫着夏天/操场边的秋千上/只有蝴蝶停在上面/黑板上老师的粉笔/还在拼命叽叽喳喳写个不停/等待着下课等待着放学/等待游戏的童年”等描述随之而来，教师进一步引导学生，这样的童年似乎与学生们过去经历的或正在经历的学习生活相类似，也有不同，有一种年代感，似乎是父辈们的童年学习画面，然而，某些情绪、情感应该是相通的，那么，更久以前的鲁迅的童年是怎样的呢？由此引入新课，既切合了课文内容，又能恰当地引起学生进行课文学习的兴趣。

第二，吸引学生。

如前所述，“导入”的目的是吸引学生的注意力、引起学生的兴趣，所以，“导入”的设计要以熟悉了解学生的年龄特点、心理特点、学习情况、思想动态、生活习惯和爱好兴趣等为基础，只有对每个学生了如指掌，才能设计出能吸引学生的新课导入。

学生对声画兼具的电影、电视、歌曲视频等都比较感兴趣，在课堂上恰当运用，能契合学生的兴趣点，很好地起到吸引学生的作用。人教版七年级语文下册课文《荒岛余生》节选自英国作家丹尼尔·笛福的小说《鲁滨孙漂流记》。该小说于1997年被搬上电影屏幕，由罗德·哈迪、乔治·米勒执导、皮尔斯·布鲁斯南主演。课文《荒岛余生》中所选的内容主要是鲁滨孙被陷荒岛之初的情景，文中没有生动的故事，主要通过心理描写来刻画人物，表现作品主题。这篇课文的导入，可以采用播放电影《鲁滨孙漂流记》中与课文内容相关的片段的方式，既与学生的兴趣点相契合，激发学生浓厚的兴趣，也能让学生对于鲁滨孙被困荒岛时的绝望、尽力寻求解脱的希望等心情有一个初步的、形象生动的感知，为进一步学习课文打下基础。

第三，新颖独创。

课文导入切忌千篇一律、千人一面。千篇一律、缺乏变通的导入方法，会使学生产生厌倦；千人一面、缺乏风格的导入方法，人云亦云、没有创新，不能体现教师本人的教学风格与教学个性，学生同样也是不喜欢的。

教师应根据每堂课的需要，采用不同的、新颖的，甚至是独创的导入方法，以期引发学生的学习兴趣，获得更好的教学效果。设计教学导入语时，要做到因课、因人、因时而变，努力追求课课有变化、堂堂出新意，避免千篇一律的导入模式，使学生在每次课堂教学中都能保持新鲜而旺盛的热情。同时，导入的设计应与教师个人的风格相符合，切忌全盘照搬、移植他人的优秀教学案例。

部编版语文七年级下册第22课《伟大的悲剧》节选自奥地利作家茨威格的传记小说《人类的群星闪耀时》中的《夺取南极的斗争》，描写了斯科特探险队一行五人精疲力竭却又满怀希望地奔向南极点，却悲哀地发现挪威人已经捷足先登，只好无奈但又十分坚毅地踏上归途，最后一个个悲壮地死去。作者茨威格饱含深情地用文学的笔法，表现了人类征服自然的崇高悲壮精神。该课文的导入方式有作家作品介绍、南极科考介绍、人类征服自然事例列举等方式，但用得多了，就显得千篇一律、没有新意了。试想，如果用贝多芬的《命运交响曲》来导入，将乐曲中人与命运抗争、努力战胜命运的斗争精神，以及充满紧张性、严峻性和悲怆的气氛，与课文中斯科特等人与自然的抗争结合起来，必能使学生产生心灵上的震撼、精神上的认同，起到很好的导入效果。另外，也可以采用歌曲《孤勇者》导入，这是一首励志的、感人的歌曲，是下中小学生，甚至幼儿园小朋友都耳熟能详的，歌曲中那些渺小平凡却与命运奋斗到底、孤身奋斗、负重前行的孤勇者，不正是斯科特等人的写照吗？以这首歌来导入，既体现出了新颖性，也契合学生的兴趣点，同时与教学内容紧密相关，能充分发挥导入的作用。

第四，简明精练。

课堂教学时间是有限的，教学导入设计一定要控制在相对较短的时间内完成，切忌拖沓冗长、信息庞杂。一般来说，导入的用时应为3～5分钟，不过也要因人而异、因时而异、因课而异，不能机械教条，可根据实际情况适当延长。当然，如果占用时间过长，就会喧宾夺主，不利于教学任务的完成，所以，教学导入的设计要做到在有限时间内控制容量、净化信息。

2. “导入”方法的设计

“导入”的方法有很多，大致分为语言类导入、媒体类导入、活动类导入等三大类，而在实际的教学过程中，往往多种方式融合在一起，如语言类导入中有媒体的介入，媒体类导入离不开语言和活动，活动类导入中也有语言和媒体的介入，三者之间不是截然分开的。

语言类导入：包括作家简介导入、作品写作背景导入、复习旧课导入、课文题目导入、课文关键词（或关键句）导入、情感导入、语言创设情境导入、故事导入、名言警句导入、问题导入等。

活动类导入：包括游戏导入、歌曲竞演导入、朗读比赛导入、诗词竞赛导入、演讲导入、手抄报展示导入等。

媒体类导入：包括图文导入、音频导入、视频导入等。其中，图文导入是指通过多媒体展示的图片及其配文，有的还有配乐；音频导入包括以音频形式播放的歌曲、朗诵、故事等；视频导入包括以视频形式播放的歌曲、朗诵、电影片段、电视片段、诗词等。

教无定法，每一位教师都是不同于他人的，都有属于自己的教学风格与教学个性，另外，不同教师的教学环境和教学对象千差万别，不同课文、不同课时的教学内容、教学目标也存在差异，因此，教师在具体的语文教学活动中，应该因时、因地、因人、因课而异，选择切合课文、吸引学生、适合教师、突显个性的导入方法，以期达到最佳效果。

3. “导入”设计实训

设计一篇课文的“导入”。

要求：遵循导入设计的原则——切合课文、吸引学生、新颖独特、简明精练。

案例一　《精神的三间小屋》导入（部编版九年级上册第9课）

［谈话导入］

教师：同学们，如果你们现在有能力建造一座房子，你们会建在哪里？蔚蓝的海边？繁华的城市中心，还是美丽的乡村小镇？

同学A：乡村小镇。

同学B：海边。

同学C：菜市场旁。

………

教师：同学们，如果你们的房子有三间房的话，你如何安排它们呢？

同学A：其中一间放杂物，一间布置成书房，一间自己住。

同学B：一间给爸爸妈妈住，一间自己住，最后一间做书房。

同学C：一间放置旧物，一间自己住，最后一间给爸爸妈妈住。

同学D：一间自己住，一间爸爸妈妈住，还有一间留给客人住。

……

同学们选的建房位置都是最佳选择，对自己的三间房的安排也都有自己的考虑。那今天我们一起来学习毕淑敏的《精神的三间小屋》，看看她的三间房都分别放了什么，比较一下你们的安排和作者的有无相似之处。

案例分析

谈话导入，在与同学们交谈中让他们对自己的建房选址和房间安排做规划，话题吸引学生的兴趣，让学生更积极主动表达自己的想法，专注度更高，同时也可以从她们的回答中了解到她们的兴趣爱好。

（西昌学院2020级汉语言文学专业安莉提供）

案例二　《祝福》导入（部编版高中语文必修下册第六单元第12课）

[问题导入]

在新年来临的前一天，鲁镇人在大雪纷飞的傍晚忙碌地准备祝福，镇上的人们都在忙着杀鸡，宰鹅……然而，第二天街上惊现一具中年女尸，引发了人们的关注，那么她到底经历了什么呢？谁又是这桩命案的始作俑者呢？

案例分析

导入语是课堂的第一个环节，对于学生的学习兴趣有着重要影响。教育家魏书生说过："好的导语像磁铁，一下子把学生的注意力聚拢起来。"这篇《祝福》的导入设计就很好地遵循了导入设计的原则，做到了切合课文，吸引学生，新颖独特，简明精练。

具体分析如下：

① 切合课文——好的导入应该做到"扣标题"和"扣内容"。首先，这篇文章的标题是"祝福"，而课堂导入中点明了时间是"新年的前一天"，切合题目，突出表现了鲁镇年终祝福忙碌的气氛，同时反衬了祥林嫂惨死的悲凉。其次，《祝福》一文通过描写祥林嫂一生的悲惨遭遇，揭示了封建礼教吃人的本质。该课堂导入切合课文内容，起到了拉近学生与课文内容、与老师距离的作用。

② 吸引学生——该导入采用了设疑、悬念导入法，通过创设带有悬念性的问题，比如"她到底经历了什么""谁是这桩命案的始作俑者"，给学生创造出一种神秘感，从而激发了学生兴趣，调动了学生思维，增强了学生学习的积极性。

③ 新颖独特——语文教学中最忌讳的就是千篇一律，不仅容易让学生失去学习兴趣，产生厌倦感，而且学习效率和质量也会大打折扣。这篇《祝福》的导入比较新颖独特，类似于"疑案追凶"，更容易让学生专注于课文内容，学生们会在好奇心的驱使下自主探究"祥林嫂之死"的原因，这就为课堂教学打下了良好的基础，产生令人满意的教学效果。

④ 简明精练——课堂导入要求老师在较短的时间内做到导入生动有力、简洁精练，让学生明白易懂，切忌拖泥带水、词不达意。这篇《祝福》的课堂导入不足百字，却点明文章时间、地点、人物以及事件，做到了简明扼要、生动易懂。

（西昌学院2020级汉语言文学专业罗雨薇提供）

案例三 《氓》导入（部编版高中语文选择性必修下册第1课）

[复习旧课导入]

同学们，还记得我们学过秦观的《鹊桥仙》吗？（让能够背诵的同学一起背诵，并给予积极评价）“纤云弄巧，飞星传恨，银汉迢迢暗度。金风玉露一相逢，便胜却人间无数。柔情似水，佳期如梦，忍顾鹊桥归路？两情若是久长时，又岂在朝朝暮暮！”那最著名的是哪两句呢？同学们都说是最后两句，两情若是久长时，又岂在朝朝暮暮。那我们今天学习的《氓》这篇课文，恰恰与之相反。课文中的女主人公在与自己心上人见与不见之间，载笑载言，泣涕涟涟。接下来，我们就一起走进今天的新课《氓》。

案例分析

该导入吸引学生回忆旧知，提高学生积极性的同时，有效集中学生注意力。秦观词的导入贴合课文内容，有强烈的对比。一种儿女情长，一种胸怀宽广，主题鲜明。顺势导入新课，井然有序，独特新颖，能够直入主题，简单明了。

（西昌学院2019级汉语言文学专业涂远旭提供）

案例四 《爱莲说》导入（部编版语文七年级下册第17课）

[问题导入]

教师：同学们，今天上课前，老师想问大家一个问题：同学们最喜欢什么花呢？为什么会喜欢这种花？大家思考一下，一分钟后请同学分享你最喜欢的花是什么。

学生A：喜欢桃花。

教师：为什么喜欢桃花呢？

学生A：因为桃花好看，桃子好吃……（陈述理由）

教师：那有什么的古诗词是描写桃花的吗？

学生A：人面不知何处去，桃花依旧笑春风（学生答不出，可教师补充）

学生B：喜欢……

学生C：喜欢……

教师：刚刚三位同学来分享自己喜欢的花，并说了自己喜欢的理由，下面让我们一起进入课文，看看周敦颐是怎么描写对荷花的喜爱的。

案例分析

疑问是学生学习的动力。教师根据课文需要，设计一个难度适中且学生熟悉的问题，引发学生思考，让学生有话可说，从而参与到课堂中。通过提问，让学生精神高度集中，方便教师引入教学，让学生产生浓厚的求生欲。问题解答时可进行一定拓展，提升学生的语文素养。

（西昌学院2020级汉语言文学专业赵燕提供）

（二）“教学展开”设计

“教学展开”环节是“导入”之后的语文课堂教学内容的具体步骤及实施流程。可以说，“导入”是教学过程的序幕和开端，其后的“教学展开”是教学过程的发展和高潮，是整个语文课堂教学的重心。课堂教学步骤的具体展开是一节课中至关重要的环节。这个环节成功，整堂课就成功大半；一旦失败，则整堂课失败。

如果说“导入”要像“凤头”那般精美，那么“教学展开”就要像“猪肚”一样内容充实、精练丰富。

1. “教学展开”设计的要求

第一，以教学目标为导向，以教学内容为依托，以教学方法为手段，以师生情况为根据，有序设计语文课堂教学步骤。

第二，突出重点、突破难点，详略得当、逻辑清晰，切忌面面俱到、华而不实。

第三，贯穿“自主、合作、探究”的学习方式，强化师生互动，有效完成师生教、学两方面的任务。

2. “教学展开”设计模式列举

新课改以来，语文课堂“教学展开”的设计，出现了较多的模式与方法，通过梳理，大致可以归纳为两大类：常规型设计模式、探究型设计模式。这两种模式虽然名称上有所差异，但都体现了新课改提出的语文教学理念，都贯穿着对“自主、合作、探究”学习方式的实践与探索。

1）模式一：常规型设计模式

常规型设计模式强调教师围绕教学内容，引导学生进行信息加工，帮助学生得到学习体验和学习收获。常规型设计模式主要包括以下五个步骤：创设情境—提问—阅读—讨论—小结。

第一，创设情境。

在语文教学中，通过创设情境，帮助学生奠定理解课文的基础。例如下面的案例一《变色龙》（部编版语文九年级下册第6课）的教学设计，教师通过变色龙的变色演示，为学生理解文章中“变色”的真正含义和文章为什么以“变色”为题做好了铺垫。而在案例二《爱莲说》（部编版语文七年级下册第17课短文两篇之二）的设计中，教师一开始就运用多媒体为全课创造了良好的氛围，奠定了明快的基调。而后，教师运用多媒体帮助学生进一步加深对全文的理解，使学生真正沉醉其中，用自己的情感来品读全文。

第二，提问。

以问题为导向，引导学生带着问题学，学会分析问题、解决问题。问题的设计要有一定的深度，指向文章的焦点，起到聚焦目光的作用，才能引发学生真正深入的思考，从而建构起对全文真正的理解。

第三，自主阅读或朗读。

语文教学中的自主阅读，强调感受性的阅读与欣赏性的阅读相结合。要求学生用自己的经验来理解文章的思想，并在理解的基础上，对文章中优美的形象、深刻的意蕴、丰富的情感以及作者的遣词造句进行品味、评价甚至批判，经过自己深刻的反思，形成独特的理解。

在小组讨论之前，自主的阅读是必要的。只有先建立起自己对问题和文章的认识，才能在讨论中更好地发表自己的观点、理解别人的观点。

第四，讨论及小组发言。

讨论是学生集思广益、相互启发的过程。在讨论中，学生能扩大信息和思维容量，及时对各种意见进行分析比较，提高比较思维和评价思维的能力。通过讨论，能培养学生同他人进行交流的各种技巧以及即席发言的能力，并大大活跃课堂气氛，激发学生的兴趣。教师应当在学生讨论过程中给予及时的指导和帮助，对学生讨论中遇到的疑问进行点拨，对不能成功开展讨论的小组给予帮助。教师要善于掌控讨论的时间，在问题焦点展开之后适时地结束。

在讨论之后，让小组派代表上台介绍该小组的观点，这样可以提高学生当众发言的能力和对信息进行概括的能力。

第五，教师小结。

教师小结是升华学生认识必不可少的一步。在小结中，教师点评各组的表现，同时给予中肯的评价。评价应当以鼓励为主，体现出讨论的主要目的——加深理解，培养表达能力。同时，教师在小结中概括小组观点，引出新的问题，能帮同学们打开思考的无限空间。教师通过小结，给讨论画上点睛之笔。另外，教师还可以此为引子，让学生课下进一步探索，加深理解。

值得注意的是，以上教学展开的五个环节在具体的语文教学实践中并不是一成不变、机械执行的，而是要根据课文内容、师生实际情况等会灵活运用。

案例一 《变色龙》的教学设计

1. 用Flash演示变色龙在不同环境中变色的例子，使学生充分理解变色龙变色的特点。

2. 用Flash对作者及写作背景进行介绍，展示课文发生的整个情境，便于学生对照联想。

3. 教师引导学生进行自主阅读，并让学生自己给课文另外命一个题目。

4. 请学生将自己的题目和课文的题目进行对照，并在小组中讨论为什么作者选择

《变色龙》这个题目，选择这个题目好在哪里。

5. 请各个小组发表自己的意见，进行总结和评价，通过对题目选择的理解，体会作者写作的用意。

6. 教师引导学生精读课文。

案例二 《爱莲说》的教学设计

1. 运用课件以一组“莲”的图片加上优美的音乐导入新课，创设出优雅的情境，引导学生追求美，并说说“莲”美在哪里。

2. 放映作者图像，介绍其生平以及诗的写作背景。

3. 请学生自己朗读全诗，边读边设想古人读诗的姿态、语气，边读边体会作者的感情。

4. 教师带领全班分析课文语句。

5. 教师播放Flash课件，在播放课文朗读的同时，配以图片和音乐。

6. 播放Flash课件之后，教师提问：作者写莲，歌颂什么？为何还要写到菊、牡丹？请学生一边思考问题，一边重新朗读全文。

7. 请学生进行小组讨论。

8. 请各个小组发表自己的看法，教师再对托物言志的写作手法进行小结，并放映秋瑾的《梅》，在展示诗句时展示图片，并播放音乐，帮助学生加深对托物言志文章的理解。

9. 让学生进行“我爱____________，因为____________。”的造句练习，并在课后用Word写成200字左右的文章，将文章发到老师的电子邮箱里。

以上两个案例都体现了教学展开环节常规型设计模式的基本思路，但又有所变通，核心目的就是对课堂教学活动的展开能起到积极的、有效的作用。

2）模式二：探究型设计模式

探究型设计模式强调教师引导学生从原汁原味的资源中，寻找自己需要的信息，构建个性化的知识结构。探究型设计模式主要包括以下五个步骤：创设问题情境—提供信息资源—自主探究或合作探究—成果展示—教师小结。

第一，创设问题情境。教师运用多媒体创设问题情境，向学生提出问题，或者引导学生自己提出问题。

第二，提供信息资源。教师向学生提供信息资源，学生初步分析资源，决定探究方向或提出假设。

第三，自主探究或合作探究。学生进行自我探究或者小组合作探究，利用信息工具搜集资料，经过讨论或辩论，验证或推翻原先的假设，得出结论，并用信息技术手段将成果制作成产品。

第四，成果展示。全班学生展示探究成果，通常以小组展示为主要方式。每个小组在既定时间内，演示本组产品，介绍本组探究所得的结论。

第五，教师小结。教师对各组的报告进行小结，点评各组工作，教师还可以进一步设计探究式学习的后续活动。

案例 《变形记》的教学设计

1. 教师首先介绍卡夫卡在文学界的地位和生平，以及人们对他的多种理解。

2. 教师组织学生进行自主阅读，并要求学生在网上论坛对下列问题进行讨论：

（1）格里高尔变形的原因。

（2）变形前后，格里高尔的内心状态及其变化。

（3）妹妹、爸爸和妈妈是怎样对待格里高尔的，他们为什么会这样？

3. 通过讨论问题，确保学生对文章产生了基本认识。教师就学生回答问题的情况进行点评和讲解。

4. 将学生分为三组，明确各组的学习任务。三个组分别从文章的思想、艺术特色、情感三个角度进行分析。教师向各组分别提出几个问题，作为查找资料、解决问题的线索：

（1）向“思想”小组提出的问题

A. 了解作品的社会背景和作家的生活背景。

B. 了解相关的哲学思想，理解其思想意义。

C. 思考作者设计主人公变形的目的、变形物的选择等问题。

D．反思我们今天的生活，思考这部作品对我们今天的意义。

（2）向“艺术特色”组提出的问题

A.列举以变形为题材的其他作品，并进行比较。

B．与典型的传统小说作比较。

（3）向“情感”组提出的问题

A．阅读后体验到哪些情感？

B．品味让你感触最深的段落，注意体会词语的使用，朗读品味。

5．小组分工进行资料搜集、自主阅读，而后将自己的研究成果发布到网上论坛。

6．通过小组讨论，得出结论，制成PowerPoint演示文稿，在全班进行汇报。

7．教师进行总结。

在语文教学中适当采用探究型教学设计模式，能够帮助学生深入地理解文章，在实践中学习语文知识和运用语言，关注社会和人生，培养学生学习的主动性和积极性，将语文教学引向课堂之外、语文学科之外的开放天地。

教师在对“教学展开”设计模式进行选择时，应当充分考虑学生水平、学习任务、教学时间安排、教师水平等诸多因素。从以上两种设计模式来看，常规型设计模式是广大语文教师熟悉的模式，便于教师设计、实施和管理，对教师和学生的要求较低，双方花费的时间和精力较少，效率较高。探究型设计模式对于教师的教学设计能力和课堂组织能力、学生的基础知识和查找整理消化资料的能力提出了更高的要求，如果盲目采用，反而会造成流于形式、学生吃不消等诸多问题。此外，有些学习任务本身不具备深入发掘、探讨的空间，这样的学习任务就不适合使用探究型教学设计模式。

3．“教学展开”设计实训

设计一篇课文的“教学展开”步骤，并在语文课堂教学中加以实施。

要求：

（1）符合“教学展开”设计的三个要求。

（2）以课堂教学实录的形式呈现。

案例一 《我爱这土地》课堂教学实录（部编版语文九年级上册第2课）

（课前，学生做了关于本课的导学案，为本课程的顺利开展奠定了一定的基础。教师根据同学们导学案的完成情况，对本堂课的教学重点进行了更好的把握。）

师：同学们在上课之前，我们来看一段关于“七七事变”的相关视频，看了以后我请同学来说一说看了以后的感受。

（观看视频）

生：看了这个视频以后，我感受到了日本侵略者极其残暴，看到我们的祖国母亲被肆意践踏，同胞们被残忍杀害，内心对日本侵略者充满了愤恨，以及对祖国母亲及同胞的无比心痛。

师：看来你看得非常认真，感受也很深刻，好的，请坐！之前的导学案已经让同学们提前了解了作者及写作背景，谁愿意来简要复述一下诗人艾青以及这首诗歌的写作背景呢?

生：艾青，原名蒋海澄，浙江金华人。他生长在农村，自幼为贫苦农妇所哺养，对我们民族的主体——农民有着儿子般的深情。长大后的曲折经历、坎坷遭遇，使他很快成长为一个革命者。1929年赴法国留学，并开始诗歌创作。《我爱这土地》写于抗日战争开始后的1938年，当时日本侵略军连续攻占了华北、华东、华南的广大地区，所到之处疯狂肆虐，妄图摧毁中国人民的抵抗意志。中国人民奋起抵抗，进行了不屈不挠的斗争。诗人在国土沦丧、民族危亡的关头，满怀对祖国的挚爱和对侵略者的仇恨，写下了这首慷慨激昂的诗。

师：介绍得非常好，看来你预习得很充分，这首慷慨激昂的诗歌就是作者在这样一个战火硝烟不断的社会背景下，为了表达中华儿女宁死不屈的抗战精神写下来的。接下来就让我们一起走进诗人艾青的《我爱这土地》（板书课题及作者），下面我将播放一段朗诵录音，同学们先跟着朗诵录音来感受一下这首慷慨激昂的诗歌。

（教师播放提前准备好的朗诵录音）

师：听完了这段朗诵，请同学们再跟随录音一起齐读这首诗歌，但是值得我们注意的是，这首诗无固定的节律，不押韵。它主要由句中停顿和句末停顿构成一定的节拍。诵读时要着重体会由诗中感情起伏所构成的“内在节奏”。

（学生跟着录音一起齐读课文，学生读完以后教师做简要点评）

师：同学们读得非常好，接下来请同学们自由朗读并思考："这首诗歌是按怎样的思路抒写的？"

（学生自由朗读后举手回答）

生1：我觉得作者先把自己比作一只鸟。通过鸟儿来进行歌颂，显得更加含蓄。

师：非常好，请坐！还有没有其他的同学有不同的想法？

生2：我觉得作者是按照一个由生到死的顺序来进行歌颂，生前用嘶哑的喉咙进行歌颂，死后连羽毛都要腐烂在土地里，以此来表达作者对这片土地爱得深沉。

师：你的这个回答也非常好，这两位同学都从不同的角度进行了分析。下面我们一起来总结一下。我们一起看这首诗歌，我们可以看到作者第一句以"假如"领起，就是把自己比作一只鸟儿，鸟儿用"嘶哑"的喉咙进行歌唱。接着写出歌唱的内容，并由生前的歌唱，转写鸟儿死后魂归大地，最后转由鸟的形象代之以诗人自身形象，直抒胸臆，托出了诗人那颗真挚、炽热的爱国心。

师：接下来我们就分小组来进一步深入学习这首诗歌，请同学们思考PPT上呈现的这三个问题，小组进行讨论，讨论完以后派小组代表来进行发言，给大家8分钟的时间，好，开始。

（在学生讨论的过程中，教师巡视并参与到一些小组的讨论中）

师：好的。时间差不多了，我们首先来看看第一题："诗人为何不用'珠圆玉润'之类的词而用'嘶哑'形容鸟儿唱的歌喉？从中你可体会到什么？"

生：作者用"嘶哑"来形容鸟儿的喉咙更能体现作者饱经沧桑的身躯，依然还在用嘶哑的喉咙歌颂我们的祖国母亲，更能突出作者对祖国母亲深深的爱。如果用"珠圆玉润"的话则没有这样的表达效果。

师：你理解得非常到位，这里诗人选用"嘶哑"一词，就将杜鹃啼血般的奉献者形象赋予了悲愤的爱国者，他充满着因沉重的苦难和忧郁的负荷而生发的焦灼与浩叹，传递着与时代同步的忧患，所以用"嘶哑"一词十分传神。如果换用"珠圆玉润""动听"等别的字眼，就不能使人体味到歌者经历的坎坷、悲酸和对祖国、对土地、对人民执着的爱。

师：好的。我们接着解决第二个问题："鸟儿歌唱的内容中，有哪些意象，并结合时代特征，说说它们有哪些象征意蕴？"完成下面这个表格。

生1：这首诗歌的意象有土地、河流、风，从这些意象我们可以看出面对土地被摧残，作者愿化作悲愤的河流，激怒的风，表达心中的愤恨以及对祖国母亲深深的爱。

师：这组同学找得非常好，理解得也很到位。其他小组还有没有补充的。

生2：我们小组认为除了这三个意象，应该还有一个意象就是黎明，象征着处于水深火热中的人民对光明以及美好生活的向往。

师：补充得非常完美！看来你们小组对作者想要表达的感情理解得很到位。接下来就让我们一起来梳理一下，并完成这个表。

各意象的象征含义

意　　象	象征含义
暴风雨打击着的土地	象征了繁衍生长了中华民族的祖国大地
悲愤的河流	象征了中国人民不屈不挠的反抗精神
激怒的风	象征了中国人民不屈不挠的反抗精神
温柔的黎明	象征着人民为之奋斗献身的独立自由的曙光，必将降临于这片土地

师：最后还有一个问题，诗句“然后我死了，连羽毛也腐烂在土地里面。”有何深意？

生：表达了作者对这片土地的热爱，连死了羽毛也要腐烂在这片土地里，同时也体现了作者愿意为祖国母亲奉献自己的生命，表达了作者强烈的爱国之情。

师：说得非常好，从这首诗歌的最后一句话我们可以看出诗人对土地的眷恋，将自身融进大地，其中隐含了敢于牺牲自我之意。

师：最后请同学们再次跟随录音朗诵，再次感受作者深深的爱国之情以及作者的自我奉献精神。

（学生跟着录音朗读）

师：同学们读得非常好，最后我们再来对这首诗歌做一个总结。作者把自己比作一只鸟，用嘶哑的喉咙进行歌颂，并通过“暴风雨打击着的土地”“悲愤的河流”“激怒的风”“温柔的黎明”这四个意象，隐喻了祖国大地遭受的苦难，人民的悲愤和激怒、对光明的向往和希冀。读《我爱这土地》，我们感受着那个苦难年代爱国知识分子对祖国最真挚的爱的表白。这心声，是历久不衰的主旋律，更是永远唱不尽的主题。

师：好，学完艾青的这首诗歌，如果同学们还对艾青的其他诗歌，如《大堰河》《北方》《向太阳》《黎明的通知》，抒情长诗《光的赞歌》《古罗马的大斗技场》等感兴趣，可以课后自己在网上搜索后进行阅读，也可以和同学分享自己的阅读感受。好的，我们今天的课就上到这里，下课！

案例分析

《我爱这土地》是九年级上册第一单元第二课，教师上课之前利用了导学案。这一学习方式为学生有效学习奠定了一个很好的基础。在学习本课文的过程中，教师充分利用了多媒体播放视频和录音来营造一个良好的语文教学环境，也让同学们能够在多次朗诵的过程中更好地理解作者想要表达的情感。通过各个教学环节环环紧扣，让同学们深入理解课文中意象所表达的含义，深刻理解作者的爱国之情以及奉献精神。在小组合作探究的环节中，教师参与到学生的讨论中，能更好更深入地了解同学们的真实想法，使教师能够更好地把控教学，同时也营造一个师生平等交流的学习氛围，使教学活动有序地开展下去。

（西华师范大学现代教育技术专业研2022级邓婉琴提供）

（三）“课堂小结”设计

语文教学设计中，教师们往往比较重视课文导入的设计，有时会忽略课堂小结的设计。

“课堂小结”是在一节课即将结束之时，教师在较短的时间内，有目的、有针对性地用简洁凝练的语言帮助学生总结、梳理本节课的教学内容、教学重难点以及总结完成教学目标情况等的过程。“课堂小结”是一堂完整语文课的最后一个环节，也是语文课堂教学必不可少的重要环节。它不是教学过程的简单重复，而是从教学目标出发，对教学的重点和难点所做的及时整理和回忆。

1. “课堂小结”设计的原则

好的“课堂小结”能起到突出重点、梳理思路、总结规律、提炼升华、促进迁移的作用，有利于引导学生深入理解、巩固新知、开拓思维、深化记忆、有效迁移，从而提高学生的学习效率。一般来说，“课堂小结”设计应遵循以下原则：

第一，简洁明了。

设计“课堂小结”，最重要的是要简明扼要、精练得当。首先，“课堂小结”时间不长，一般只有一两分钟，最多不超过三分钟，这就决定了“课堂小结”必须简洁、精练。其次，如果一堂课结束之前的“课堂小结”显得冗长、拖沓、繁复，不仅起不到很好的效果，还有可能适得其反，引起学生在精力上的疲劳、心理上的反感，降低教学效率。

所以，在一堂课结束之时，教师要用准确简洁的语言，归纳本堂课的教学内容、拓展延伸，引导学生从一节课众多的信息中提纲挈领、抽丝剥茧，从而加深印象、深化记忆、有效迁移。

例如，一位教师设计人教版九年级上册第六单元《词五首》中李清照的《武陵春》时，只用了一句话：“带着课堂上的收获，课后欣赏李清照的《声声慢》，体会词中作者表达的思想感情。”[①]这样的课堂小结，用简洁的语言，让学生举一反三、巩固新知，强化了知识的迁移。

第二，突出重点。

一堂语文课涉及的教学内容比较多，“课堂小结”的设计要突出教学重点、梳理教学难点，让学生清楚了解这节课的重点信息、掌握应该习得的重要能力。

例如，特级教师程翔设计的《中国石拱桥》的“课堂小结”：“好了，同学们看，怎样来合理地安排说明顺序呢？通过这篇文章我们可以体会到：第一，按照时间的先后；第二，按照主次；第三，按照写作的目的。”[②]这个课堂小结，抓住了课文《中国石拱桥》教学的重点——说明顺序，归纳了常用的三种说明顺序，突出了说明文教学的重点，对于学生对说明顺序的掌握起到了很好的作用。

第三，启思引智。

“课堂小结”设计，应根据教学目标、教学内容，引导学生由课内向课外延伸，注重知识的拓展，启发学生思维，开启学生智慧，提升思考能力，将语文教学与思想教育结合起来，让学生在语文学习的同时，读懂人生、读懂社会，树立正确的世界观、人生观、价值观，起到培根铸魂、启智润心的作用。

第四，前后照应。

“课堂小结”的设计，要与“导入”形成首尾呼应、前后照应，达到回环往复、浑

---

① 张秋玲．语文教学设计优化与重构[M]．北京：教育科学出版社，2012．

② 张秋玲．语文教学设计优化与重构[M]．北京：教育科学出版社，2012．

然一体的效果，前有暗示，后有交代，先有伏笔，后有说明。

例如，对于“标点符号”这个主题，马冰默老师设计的“课堂小结”如下所示：

正像解晓东在一首歌中唱到的那句歌词一样，“最爱写的字是先生教的方块字，横平竖直堂堂正正做人也像它”。汉字是我们学习、工作、生活中必不可少的组成部分，真诚地希望每一位同学的人生都能像汉字一样横平竖直、堂堂正正。刚才我们说过，有汉字的地方就会有标点符号的出现。今天，我们在这里了解标点的多情，体会标点的妙用。那么，就让我借用几种标点作为今天的结束语——衷心地祝愿在座的每一位同学都能珍惜自己人生路上顿号的停留，完美连缀逗号的片段，顺利越过分号的转折，成功画上句号的圆满，用自己一生的坚毅和执着在人生舞台上挺立成感叹号的伟岸！①

第五，情感渲染。

以情动人、激励渲染的“课堂小结”往往能抓住学生，对学生产生潜移默化的情感熏陶，形成余音绕梁、影响深远的良好效果。

“课堂小结”的情感，有赖于教师对课文内容、主题思想、表达情感的深刻理解和准确把握，教师在课堂教学结束之前，用极富感染力的语言、动作、表情，形象生动、准确恰当地向学生传达出课文中蕴含的情感因素，营造特定的感情氛围，使学生得到情感的体验、身心的愉悦，甚至产生情感共鸣。

例如，一位老师在设计《给女儿的信》的课堂小结时，用了以下结语：

爱情这个大话题，我们怎能在短短45分钟的课堂里说清道明呢？如果你想知道爱情的力量，可以读一读白朗宁夫人至善至美的爱情情书；如果你想知道爱情的忠诚，可以听一听流行歌曲《最浪漫的事》；如果你想了解爱情的高尚，那你将来一定要读读《简·爱》《孔雀东南飞》《梁山伯与祝英台》，甚至是《飘》。到那时，我相信你对爱情会有更深刻的了解！②

该教师用了排比句式，令人耳目一新，同时为学生拓展了更广阔的语文学习空间，效果较好。

2. “课堂小结”设计的方法

“课堂小结”的方法是多种多样的，每种方法各有侧重、各具特色。在设计“课堂小结”方法时，必须考虑课文的内容、体裁、主题思想以及学生的学习情况、接受能

---

① 马冰默．语文课导入语及结束语的设计[J]．综合天地，2007（11）：89．

② 胡德方．语文课堂结束语的有效价值[J]．语文学刊，2009（1）：1-3．

力、年龄特点、心理特征等因素，不能随意而为、敷衍应付。

“课堂小结”设计的一般方法有首尾呼应法、内容回顾法、规律总结法、对照比较法、试题检测法、文章评价法、感情激发法、悬念设置法、布置作业法、分组讨论法、作文导写法等。

“课堂小结”是整堂课和整篇课文教学的有机组成部分，每堂课的结束阶段，学生对课文内容的感受已比较全面，教师恰到好处的“课堂小结”无疑将促进课文内容与学生感受的相互沟通，从而提高学生的整体感知水平。教师可以选择一种方法来结束课堂教学，也可根据需要，综合运用多种“课堂小结”的方法，以求达到更理想的教学效果。

3. “课堂小结”设计实训

设计一堂语文课的“课堂小结”。

要求：

（1）遵循“课堂小结”设计的五条原则：简洁明了、突出重点、启思引智、前后照应、情感渲染。

（2）选择恰当的“课堂小结”设计方法。根据课文内容、学生特点等实际情况，灵活选择一种方法或综合运用多种方法，以求达到最佳的教学效果。

案例 《氓》课堂小结（部编版高中语文选择性必修下册第1课）

同学们，请同学们再有感情地读一遍《氓》，体会女主人公内心的前后变化。（学生回答，教师给予相应评价）每个人都有追求爱情的权利，女主人公也大胆地、义无反顾地追求她的爱情。但在她认清爱情与现实之间的差别以后，她毅然决然选择了放弃。在封建社会，这是一件了不起的事情。这是女性独立意识的觉醒，也是一种进步意识。女同学一定要在恋爱中保护好自己，独立自强。不应该在见与不见之间，载笑载言，泣涕涟涟。男同学要有绅士风度，有责任、有担当，积极承担责任。最后，希望同学们刻苦学习，树立正确的价值观、爱情观。

案例分析

该案例先采用再次朗读的方式回顾课文大致内容，加深印象，再贴合三维目标中的情感态度与价值观目标，进一步对同学进行情感激发，体会女主人公内心变化。最后，首尾呼应，与导入秦观的《鹊桥仙》相呼应，引导女同学要独立自强，男同学要有责任担当，进一步树立正确的爱情观，符合启思引智、重点突出的课堂小结原则。

（西昌学院2019级汉语言文学专业涂远旭提供）

（四）作业设计

一般来说，语文训练包括课前预习、课堂练习和课后作业。这里所说的作业设计主要是指语文课后作业。

为了完成语文教学的既定任务，教师往往在课堂教学结束之后布置适当的课后作业，为学生提供自主、合作、探究、思考、实践的机会。课后作业是课堂教学的延伸和补充，是教学工作的有机组成部分，它有助于巩固和消化学生在课内所学的知识，并使知识转化为技能、技巧，有利于培养学生的独立学习能力和学习习惯，能充分调动学生积极性，发掘学生潜能，启迪学生智慧。

从某种意义上来说，作业设计是教师的教育理念、教育追求、教学思想的体现，语文教师在设计作业时，要以现代教育理念为指导，充分考虑教学目标、教学内容、学生情况、课堂教学情况、教学重点、难点等要素。好的作业设计对学生的知识巩固、思维训练、技能提升、习惯养成等起着重要的作用。

1. 作业设计的原则

为了充分发挥作业的重要作用，作业设计要依据语文学科的独有特点，遵循以下原则。

第一，人文性原则。

语文是文化的载体，具有丰富的人文内涵。语文教学活动不仅要让学生获得各种知识和技能，还要能体验各种人类情感，形成健康的人生观、世界观和价值观。因此，在设计语文课后作业时，要充分考虑作业是否满足了语文学习的人文精神内涵。

具体来说，语文作业设计的人文性有以下几个要求：一是要体现语文学科特点，让学生掌握汉语基础知识，领悟汉语的神奇魅力，培养文学欣赏能力，提高审美能力，继承和发扬中华民族的优秀文化。二是要关注学生的情绪生活和情感体验，多从学生的角度出发，注重作业对学生情绪的调动和情感的激发，使之在作业的体验中获得知识和能力。三是要有助于提升学生的道德修养和人格素养，作业设计要积极关注学生的道德发展，给予学生真善美的引导，使其在完成作业的过程中既能学到知识，又能形成健全的人格。

第二，实践性原则。

语文课程具有较强的实践性，培养语文能力的一大主要途径是语文实践，要让学生更多地接触语文材料，在大量的语文实践中掌握运用语言的规律。生活处处皆语文，语文作业的设计要紧密结合学生生活，从学生的生活环境、生活经验出发，设计出富有自主性、合作性、操作性、创造性、探究性及趣味性的作业，让学生在做中学、在学中做，通过完成作业去观察生活、了解生活、体验生活，拉近语文学习与生活的距离，培养学生的生活能力、观察能力、思考能力和动手能力。

第三，目的性原则。

课后作业的目的是巩固知识、提升技能、促进学习的保持与迁移等，作业设计要契合这些目的，有针对性地设计作业。一般来说，作业内容与教学内容要有一致性，如果教师设计的作业与教学内容不一致，就达不到巩固所学知识的目的。

第四，层级性原则。

作业设计要考虑学生的差异性，因材施教，设计不同层级的作业，以适应不同的学生。学生在先天禀赋、后天养成、学习情况、接受能力等方面存在很大的差异，虽然语文学科在教学总目标、单元作业及基本尺度上对于全体学生是一致的，但如果教师设计的是统一的作业，有可能会造成“学优生吃不饱，学困生吃不了”的状况。因此，在设计作业时，应该要充分考虑到学生的个性差异和不同需求，结合学生实际，分层设计作业。作业设计的分层包括三个方面：作业难易度的分层；作业量的分层；作业完成时间的分层。

2. 课后作业的基本类型

语文作业的类型很多，由于分类标准不同，类别也不同。

从形式上来看，可分为口头作业与书面作业。

从设计的主体来看，可分为教师设计的作业与学生设计的作业。

从作业的功能来看，可分为记忆型作业、理解型作业、应用技能型作业和探究型作业。

从教育学角度来看，可分为以复习旧知识为目的的检查性作业、以培养思维能力为宗旨的认知性作业。

从完成作业的过程来看，可以分为独立完成作业、合作完成作业。

从语文学科内容来看，可分为默写听写类作业、汉字书写类作业、诵读类作业、作文类作业、阅读体验类作业、审美欣赏类作业等。

在具体的语文教学实践中，教师设计的作业往往不是单一的一种类型，有可能兼用多种类型。无论采用哪些作业类型，布置作业都是为了让学生巩固课堂所学，让学生能在实际的生活中运用所学解决生活中的实际问题。

3. 作业设计实训

设计一堂语文课或一篇课文的课后作业。

要求：

（1）遵循作业设计的四条原则：人文性原则、实践性原则、目的性原则、层级性原则。

（2）根据教学目标、教学内容、学生特点、教学重难点等实际情况，设计恰当的、合理的作业，以求达到最佳的作业训练效果。

案例一 《祖国啊，我亲爱的祖国》课后作业（部编版语文九年级下册第1课）

[案例目标]

1. 背诵课文。

2. 小写作。仿照课文，使用意象法描写自己的母亲或父亲，题材不限，不少于60字。

3. 舞台展示。反复有感情地朗读自己的小作文，下堂课朗读分享自己的写作。

案例分析

让学生背诵课文有助于加深印象，锻炼口语能力。小写作中让学生运用意象法进行创作，可以现学现用，在语文实践中掌握运用语言的规律，巩固知识，提升技能，促进学习的保持与迁移；题材不限给学生更多的创作空间；字数要求也兼顾不同层次的学生。舞台展示有助于锻炼学生的演讲能力与控场能力，同时领悟汉语的神奇魅力，培养文学欣赏能力。

（西昌学院2020级汉语言文学专业安莉提供）

案例二 《春江花月夜》课后作业（部编版高二语文选择性必修古诗词诵读第2首）

请同学们根据自己的情况，选做以下两题中的一个：

1. 选择自己喜欢的一种意象，传达自己的情感。
2. 选择自己喜欢的意象并结合想象或联想的手法，表达自己的情感。

案例分析

该作业设计契合教学的重点和难点，同时坚持以学生为中心，设计了不同难度的作业，让同学们根据自己的情况自主选择，充分考虑了学生之间的差异性。

（西昌学院2019级汉语言文学专业周玉倩提供）

（五）板书设计

语文教学板书是辅助性地完成语文课堂教学任务的重要手段之一，它要求教师运用简洁、明确、醒目的文字、符号、图表等，提纲挈领地再现课文内容，是语文教学最基本的直观手段。通过板书，能将语文教材内容、结构、写法、语言等方面复杂、抽象、潜隐的问题，清晰、明确、直观地展现在学生面前，既便于教师处理教材、组织教学，又利于学生更好地理解、记忆和复习巩固所学知识，还利于训练学生的分析、概括和记笔记能力。

1. 语文教学板书的种类

依据书写方式与呈现工具，语文板书可以分为传统板书和多媒体板书两种。

传统板书是指以粉笔为书写工具，在黑板上用文字、线条、画面等符号展示课文重点内容的一种板书，又称为“黑板板书”。

多媒体板书是指运用现代多媒体技术，综合运用文字、图形、图像、声音、动画和视频等多种手段，在电子屏幕上呈现出课文重点内容的一种板书形式。

传统板书和多媒体板书在本质和功能上是基本相同的，都是基于教学目的、以文字、线条、图画等符号呈现给学生的视觉信息。不同的是，传统板书一般是静态呈现，多媒体板书因增加了声音与动画效果而表现为动态呈现。

语文教学板书是语文课堂教学内容的高度浓缩，是教学重点、难点的集中体现，既是有形的课堂语言，又是师生间互动的桥梁。

2. 语文教学板书设计的原则

语文教学板书设计是语文教学设计的重要组成部分，教师根据教学目标、教学要求、教学内容等，充分发挥教育直观性、形象性原则，精心设计能体现教学重点内容、整体框架结构、内在逻辑联系等要素的教学板书。语文课堂教学成功与否，与板书有着密切的关联。成功的教学板书既能培养学生的概括能力和逻辑思维能力，又能提高学生阅读技巧和阅读速度。

语文教学设计板书应遵循以下原则：

（1）针对性原则。

无论是传统板书的设计还是多媒体板书的设计，都要依据教学目标、教学内容及教学重点难点，有针对性地进行设计，以求体现教学意图，揭示教学重点，从而提高教学质量与效率。

例如，有老师在开展《木兰诗》（部编版语文教材七年级下册第九课）的教学设计时，以文章思路为主体设计了以下板书：

木兰经历 —————— 传奇故事		
停机叹息	代父从军	（起因）
购置行具	奔赴战场	（开端）
艰苦战斗	年久凯旋	
还朝受赏	辞官不就	（发展）
亲人团聚	伙伴相见	（高潮和结局）
双兔为喻	巧妙作答	（尾声）

这种以呈现文章思路为主要目的的教学板书设计，很好地体现了板书设计的针对性，突出了教学的目的性。

（2）直观性原则。

语文教学板书主要作用于学生的视觉、听觉等感官，板书的设计越直观、越形象、越生动，就越能引起学生的注意，学生越容易产生兴趣，就越能加深对教学内容的理解和记忆。

如李明信设计的《鸿门宴》（部编版高中语文必修下册第三课）板书，就极其直观形象地说明了整个鸿门宴的发展过程[①]。

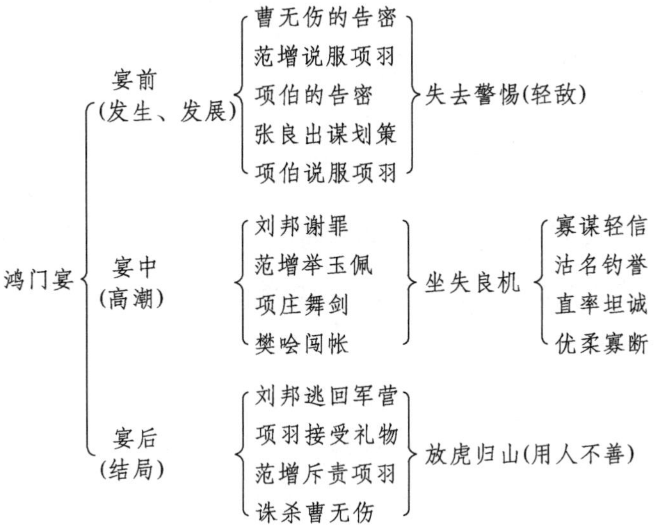

① 李明信．板书——帮助学生理解课文的一条蹊径[J]．现代语文，2009（4）：58．

上面这个板书既形象地说明了整个鸿门宴的发展过程，也准确地勾勒出了刘邦和项羽的性格特点以及他们在宴会上斗智斗勇的全过程，将这两点有机地结合起来有助于学生对课文的理解。

（3）逻辑性原则。

语文教学板书具有对教学内容进行概括、总结的作用，借助板书，学生能更好地领会教学内容，把握教学重点，突破教学难点。设计板书时，要突出教学内容之间的前后联系，有条理地清晰呈现教学内容逻辑层次。

对于那些比较复杂的课文，适合以这样的板书来帮助学生理解文章，同时使学生理清头绪，理清作者的写作思路，也为学生以后的学习提供了一种方法。例如李明信的《六国论》（部编版高中语文必修下册第十六课）板书[1]设计如下：

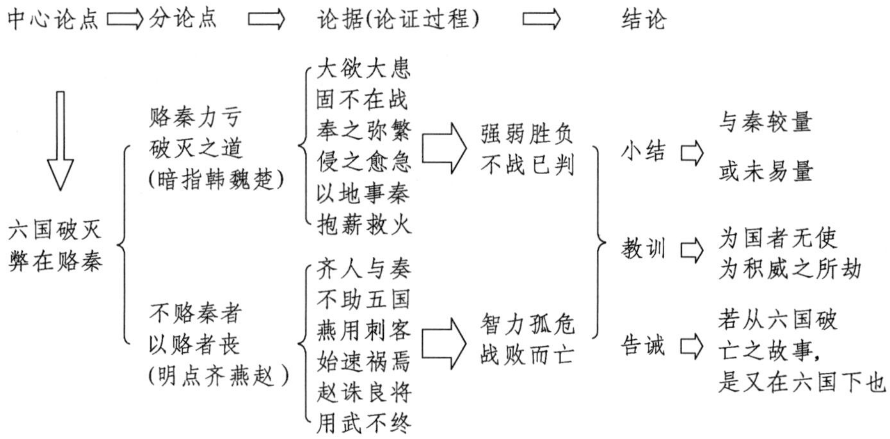

该板书既明确了六个国家各自灭亡的不同原因，同时也警告了北宋王朝。这个板书最大的特点就在于梳理了头绪繁杂的文章，使之条理化、简明化、易懂化。

（4）精练性原则。

语文教学板书是随着课堂教学的推进逐步展现出来的，板书是课堂教学内容的高度浓缩。由于受到载体容量和课堂时间的限制，教师不可能面面俱到，把全部内容都放到板书上去。因此，在设计板书时，教师要周密考虑、认真提炼，用简洁精练简洁的语言或符号来高度概括教学内容，达到提纲挈领、简明扼要、语约义丰、以简驭繁的目的。

① 李明信．板书——帮助学生理解课文的一条蹊径[J]．现代语文，2009（4）：58．

通过板书，学生可以清楚地看到课文的脉络以及教师和学生分析课文的思路。

例如，吴建为《故乡》（部编版语文九年级上册第15课）设计的板书，简明扼要地提示了作者行文的思路，梳理了情节，有利于学生快速理清文章脉络[①]：

“我”
- 近故乡——见到故乡时的悲凉心情
- 在故乡——回到故乡时的所见所闻
- 离故乡——离别故乡时的无限感触

（5）示范性原则。

语文教学板书具有向学生展示教学思路、指导学习过程、提供方法参考的示范作用，因此，板书设计既要符合教学目标和教学要求，也要符合学生的知识水平、年龄特点及接受能力，使学生从板书中得到学习启发和思维训练。

例如于漪设计的《变色龙》（部编版语文九年级下册第6课）的板书[②]：

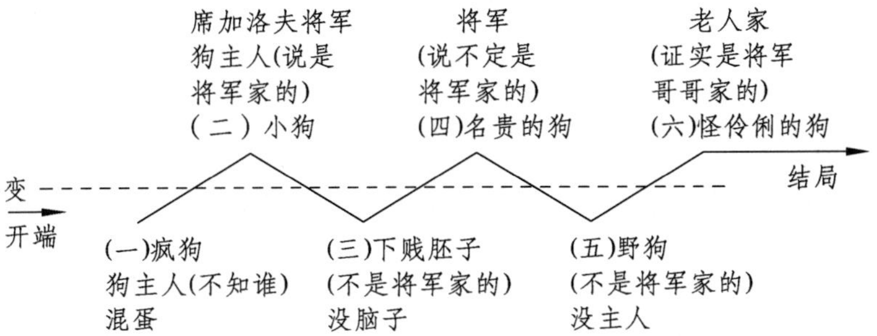

于漪用两条线来表示多变的现象与不变的本质。多变的现象用折线来表示，不变的本质用直线来表示，多变的现象由不变的本质所决定。在教学中，该板书激起了学生强烈的兴趣，有学生现场对板书提出异议，认为用等距的波峰、波谷不能确切地反映作品主人公心情的变化。于漪老师放手让学生发表意见，让学生修改板书。通过讨论，学生的理解深入了一步，认为随着故事情节的发展，主人公在“变”的进程中也在变化，不应该用等距离的波峰、波谷表示，应该频率越来越快，距离越来越短，这样才能活画出这个势利小人的卑鄙灵魂。[③]

① 吴建．课堂板书设计——不该被忽视的重要环节[J]．中学语文，2008（36）：44．

② 于漪．《变色龙》板书及教后反思[J]．现代教学，2009（4）：24．

③ 于漪．《变色龙》板书及教后反思[J]．现代教学，2009（4）：24．

（6）灵活性原则。

语文教学板书应该是师生共同参与、共同创造的结果。板书能随时记录师生间的交流和互动，是师生间互动的桥梁。板书设计要有一定的弹性和张力，适当“留白”，给学生思考和创新的空间，体现灵活性。一方面，教师应该鼓励学生在课堂上积极参与板书设计的过程，这既是对学生的尊重，也是对学生积极性的保护。另一方面，学生勇于表达自己的想法，教师积极肯定学生的想法，这才是理想的、和谐的教学氛围。教师可以根据课堂教学实际随时板书必要信息，来适应各种情况的发生。

例如，吴建在设计《项链》的板书时，在方格内用数字代替文字，给学生留下了积极思考的空间，要求学生在熟读全文的基础上，分别用一个字来代替每个方格内的数字。学生兴致高涨，很快达成共识，分别用“借”“丢”“还”“假”四个字填写，实现了很好的效果。[①]

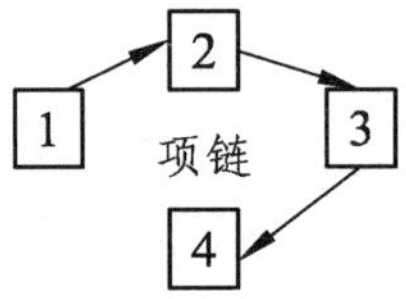

总之，语文教学板书具有固定信息的作用，不仅弥补了声音瞬间即逝的缺陷，而且能有效地集中学生的注意力。学生注视板书、思考板书内容，也能给自己的头脑打上深刻的烙印，增强记忆力。无论是教师的扩展延伸，还是学生的灵机闪念，板书都能随着教学的深入而推动课堂的发展。

3. 板书设计实训

设计一篇课文的教学板书。

要求：

（1）遵循语文板书设计的六条原则：针对性原则、直观性原则、逻辑性原则、精练性原则、示范性原则、灵活性原则。

（2）根据教学目标、教学内容、学生特点、教学重难点等实际情况，设计恰当的、合理的板书，以求达到最佳的教学效果。

---

① 吴建．课堂板书设计——不该被忽视的重要环节[J]．中学语文，2008（36）：45．

案例一　《观沧海》板书设计（部编版语文七年级上册第4课）

观沧海
曹操

写实 ＜ 动静结合，互文夸张 / 情景交融 / 统一天下，建功立业 ＞ 写虚

案例分析

该板书根据教学目标（品味诗歌情景交融的写法，感悟作者在语言中寄予的情感，体悟作者博大的胸襟和伟大的抱负，提高审美和品鉴能力）、教学内容（新课导入，激发兴趣；明确身份，了解曹操；熟读生巧，理解内容；合作探究，讨论提升；课堂总结，布置作业）、学生特点（七年级的学生有一定的古代诗歌阅读量与知识积累，对格律诗的掌握更加纯熟，也能初步品味诗歌语言和感情）、教学重难点（重点：结合诗歌创作背景，感知诗人壮志满怀的英雄气概。难点：理解虚实结合，寓情于景，感受诗歌情境）等实际情况来设计，体现了语文板书设计的针对性、精练性、灵活性等原则等。

（西昌学院2019级汉语言文学专业罗炼提供）

案例二 《紫藤萝瀑布》板书设计（部编版语文七年级下册第18课）

紫藤萝瀑布

宗璞

花：
- 赏花:花形、花色、花态、花味
- 惜花:今昔对比—花的不幸
- 悟花:由花及人

⇓

人：看花之欣喜—忆花之遗憾—悟花之振奋

⇓

理：花与人都有不幸、生命的永恒与长久

（以上）托物言志

案例分析

七年级的学生缺乏主动记笔记的习惯，在课堂上往往以听为主，忽略了重点的标注和记录。板书设计很好地帮助了学生提炼本节课的学习内容和重点，提示学生做好记录，清晰地展示文章脉络，同时便于学生的记忆以及复习时的撷取和回忆。这样的板书设计符合七年级学生的学习特点，使得教学更有针对性、主观性，体现以人为本的教育理念。

（西昌学院2019级汉语言文学专业罗江美提供）

案例三 《爱莲说》板书设计（部编版语文七年级下册第17课）

周敦颐

爱莲说

托物言志：
- 菊花　隐逸者—离世隐居　惜
- ↓ 衬托
- 莲花　君子者—不慕名利　爱
- ↓ 衬托
- 牡丹　富贵者—追名逐利　厌

不慕名利　洁身自好的态度

对追名逐利、趋炎附势恶浊世风的鄙弃

案例分析

该板书根据教学目标（朗读背诵全文，并掌握重要字词句，疏通文义；学习托物言志和衬托的手法；学习莲花高洁的品质，培养“出淤泥而不染”高尚的道德情操）、教学内容（新课导入、作者介绍、合作探究、总结提升）、单元导读（追求道德修养的更高境界）、学生学情（初步掌握文言知识，理解分析能力不足）等实际情况来设计，体现了语文板书设计的针对性、精确性、直观性、灵活性等特点。

（西昌学院2019级汉语言文学专业付小平提供）

第六节 语文课程评价的设计

课程评价，又称教学评价，是指在教学活动中按照一定的标准或预期目标，对受教育者（学生）的发展变化及其构成因素进行价值判断。语文课程评价，即语文教学评价，指通过一定方式来评估、考试、检测学生在掌握语文知识、技能方面的情况。

一、语文课程评价设计的作用

（一）测定学习成绩

通过评价，可以测定学生的语文学习成绩。检查学生掌握语文知识、技能的情况；了解其独立思考和运用知识等方面的能力与智力的发展情况；客观地评定其语文学习成绩和存在的问题，明确努力方向，促进学生发展。

（二）鉴定教学效果

语文课程评价是检验教学工作的重要手段。通过评价可以了解教师教学各方面的情况，如语文教学思想、语文教学计划的实施、教学技术与效果等，从而判断教学的质量和水平、优点和缺点。这有利于教师正确了解自己，总结教学经验，不断调整教学活动，提高教学质量。

（三）获取反馈信息

语文课程评价能为语文教师和家长及学生自己提供教学反馈信息。通过评价工作，教师能了解教学情况和学生学习情况，以便因材施教；家长能了解子女的语文学习情况，从而主动地配合学习教育；学生能了解自己的学习情况，总结经验，调整学习方法，明确努力方向，更有利于学习和发展。

二、语文课程标准对语文课程评价的建议

义务教育阶段及高中阶段的语文课程标准，都对语文课程评价给出了科学、合理的评价建议。

（一）义务教育阶段语文课程评价建议

《义务教育语文课程标准》（2022年版）对义务教育阶段语文课程评价提出了以下建议①：语文课程评价包括过程性评价和终结性评价。过程性评价贯穿语文学习全过程，终结性评价包括学业水平考试和过程性评价的综合结果。

1. 过程性评价

过程性评价重点考查学生在语文学习过程中表现出来的学习态度、参与程度和核心素养的发展水平，应依据各学段的学习内容和学业质量要求，广泛收集课堂关键表现、典型作业和阶段性测试等数据，体现多元主体、多种方式的特点。

（1）过程性评价原则。

过程性评价应有助于教与学的及时改进。教师要有意识地利用评价过程和结果发现学生语文学习的特点与问题，提出有针对性的指导意见，促进学生反思学习过程、改进学习方法。要依据评价结果反思日常教学的问题和不足，优化教学内容，改进教学设计，调整教学策略，完善教学过程。第一学段的评价要特别重视保护学生的学习兴趣和积极性。

过程性评价应统筹安排评价内容。评价内容应立足重点，关注各个学段的水平进

---

① 中华人民共和国教育部．义务教育语文课程标准（2022年版）[S]．北京：北京师范大学出版社，2022：46-51．

价。评价要真实、完整地记录学生参与语文实践活动的整体表现，关注学生在活动中表现出来的沟通、合作和创新能力。

过程性评价应发挥多元评价主体的积极作用。教师应为不同年级学生和不同学习内容选择恰当的评价方式，采用有针对性的评价工具。要充分尊重学生的主体地位，关注学生在兴趣、能力和学习基础等方面的个体差异，引导学生开展自我评价和相互评价。鼓励学校管理人员、班主任、家长参与过程性评价，通过多主体、多角度的评价反馈，帮助学生处理好语文学习和个人成长的关系，发掘自身潜能，学会自我反思和自我管理。

过程性评价应综合运用多种评价方法，增强评价的科学性、整体性。可通过课堂观察、对话交流、小组分享、学习反思等方式，收集和整理学生语文学习的过程性表现，如学生日常写字、读书、习作、讨论、汇报展示、朗读背诵、课本剧表演等方面的材料，记录学生核心素养发展的典型表现；了解学生的学习态度和个性特点，考查其内在学习品质的发展。鼓励有条件的地区和学校采取信息技术手段丰富评价资料搜集和分析的途径。应重视增值评价，关注学生个体的进步幅度，避免过度评价、无序评价对日常学习造成干扰，避免用评价结果的简单比较衡量学生的学业表现。

过程性评价要拓宽评价视野，倡导学科融合。把学生参与社会实践、志愿服务和跨学科主题活动的表现纳入评价范畴，着重考查学生在真实情境中表现出的情感态度和语言能力。要注重校内外评价的结合，关注学生在家庭生活和社会生活中的语言发展情况。

（2）课堂教学评价建议。

课堂教学评价是过程性评价的主渠道。教师应树立“教—学—评”一体化的意识，科学选择评价方式，合理使用评价工具，妥善运用评价语言，注重鼓励学生，激发学习积极性。

在小组合作、汇报展示过程中，教师应提前设计评价量表、告知评价标准，引导学生合理使用评价工具，形成评价结果；要注意观察小组成员的分工方式、讨论程序和对不同意见的处理，关注学生在发言和倾听发言时的规则意识和交际修养，借助评价引导学生反思学习过程。组织学生互相评价时，教师要对同伴评价进行再评价，提出指导意见，引导学生内化评价标准、把握评价尺度，在评价中学会评价。

课堂互动中，教师要关注学生知识基础、认知过程、思维方式、态度情感等方面的表现，深入分析这些表现及其影响因素，及时给予有针对性的指导。

（3）作业评价建议。

作业评价是过程性评价的重要组成部分，作业设计是作业评价的关键。教师要以促进学生核心素养发展为出发点和落脚点，精心设计作业，做到用词准确、表述规范、要求明确、难度适宜。要合理安排不同类型作业的比例，增强作业的可选择性，除写字、阅读、日记、习作等作业外，还应紧密结合课堂所学，关注学生校内外个人生活和社会发展中的热点问题，设计主题考查、跨媒介创意表达等多种类型的作业，培养学生自主学习和综合学习的能力。随着学段升高，作业设计要在识记、理解和应用的基础上加强综合性、探究性和开放性，为学生发挥创造力提供空间。教师要严格控制作业数量，用少量、优质的作业帮助学生获得典型而深刻的学习体验。教师要认真批改学生作业，针对学生素养水平和个性特点提出意见，及时反馈和讲评，激发学生的学习热情，保护学生的自尊心，尊重学生的个性差异；要对学生作业进行跟踪评价，梳理学生作业发展变化的轨迹，及时反馈不同阶段作业质量的整体情况。

（4）阶段性评价建议。

阶段性评价是在教学关键节点开展的过程性评价，旨在考查班级整体学习情况和学生阶段性学习质量，是回顾、反思和改进教学的重要依据。阶段性评价应秉持素养立意，紧密结合四个学段的课程内容，关注内容之间的进阶关系和横向联系，合理设计评价工具。阶段性评价可以根据不同情况灵活选择评价手段，可以采取纸笔形式，也可以设计综合的学习任务，如诵读、演讲、书写展示、读书交流、戏剧表演、调查访谈等。纸笔测试要注意与日常教学的融合，增强测评题目的科学性、多样性，发挥阶段性评价的诊断、调节功能，避免消极影响和干扰日常教学；非纸笔测试要整体设计测评内容，科学制订评价标准，合理规划实施时间，并对学生个体做出及时反馈和有效指导。

应关注整本书阅读和跨学科学习的阶段性评价，采用读书笔记、读书报告会、读书分享会等方式引导学生高质量完成整本书的阅读；可通过观察报告、实验报告、研究报告等，评价学生跨学科学习的阶段性成果。

2. 学业水平考试

学业水平考试的目的主要是通过学生的学业质量表现检验学生在义务教育阶段结束时核心素养的发展水平，为高一级学校招生录取提供依据，为评价区域和学校教学质量、改进教学提供参考。

（1）命题原则。

坚持素养立意。以核心素养为考查目标，通过识字与写字、阅读与鉴赏、表达与交流、梳理与探究等语文实践活动，全面考查学生核心素养的发展水平。

坚持依标命题。体现课程理念，严格依据学业质量要求命题，保证命题框架、试题情境、任务难度等符合学业质量要求。

坚持科学规范。题目表述简明、规范，材料选取具有典范性和多样性，评分标准有效反映学生核心素养发展水平，确保测试目的、测试内容、测试形式和评分标准的一致性。

（2）命题规划。

重视命题规划，明确学业水平考试命题的目标要求，规定内容范围与水平标准。系统设计考试形式，一般采用纸笔测试，有条件的地区可以考虑逐步引入基于信息技术的考试形式。科学设计试卷结构，明确规定主观性和客观性试题的比例，倡导设计基于情境的探究性、开放性、综合性试题。对题型设计、题量和难度、评分标准等方面提出基本要求，充分展现学生在语文学习过程中形成的能力、方法，以及情感态度与价值观的综合发展情况。

（3）命题要求。

考试命题应以情境为载体，依据学生在真实情境下解决问题的过程和结果评定其素养水平。命题情境可以从日常生活、文学体验、跨学科学习、个人、学校、社会等角度设置。日常生活情境指向真实具体的社会生活，关注学生在生活场景中的语言实践，凸显语言交际活动的对象、目的和表述方式。文学体验情境侧重强调学生在文学作品阅读中体验丰富的情感，尝试用不同的方式进行创意表达；强调参与当代文化生活，关注学生对中华优秀传统文化、革命文化、社会主义先进文化的体认。跨学科学习情境侧重强调学生综合运用多门课程知识和思想方法解决实际问题。命题应贴近学生生活经验和情感体验，抓住社会生活中常见但又值得深思的真实场景，创设新颖、有趣、内涵丰富的情境，设计多样的问题或任务，激发学生内在动机和探究欲望。

命题材料的选取要具有时代性、典型性和多样性，充分体现语文课程特点。命题材料要能够体现问题或任务的对象、目的与要求，能够启发学生调动既有知识和资源解决问题、完成任务，能够为学生解决问题、完成任务提供背景材料或知识支架。

问题或任务是题目的主体部分。根据语文实践活动的不同类型，问题或任务设计可以侧重阅读与鉴赏、表达与交流、梳理与探究中的某一方面，也可以设置综合型题目，让学生在复杂情境中充分展示核心素养的发展水平。阅读与鉴赏类问题或任务要立足文本信息的提取、归纳、概括，考查学生对作品思想内容、篇章结构、表现手法、语言风格的理解和把握，引导学生对作品的创作动机、表达效果做出合理评价。表达与交流类问题或任务要注重调动学生已有的知识积累和学习经验，记述生活经历，表达情感体验，就语言、文学、文化、生活等现象发表自己的看法。要在与学生实际生活经验密切关联的交际语境中考查学生语言文字运用能力，思考问题的立场、观点和态度，以及思维发展水平。梳理与探究类问题或任务要从具体的文本材料出发，拟定有育人价值和探究空间的活动，考查学生提取信息、筛选分类、比较概括、归纳总结等思维能力；问题或任务设定要关注探究结果的合理性，关注学生思维品质的发展。综合型题目或任务要充分体现阅读与鉴赏、表达与交流、梳理与探究的整合，在命题材料和社会生活实际之间找到结合点，引导学生围绕话题或现象，深入思考探究，综合分析解决问题，在学以致用的过程中展现正确的世界观、人生观、价值观。

题干设计应规范。主观题题干要简洁、明确，便于学生捕捉问题的核心信息；客观题题干要注意事实性信息的科学性和准确性。试题形式力求创新，鼓励增加开放性试题比例，以避免导向新的应试模式。要完善主观性、开放性试题的评分标准，根据学生的认知发展水平，对简单结构作答和复杂结构作答实行分级赋分。

（二）高中阶段语文课程评价建议

《普通高中语文课程标准》（2017年版2020年修订）提出了高中语文课程评价的建议、学业水平考试与高考命题建议[①]：

1. 课程评价建议

（1）着眼于核心素养的整体发展。

语文课程评价的根本目的在于全面提高学生的语文学科核心素养。评价的过程即学生学习的过程，应围绕阅读与鉴赏、表达与交流、梳理与探究等学习活动，在具体的语文学习情境和活动任务中全面考查学生核心素养的发展情况。

语文课程评价要综合发挥检查、诊断、反馈、激励、甄别、选拔等多种功能，不宜片面强调评价的甄别和选拔功能。评价不仅要关注学生外在的学习结果，更要关注内在

① 中华人民共和国教育部．普通高中语文课程标准（2017年版2020年修订）[S]．北京：人民教育出版社，2020：44-49．

的学习品质。注意通过评价引导学生学会学习，自觉提升语文学科核心素养。

语文教师要有意识地利用评价过程与结果，发现学生学习的个性特点和具体问题，及时引导，提出有针对性的建议，激发学生学习的动力，同时依据评价结果反思日常教学，优化教学内容，调整教学策略，完善教学过程，为学生语文学科核心素养的发展提供有力支持。

（2）全面把握学习任务群的特点。

语文课程评价要把握学习任务群的特点，综合统筹评价过程。每个任务群的学习目标与内容各自独立又彼此关联。评价时既要突出每个任务群的学习重点，又要兼顾任务群之间的联系，体现学习目标、内容与评价的一致性。

评价时要充分考虑语文实践活动的特点，注意考查学生在活动中表现出来的参与程度、思维特征，以及沟通合作、解决问题、批判创新等能力，记录学生真实、完整的任务群学习过程。

（3）倡导评价主体的多元化。

语文课程评价应面向全体学生，尊重学生的主体地位。评价要注重展示学生自我发展的过程。在保证基本目标达成的基础上，评价要考虑学生的个体差异，关注学生的不同兴趣、表现，满足不同发展需求。在具体学习任务的评价中，语文教师应提供细致的描述性反馈，提出具有操作性的建议，引导学生通过评价反馈，调整学习进程，梳理学习方法，确立学习目标，制订学习规划。

鼓励学生、家长、教师、教学管理人员等参与课程评价。语文教师应利用不同主体的多角度反馈，帮助学生更好地认识语文学习与个人发展的关系，学会自我监控和管理。学校应创造条件，引导学生参与多种评价活动，建构学习与评价的共同体，学会持续反思、终身学习。

（4）选用恰当的评价方式。

语文学科核心素养需要在真实的语文学习任务情境中综合考查。语文教师应根据实际需要，整合诊断性评价、形成性评价、终结性评价等多种评价方式，考查学生核心素养的发展情况。每种评价方式都有自身的优势和局限，教师应根据特定的评价目的选择使用。可采用纸笔测试、现场观察、对话交流、小组分享、自我反思等多种评价方式，提高评价效率，增强评价的科学性和可靠性。对学生的评价，既要有对基本目标的确定性要求，确保底线；也要注意以恰当的方式对希望继续提高的学生予以引导。

学生语文学科核心素养的发展呈现鲜明的个体特点。教师要注意搜集学生在语文实践活动中产生的各类材料，如测试试卷、读书笔记、文学作品、小组研讨成果、调查报告、体验性表演活动和个人反思日志等。通过这些材料了解学生在任务群学习中表现出的个性品质和精神态度，建立完整的学习档案，全面记录学生核心素养的发展轨迹。有条件的地方，可以运用信息技术，丰富学生的表现性评价，形成多样化的学生成长记录，全面而科学地衡量学生的发展。

（5）明确必修和选修课程评价的重点和联系。

必修课程评价应立足于共同基础，考查学生在不同学习情境和实践活动中学习和运用语言文字的基本能力，重点考查学生语文学习过程中的体验和感受、学习策略，以及梳理、探究能力，尤其是基于社会情境的阅读、表达与交流的能力，读写活动中的思维表现以及不同体裁文学作品的审美感知、评价欣赏、独立创作情况，还要考查对多样文化的理解，对当代文化现象的关注和评析，以及对未来文化发展的思考和展望等。

选择性必修和选修课程评价要在关注共同基础的前提下突出差异性和层次性，以促进学生的个性发展。

选择性必修的评价应该更关注学生语文学习内容“面”的广度。评价重点包括：语言积累、梳理与迁移运用能力；在独立研习古今中外经典作品过程中阐释文本阅读体验的能力；语言实践中的逻辑推理能力和实证意识，以及运用科学思想方法解决实际问题的能力；古代文化遗产的辨别，对中外文化要义的理解，以及对科技文化的理解与反思等。

选修的评价应更关注学生语文学习内容“点”的深度。评价要注重学生在专题研讨中对语言运用现象和规律的探究，对学术论著语言特点的把握，语文实践活动中思维的严密性、深刻性和批判性；注重学生对古今中外经典作家作品及其思想内涵、艺术价值的个性化理解；注重学生的多样文化认知，跨文化理解，文化批判、反思和创造等。

要明确必修课程评价与选修课程评价的区别和联系，选修课程评价要注意与必修课程衔接，在衔接中呈现体系和梯度。尤其是“整本书阅读与研讨”“当代文化参与”“跨媒介阅读与交流”“语言积累、梳理与探究”四个学习任务群，它们贯穿必修课程和选修课程，在两类课程中有不同的广度、深度和难度。评价要注意区分重点和层次，考查学生完成不同难度的学习任务时语文学科核心素养发展的不同表现。

2. 学业水平考试与高考命题建议

（1）测评与考试目的。

测评与考试是语文课程评价的重要组成部分，应真实反映学生语文学科核心素养的发展过程与现有水平，准确判断学生核心素养发展过程中的问题及其原因，对高中语文教学改革发挥积极的引领和导向作用。

（2）命题思路和框架。

语文学科核心素养是在具体的阅读与鉴赏、表达与交流、梳理与探究等语文实践活动中形成与发展，并通过具体、多样的实践活动表现、展示出来的。考试、测评题目应以具体的情境为载体，以典型任务为主要内容。

第一，以具体情境为载体。真实、富有意义的语文实践活动情境是学生语文学科核心素养形成、发展和表现的载体。语文实践活动情境主要包括个人体验情境、社会生活情境和学科认知情境。个人体验情境指向学生个体独自开展的语文实践活动，如在文学作品阅读过程中体验丰富的情感，尝试不同的阅读方法以及创作文学作品等。社会生活情境指向校内外具体的社会生活，强调学生在具体生活场域中开展的语文实践活动，强调语言交际活动的对象、目的和表述方式等。学科认知情境指向学生探究语文学科本体相关的问题，并在此过程中发展语文学科认知能力。

第二，设计典型任务。典型任务是指为评价学生语文素养水平而选取的具有代表性价值的语文实践活动。学生通过对典型内容的学习，体会典型的思维过程与方法，体验典型的思想情感，呈现典型的学习成果。典型任务要多样、综合、开放。考试材料的选择与组合要角度多样，视野开阔，为学生的思考与拓展留有足够的机会和空间。减少针对单一知识点或能力点的简单、碎片化的试题数量，应体现语文素养的综合性、整体性。可命制侧重阅读与鉴赏、表达与交流、梳理与探究某一方面的题目，也可命制整合了三个方面实践活动的综合性题目，让学生在复杂情境、多种角度和开放空间中充分展示其富有创造性的个性化的学习成果。

第三，命题指向。“阅读与鉴赏”侧重考查整体感知、信息提取、理解阐释、推断探究、赏析评价等内容；“表达与交流”侧重考查叙述表现、陈述阐释、解释分析、介绍说明、应对交流等内容；“梳理与探究”侧重考查积累整合、筛选提炼、归整分类、解决问题、发现创新等内容。

（3）命题和阅卷原则。

第一，以语文学科核心素养为考查目标，依据高中学生语文学业质量标准相应水平要求，通过阅读与鉴赏、表达与交流、梳理与探究等语文实践活动，呈现核心素养的发展过程与现有水平。

第二，以情境任务作为试题主要载体，让学生在个人体验、社会生活和学科认知等特定情境中完成不同学习任务，以呈现学生语文素养的多样化表现。

第三，以综合考查作为命题导向，通过综合性语言实践活动考查学生语文学习的能力和水平。避免以单纯的知识点和能力点设计考题，避免死记硬背。倡导综合性的测试形式，可围绕情境选择相关材料，设置一组有内在联系的、指向核心素养的问题或任务。

第四，选用的语言材料要具有时代性、典型性和多样性，贴近学生生活，充分体现语文学科特点，避免出现偏题、怪题。要重视中华优秀传统文化材料的选用，引导学生从中获得对当代文化问题的思考。

第五，测试形式要创新，多设置可供学生选择的题目，体现学生个性；多设置主观性、开放性的题目，展现学生智慧，鼓励学生发挥和创造。试卷结构和测试形式不应固化，以避免形成新的应试模式。

第六，学业水平考试和高考的指向应保持一致。都应健全主观性、开放性试题的阅卷标准，逐步建立语文学科学业水平考试和高考阅卷人资格制度。

三、语文课程评价设计的原则

（一）明确语文课程评价的目的

语文课程评价的目的不仅仅是考查学生的学习成绩与水平，更是检验并改进学生的语文学习和教师的教学，改善教学设计，完整教学过程，从而有效地促进学生的发展。

（二）突出语文课程评价内容的全面性

语文课程评价设计要从知识与能力、过程与方法、情感态度与价值观几方面进行，以全面考查学生的语文核心素养。语文学习具有重情感体验和感悟的特点，因此，要把定性评价和定量评价相结合，更应重视定性评价。

（三）兼顾语文课程评价的各种类型并有所侧重

语文课程评价设计要兼顾评价的各种类型，但应加强过程性评价的设计。可以采用成长记录的方式，收集能够反映学生语文学习过程和结果的资料，如关于学生平时表现和兴趣潜能的记录、学生的自我反思和小结、教师和同学的评价、来自家长的信息等。

（四）综合采用多种评价方式

语文课程评价设计应综合采用多种评价方式，把教师的评价学生的自我评价与学生间互相评价相结合。加强学生的自我评价和互相评价，还应该让学生家长积极参与评价活动。

语文课程评价是语文课程的重要内容，教师开展课程评价设计既要关注学生对知识的掌握和能力的运用，又要关注学生情感与态度的形成和发展，同时还要关注学生在学习过程中的变化和发展。

思考题

1. 语文教学方案的类型有哪些？结合实例说明设计语文教学方案的要求是什么。
2. 语文教学目标设计的依据有哪些？结合实例说明如何设计一篇课文的教学目标。
3. 语文教学内容的设计要遵循哪些原则？结合实例说明如何设计一篇课文的教学内容。
4. 语文教学方法的设计要遵循哪些原则？语文教学方法有哪些类别？结合实例说明如何设计一篇课文的教学方法。
5. 梳理关于教学过程设计的相关学说及实践探索。
6. 语文教学过程的设计应遵循哪些原则？结合实例说明如何设计一篇课文的导入、教学展开、课堂小结、作业、板书等环节。
7. 语文课程评价设计有什么作用？语文课程评价设计应遵循哪些原则。
8. 义务教育阶段及高中阶段的语文课程标准对语文课程评价提出了哪些建议？

第三章

语文教学课件设计

随着现代教育技术的发展，多媒体技术被广泛运用到语文教学活动中。以计算机为媒介，通过计算机与教师、学生之间的交互作用来实现教学过程，这样的教学形式被称为“计算机辅助教学（Computer Assisted Instruction）”。这种利用计算机辅助教学的形式，对语文课堂教学产生了较大的影响，使教学信息更为丰富、教学过程更加生动有趣、教学效果更趋明显。

第一节　语文多媒体教学的基本知识

在这里，我们把以计算机为载体、综合运用多媒体技术的语文教学称为语文多媒体教学，把传统的、未采用多媒体技术的语文教学称为语文非多媒体教学或传统教学。两者相比，语文多媒体教学具有一定的优越性，科学、合理、恰当的多媒体教学能起到激发兴趣、加深记忆、训练思维、拓展延伸、启迪心智的事半功倍的良好效果。

一、语文多媒体教学的相关概念

语文多媒体教学离不开计算机，离不开多媒体技术，也离不开教学课件的设计与使用。要能在语文教学中熟练运用多媒体技术、掌握语文多媒体教学，首先要了解几个与之相关的概念：

什么是多媒体？

多媒体是指利用计算机传递的文本、图形、图像、声音、动画和影视等多种信息的集合。

什么是多媒体技术？

多媒体技术是指利用计算机交互地综合处理文本、图形、图像、声音、动画和影视等各种信息，并使这些信息建立逻辑连接的技术。

什么是多媒体教学课件？

多媒体教学课件是指内容特定的教学应用软件，它是由教师或教学设计者根据教学目标、教学任务等编制的程序。

具体来说，教师根据已经设计好的教学方案，把需要讲述的教学内容通过计算机多媒体（图片、文字、视频、声音、动画等）来表述和呈现，并成为语文课堂教学的重要依托与实践载体。

二、语文多媒体教学的优越性

与非多媒体教学相比，语文多媒体教学具有一定的优越性，因为综合运用了多种媒体，教学课件具有图文并茂、动静结合、声画结合、直观形象的特点，在课堂教学中能呈现出情景交融、有趣生动、气氛活跃的状态，起到较好的教学效果。

（一）直观性、趣味性、动态性

语文多媒体教学具有直观性、趣味性、动态性。充分利用计算机图形、动画、发声等功能，使传统教学中无法或难以表达的内容直观地展现在学生面前，使教材内容变得形象、生动、有声、有色，将一些抽象的概念、关系、原理变得具体，并可突破时间、空间的限制，让学生听到、看到不易观察到的事物、现象和过程，增强教学内容和教学过程的趣味性，激发学生的学习兴趣，使学生注意力更加集中、记忆更加牢固，从而提高教学效率。

例如《安塞腰鼓》（部编版语文八年级下册第4课）的课前导入，某老师设计了两种方式：第一种方式，播放关于“安塞腰鼓”的视频，让学生身临其境地感受安塞的腰鼓打起来的那种恢宏气势和震撼人心；第二种方式，图文导入，在安塞腰鼓的图片下面配上文字，简要介绍安塞腰鼓的历史、特点和未来发展趋势，如图3-1。

图3-1 《安塞腰鼓》图文导入

这样的导入，让学生对安塞腰鼓有了动态的、直观的感受，也引起了学生想要一探究竟的浓厚兴趣。

（二）交互性

语文多媒体教学具有交互性。多媒体教学课件与录像、投影的本质区别在于是否具有交互性。

交互性是指人与计算机之间积极而频繁的信息交换。教师、学生都可以根据自己的需要对计算机呈现的信息进行选择，计算机根据师生的应答情况调度相应程序，提出相应问题，诱导学生去思考问题和强化记忆，诱导他们去寻找并发现错误所在。同时，教学课件能够及时地反馈信息，许多问题都可以立即得到评价。在这些信息的帮助下，教师可以选择下一步的教学内容与形式，学生可以选择后续的学习内容和形式。

多媒体教学实现了“人机对话”的功能，能根据学生的要求选择教学内容控制学习节奏，及时反馈教学信息，充分调动学习者的兴趣和潜力，缩短学习时间。

例如，有教师为《最后一课》（部编版语文七年级下册第6课）设计了三个层次、三种难度的练习作业。初级训练是A级“基础练习”，包括给加点字注音、选择题（关于修辞手法、语言运用、描写手法、感情脉络等）；中级训练是B级“比较阅读”，要求将本文与郑振铎《最后一课》进行对比阅读，完成8个小题的训练，目的是提高学生的阅读理解能力；高级训练是C级“拓展练习”，要求学生在阅读文燕的《最后一课》之后写一则读书笔记，目的是提高学生的拓展延伸能力。根据教师这样的设计，学生可以自由选择三种难度的题型之一或之二、之三进行自我测试，并且可以根据具体情况决定是否进行重复训练。这种学生与电脑的交互性，增强了练习训练的灵活性、可操作性，效果较好。

（三）重现力强

多媒体教学随时能把记录、保存的教学内容调出，大大缩短了教学内容的重现时间。任何课件的任何环节均可重复再现、重新调出，不论是复习课，还是后续教学，原有的教学都可作为第一手资料重复利用或更新。这是其他媒体（录音机、录像机等）无法比拟的。

（四）容纳丰富资源

优秀的语文的多媒体教学课件集中了教师的智慧和经验，实现了教育方式、方法及教学内容的优化，适合学生的年龄特点和接受能力。课件还将大量的有关知识、信息素材按照知识点，以文字、图形、图像、声音、动画等多种形式存储其中，并提供了方便的检索功能。教师可利用它获得所有知识点的有关素材，组织教学，解答学生问题。同时学生也可在教师的指导下，围绕某一问题查找资料，获取知识。

（五）网络使教学活动得以延伸

多媒体技术与网络技术相结合，形成了一种全新的开放式学习方式。多媒体技术，特别是网络媒体的介入，使新的教学信息、新知识、新经验得以在信息高速通道上迅速传递。互联网络拓展了教学内容，改变了传统的教学方式，它所提供的学习内容的广泛性和呈现方式的多样性，使学生可以按自己的学习基础和兴趣来进行选择。它还为学生提供了自学和进行异地交流的环境，这将有利于缩小各地区教学水平的差异，提高全社会的教学水平。教师也可通过网络获取编写教案的素材，还可通过网络从事教学活动，如线上教学、线上线下混合式教学、翻转课堂、雨课堂等。

（六）操作简单，使用方便

只需键盘或鼠标等简单输入设备，即可实现对整个教学过程的控制，并可优化操作界面，甚至只要通过几个按键选择，就可同时开展多种媒体进行有序播放，以完成整个教学过程。

总之，相比非多媒体教学，多媒体教学的效率更高，效果更好！

第二节　多媒体技术在语文教学中的应用

多媒体技术的广泛应用为语文教学改革提供了一种新的模式，为把整个语文教学过程变成学生“主动参与、探究发现、合作交流”的过程创造了广阔的空间。

在语文教学中，多媒体技术的应用体现为以下几个方面。

一、运用多媒体手段建立语文课堂教学结构

利用多媒体技术，可以将语文课堂教学的导入、教学展开、练习巩固、课堂小结、课后作业布置等环节，以多媒体的形式形象生动地呈现出来，建构起完整的语文课堂教学结构。

例如《说和做——记闻一多先生言行片段》（部编版语文七年级下册第2课），教师首先用图文方式设计了作者介绍导入，如图3-2。

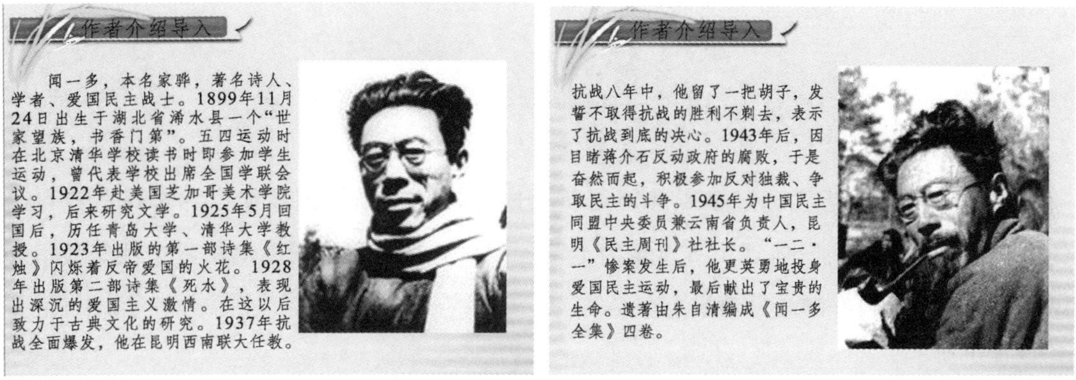

图3-2 《说和做——记闻一多先生言行片段》导入

其次，以多媒体手段建构起对课文的理解与把握，包含朗读课文、整体把握课文、课文结构、细读课文（一）、细读课文（二）、学习本文写作特色、课外拓展等，如图3-3。

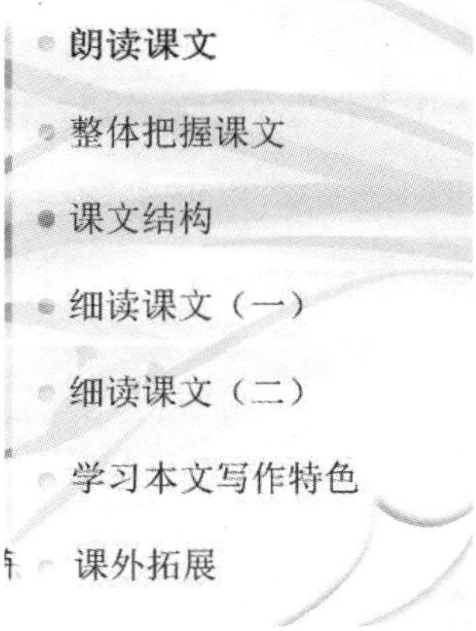

图3-3 《说和做——记闻一多先生言行片段》课堂教学结构

最后，设计了三个层次的、难度依次递增的训练，学生可以自由选择练习题的等级、训练顺序及练习内容，如图3-4。

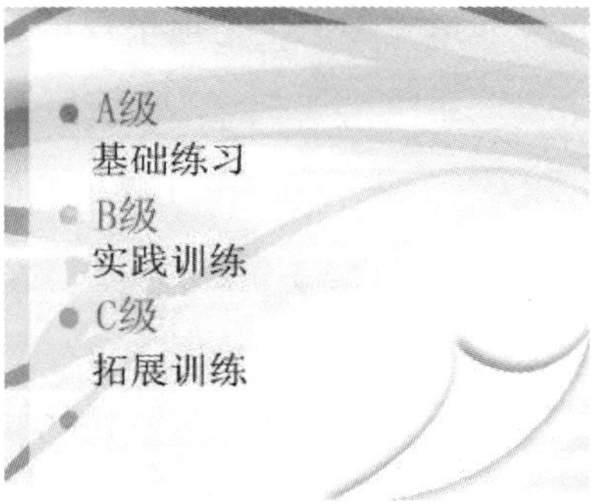

图3-4　《说和做——记闻一多先生言行片段》课堂训练

这样的设计，学生通过多媒体复习所学内容、学习新知识技能，并选择适合自己的练习题目，不仅充分体现了“以生为本”、因材施教、发挥学生的学习个性等教学理念，而且达到了较好的教学效果。

二、借助多媒体再现文章背景

作者的作品或多或少会反映当时的社会背景。一些课文的社会背景离学生生活较远，单靠教师的讲解介绍，学生很难领会透彻。运用多媒体开展教学，能使学生对古今中外的历史及风土人情等不再难以理解，同时，新颖、直观的教学课件能引起学生的学习兴趣，集中学生的注意力，可收到事半功倍的效果。

例如，在教学《邓稼先》（部编版语文七年级下册第1课）时，有老师在新课导入环节让学生观看记录电影《东方巨响》中邓稼先的相关片段，以及我国第一颗原子弹、氢弹爆炸的过程，让学生通过对这些背景的了解，熟知邓稼先在原子弹研究过程中的重要贡献与功绩，以及他作为科学家的爱国精神、奉献精神和高尚品行，为学生学习课文打下了基础。

三、借助多媒体理清文章思路

了解文章的脉络和思路，才能更好地理解文章的中心内容、主旨，才能明白作者遣词造句、布局谋篇的匠心所在。教学中，可以充分利用多媒体的文、画、声、乐，呈现文章主线，帮助学生弄清文章的层次结构，或者根据文体特点，把握文章脉络（如议论文抓结构、小说抓情节等），从而了解文章的基本内容，理解文章的主题。

例如，为了让学生更加清晰地掌握《从百草园到三味书屋》的文章主线，教师设计了以下环节：第一，播放纪录片《浙江游——绍兴·鲁迅故居》，让学生在视频的声、画、乐中，掌握文章的背景及主要内容。第二，梳理文章结构，提出问题：标题"从……到……"表明文章记叙的内容有几个方面？据此全文可划分为几个部分？各部分重点写了哪些？经过学生自主学习、小组讨论，明确了文章题目与文章结构的关系，梳理出文章的结构。第三，精读课文第一部分，回答"作者怎样描写百草园的景物的？""为什么要写美女蛇的故事""作者是怎样描写冬日捕鸟"等问题，要求学生带着问题精读，分析作者怎样通过夏秋景物、美女蛇的故事、冬天的游戏等来凸显百草园是"儿童乐园"。第四，分析课文第二部分，分析"三味书屋是否也是儿童乐园？作者对三味书屋有感情吗？"。这是开放性问题，允许有不同意见，只要言之成理即可。在这个设计中，教师借助多媒体，坚持问题导向，抓住了文章的脉络思路、层次结构、重点难点来设计课堂教学环节，效果极好。

四、借助多媒体创设教学情境

凡文质皆美的文学作品，都是作者心灵的产物和情感的结晶，要想使学生用心灵、用真情去感悟作品，就需要教师创设与之适应的情境，营造与作品相适应的氛围，引导学生自觉地投入作品中去，与作者和教师"声气相投，心心相印"。阅读教学中，根据所教课文的内容，教师可以通过计算机制作声情并茂的动画或小电影，利用它们的直观形象性，为学生创设出一种直观教学情境，把教学内容展现在学生面前，使学生迅速感知教材，甚至直接进入课文规定的情境。

例如，在《智取生辰纲》（部编版语文九年级上册第22课）的教学中，在学生在初读课文的基础上，教师可以播放1998年版电视连续剧《水浒传》的第十一集"智取生辰纲"的片段，以此创设与课文内容紧密关联的教学情境，引导学生在感受生动、形象的电视剧片段时，能够进一步把握文章的故事情节、人物形象及文章结构，达到事半功倍的教学效果。

五、借助多媒体提供练习

练习是获取阅读知识和培养阅读技能的有效途径，是语文教师最常用的教学策略之一。用于阅读教学练习的软件可以把图像、声音、动画、游戏等引入练习中，使之比传统的练习方式更具有人性化的色彩，为学生所喜闻乐见。

六、运用多媒体手段帮助学生参与教学过程

多媒体技术的使用，便于教师调动学生参与教学过程的积极性、主动性，能引起学生强烈的兴趣，对于教学效果的达成具有较显著的作用。

（一）利用课本剧，促进学生思维活动，提高学生学习兴趣

中学语文课本中，有不少富有故事性的课文，教师可以将它们改编成课本剧。也可以指导学生依据课文内容编写剧本，师生共同精心设计人物形象，细心揣摩人物性格，然后发挥学生的表演才能，演出课本剧。教师可将表演过程拍摄下来，在教学中，将课本剧录像资料穿插于教学过程中，以再现课文场景，使学生如临其境、如见其人、如闻其声，获得一种生动、真切的感受。

可以编为课本剧进行表演的课文有很多，如《范进中举》《孔乙己》《鲁提辖拳打镇关西》《羚羊木雕》《皇帝的新装》等。课本剧的编写、表演既增强了学生对课文的理解、对人物形象的把握，又锻炼了学生的语言表达能力、表演才能，较好地开发了学生智能，提高了学生的素质。

（二）制作游戏软件，让学生在富有趣味性的游戏中加深对课文的理解

根据课文的不同特点，将课文内容制作成妙趣横生的游戏。这样，学生可以以一个冒险家的身份进入“角色”，“向沙漠进军”，或者当一回惩恶扬善的萧恩（《打渔杀家》）和伸张正义的鲁达（《鲁提辖拳打镇关西》）。

在这些游戏中，学生需要掌握所学的与课文相关的知识才能过关，否则就只能再次复习直至冲关成功。

（三）播放文学名著改编的影视作品，增强学生对课文的理解、感悟，提高学生的审美素质

很多文学名著都被改编为电影、电视，如《红楼梦》《三国演义》《水浒传》《西游记》《聊斋志异》《家》《雷雨》《骆驼祥子》《围城》《在烈火中永生》《长恨歌》《悲惨世界》《巴黎圣母院》《红与黑》《茶花女》等。教师可以根据需要，有计划地播放一些这类影视片，让学生加深对课文的理解，并让学生在人文艺术的殿堂中吸取营养，得到审美愉悦，提高身心素质。

综上，在语文课堂教学时有效应用多媒体技术，能起到意想不到的效果。语文教师结合教学内容，利用多媒体技术，在学生的感知阶段创设情景，提供与所学课文和词语相关的声音、图像，将抽象的文字叙述与逼真的情景结合起来，为学生学习提供全面的感性材料，使学生身临其境，准确理解所学知识，同时活跃课堂气氛、激发学习兴趣。

第三节　语文教学课件设计的原则

语文教学课件设计的前提条件便是多媒体技术在语文教学活动中的应用。如果没有多媒体技术的使用，就不可能制作出语文教学课件；如果没有计算机作为语文教学的辅助载体，语文教学课件就没有了用武之地。

在教学课件的设计中，教师要运用现代教育技术，以教学设计的系统观和新课程教育理念为指导，以已经设计好的教学方案为基础，利用文字、声音、画面、音乐、视频等多种媒体，将语文教学内容（含重难点）、教学过程的各环节等有序、合理地安排在课件中，以达到更有效地实施语文教学活动、达成教学目标的目的。

设计语文教学课件，需要遵循以下四个原则：

一、实效性原则

在设计和制作教学课件前，一定要冷静地思考在教学中使用课件是否能够让学生更好地理解语文知识、掌握知识。课件使用得好不好，主要的标准是看是否促进了学生的

学习。现在有一些教师不分时段和课型，一律使用课件进行教学，这样的做法往往本末倒置。所以，制作和使用课件必须选择最佳作用点和最佳作用时机，讲求实效性，不宜用时则不用，宜少用时则不多用。

一般说来，可在下列情况下使用课件：

（1）传授内容是学生必须积累的有典型意义的但学生过去还没有感知过的内容。

（2）所教内容比较抽象难懂，不容易直接感受、直接理解，需要运用形象直观的材料作为学生分类、比较、综合、概括、归纳、演绎等思维活动的支持点。

（3）所教内容是教学重点，需要在一定情境中引起学生的情感体验或需要让学生留下深刻、鲜明的印象并长期保存在记忆中。

二、启发性原则

由于计算机具有传递信息节奏快、容量大的功能，所以可以利用它给学生提供大量的感性材料，但前提是所制作的课件必须能够启发学生的思维。因此，在制作和使用课件时，应充分考虑教学目标，恰当取舍材料，并使所保留的材料本身富有启发性。另外，使用课件上课时，应充分发挥教师的主导作用，利用课件创设问题情境，激活学生的思维，调动学生自身的潜能和学习积极性，让课件最终为提高学生学习质量和效率服务。

三、正确性原则

课件是为教学目的服务的，应保证课件制作和使用准确无误。课件制作要做到以下几点：

（1）内容正确。这是制作课件的基本前提。课件内容直接影响到学生对教学内容的理解和记忆。

（2）制作合理。屏幕布局要符合美学观点和人们的视觉习惯，信息的大小、明暗、动静设计要合理，相关的信息要放到一起，揭示信息要规范、简洁，课件操作应简便、灵活，色彩搭配要适当。

（3）符合教育学、心理学规律。课件是为教学服务的，如果违背学生的注意规律、感知觉活动规律，过分追求画面的色彩、动感、背景装饰等，势必减弱学生面对教学信息的刺激进行反应的能力，对学习活动起到干扰的作用。

所以，制作课件要以教育心理学理论、教学设计理论和方法为指导，充分考虑课件作为教学信息的特征，保证课件的有效性和正确性。

四、乐用性原则

心理学认为，人类的学习是外部刺激与认知主体内部心理过程相互作用的结果。内部心理过程包括学习者的态度、需要、兴趣和利用过去的知识经验对当前的学习内容做出主动的、有选择的信息加工过程。基于这种理论，如果教学课件不能激活学生的心理意识，学习者将无法达到预期效果。

制作使用课件时，要考虑学习者原有的认知结构、认知水平和非智力因素，合理选择并有效使用各种媒体（包括教师媒体）来组织表达各种教学信息，激发学习动机，吸引学生注意，增强学生对课件的乐用性，利用课件轻松愉快地学习，使身心获得全面发展。

第四节　语文教学课件设计实训

设计一篇课文（初中或高中）的教学课件。

要求：

1. 教学课件要具有实效性、启发性、正确性、乐用性。
2. 课件切合课文教学内容，能起到促进学生思维、发展学生智力的作用。
3. 以语文现代教育理念为指导，符合学生年龄特点、学情及认知规律。
4. 课件形象直观，新颖生动，有趣味，能吸引人。
5. 课件制作科学合理，遵循教育学、心理学规律，符合审美标准及视觉习惯。

案例一 《雨霖铃》教学课件（人教版高中语文必修四第4课第二首）

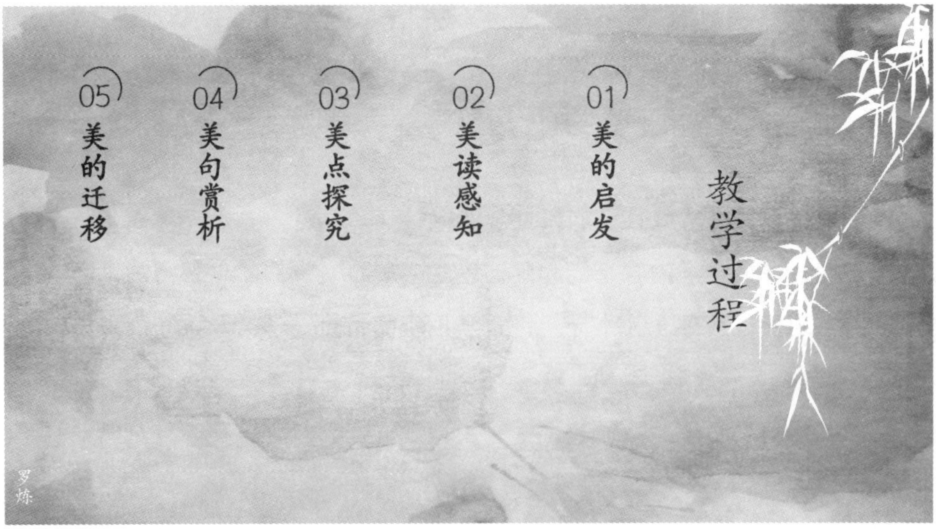

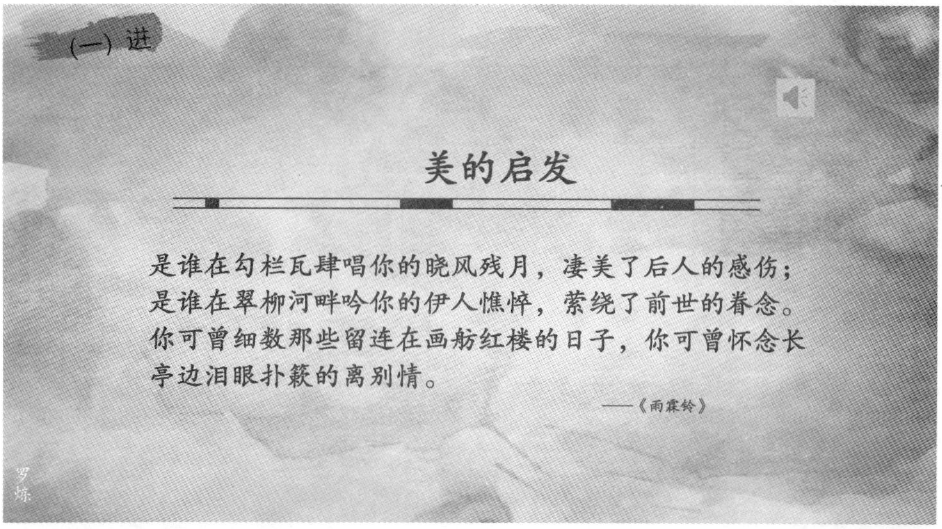
（一）进
美的启发
是谁在勾栏瓦肆唱你的晓风残月，凄美了后人的感伤；
是谁在翠柳河畔吟你的伊人憔悴，萦绕了前世的眷念。
你可曾细数那些留连在画舫红楼的日子，你可曾怀念长
亭边泪眼扑簌的离别情。
——《雨霖铃》
罗炼

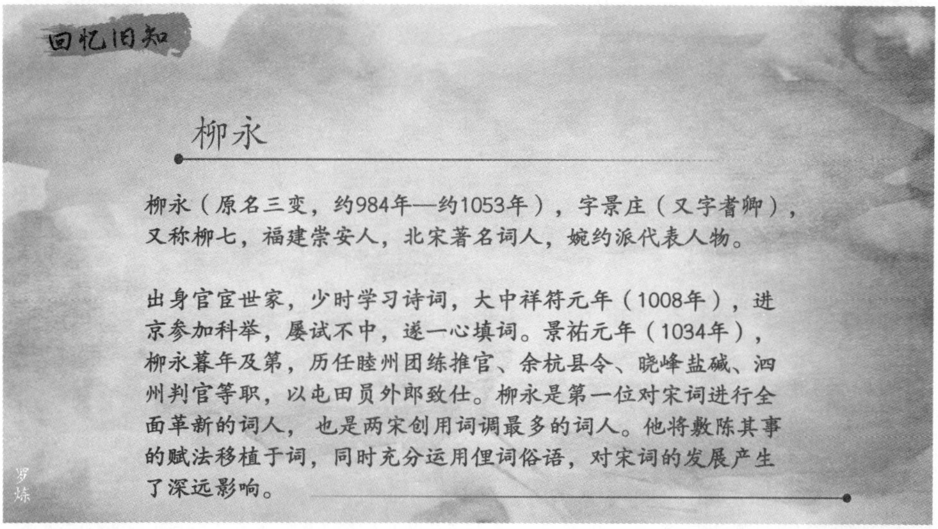
回忆旧知
柳永
柳永（原名三变，约984年—约1053年），字景庄（又字耆卿），
又称柳七，福建崇安人，北宋著名词人，婉约派代表人物。
出身官宦世家，少时学习诗词，大中祥符元年（1008年），进
京参加科举，屡试不中，遂一心填词。景祐元年（1034年），
柳永暮年及第，历任睦州团练推官、余杭县令、晓峰盐碱、泗
州判官等职，以屯田员外郎致仕。柳永是第一位对宋词进行全
面革新的词人，也是两宋创用词调最多的词人。他将敷陈其事
的赋法移植于词，同时充分运用俚词俗语，对宋词的发展产生
了深远影响。
罗炼

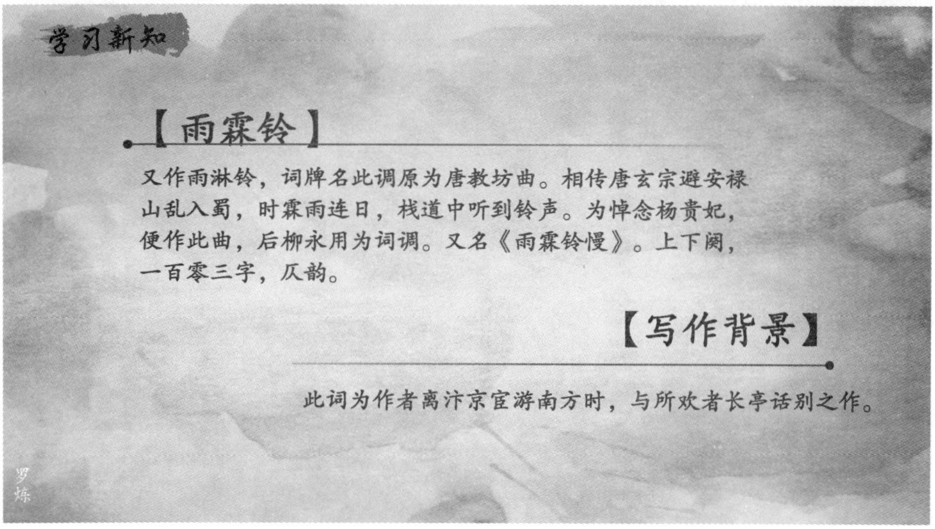
学习新知
【雨霖铃】
又作雨淋铃，词牌名此调原为唐教坊曲。相传唐玄宗避安禄
山乱入蜀，时霖雨连日，栈道中听到铃声。为悼念杨贵妃，
便作此曲，后柳永用为词调。又名《雨霖铃慢》。上下阕，
一百零三字，仄韵。
【写作背景】
此词为作者离汴京宦游南方时，与所欢者长亭话别之作。
罗炼

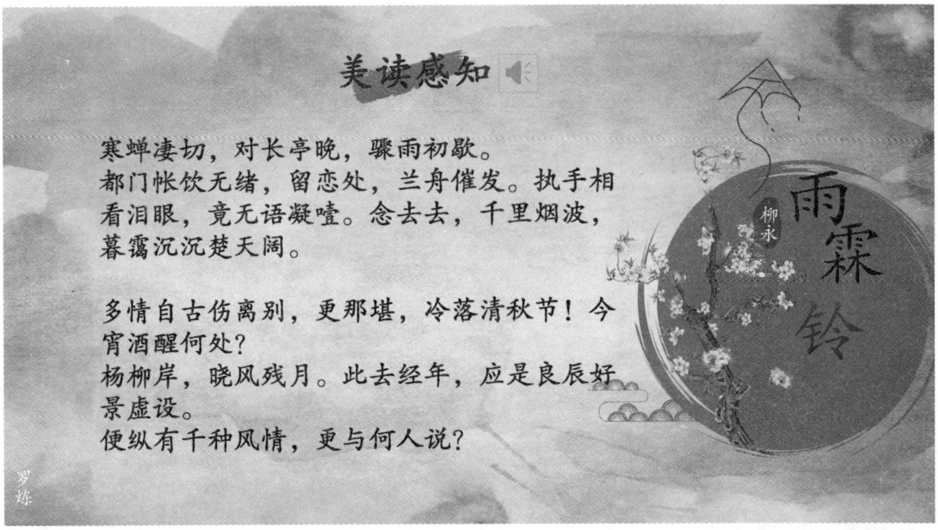
美读感知
寒蝉凄切，对长亭晚，骤雨初歇。
都门帐饮无绪，留恋处，兰舟催发。执手相看泪眼，竟无语凝噎。念去去，千里烟波，暮霭沉沉楚天阔。
多情自古伤离别，更那堪，冷落清秋节！今宵酒醒何处？
杨柳岸，晓风残月。此去经年，应是良辰好景虚设。
便纵有千种风情，更与何人说？
雨霖铃
柳永
罗炼

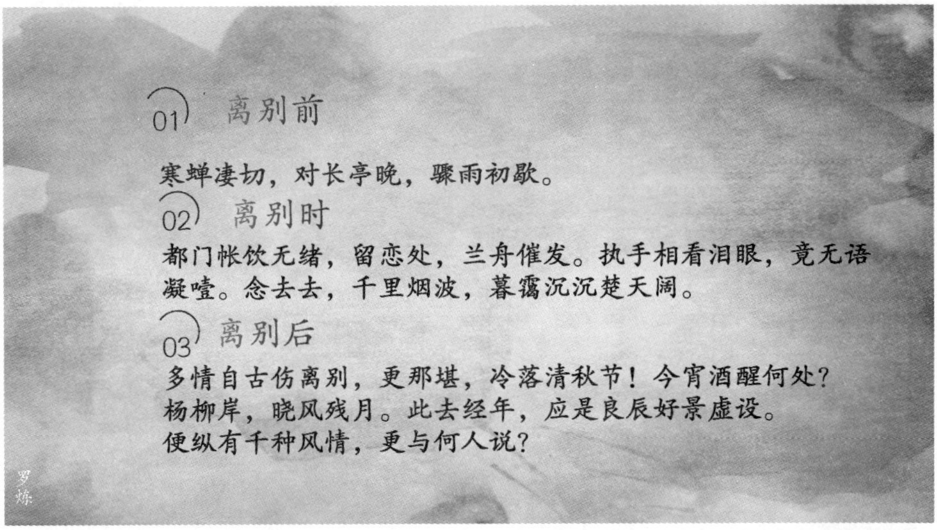
01 离别前
寒蝉凄切，对长亭晚，骤雨初歇。
02 离别时
都门帐饮无绪，留恋处，兰舟催发。执手相看泪眼，竟无语凝噎。念去去，千里烟波，暮霭沉沉楚天阔。
03 离别后
多情自古伤离别，更那堪，冷落清秋节！今宵酒醒何处？
杨柳岸，晓风残月。此去经年，应是良辰好景虚设。
便纵有千种风情，更与何人说？
罗炼

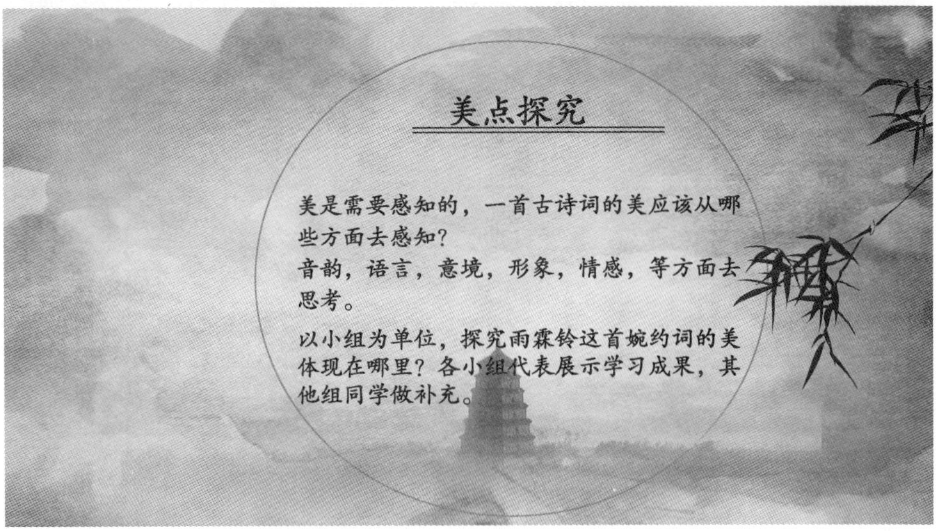
美点探究
美是需要感知的，一首古诗词的美应该从哪些方面去感知？
音韵，语言，意境，形象，情感，等方面去思考。
以小组为单位，探究雨霖铃这首婉约词的美体现在哪里？各小组代表展示学习成果，其他组同学做补充。

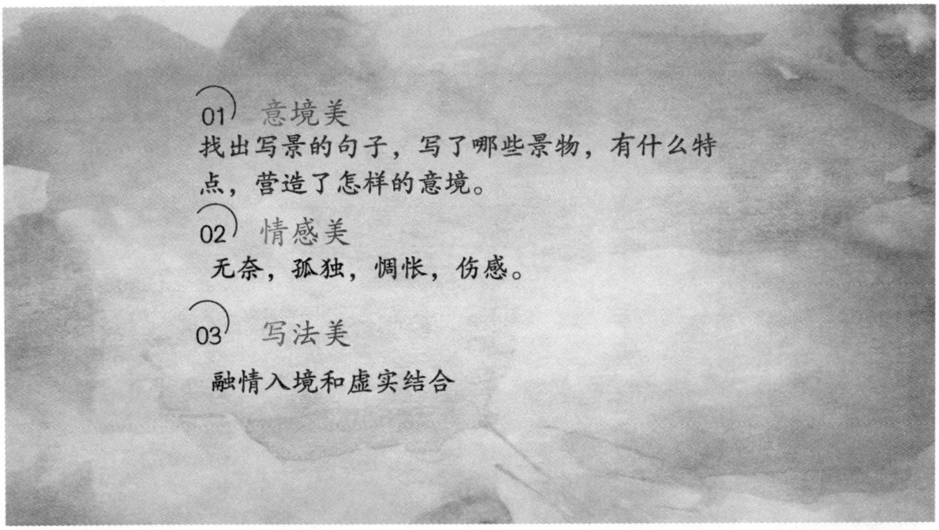
01 意境美
找出写景的句子，写了哪些景物，有什么特点，营造了怎样的意境。
02 情感美
无奈，孤独，惆怅，伤感。
03 写法美
融情入境和虚实结合

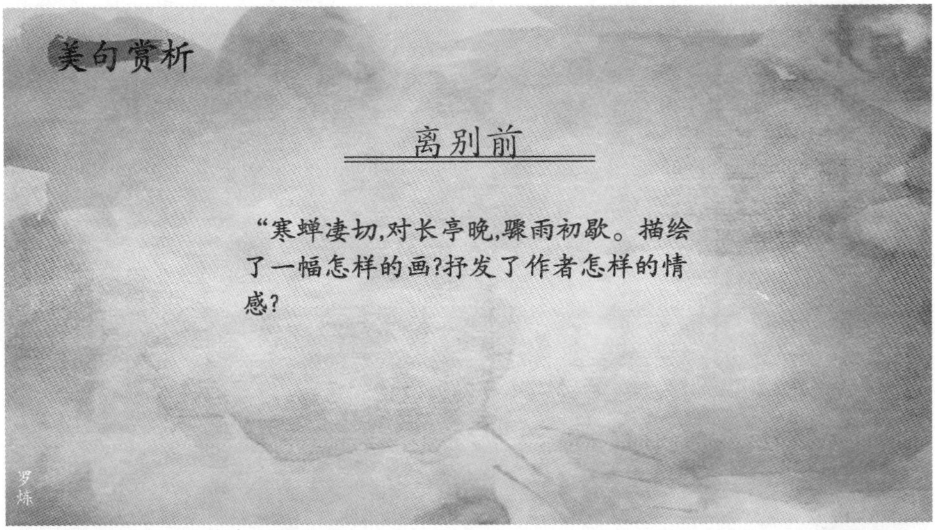
美句赏析
离别前
“寒蝉凄切,对长亭晚,骤雨初歇。描绘了一幅怎样的画?抒发了作者怎样的情感?
罗炼

赏析意象
意象本身
修辞手法
以词解词
词人经历
罗炼

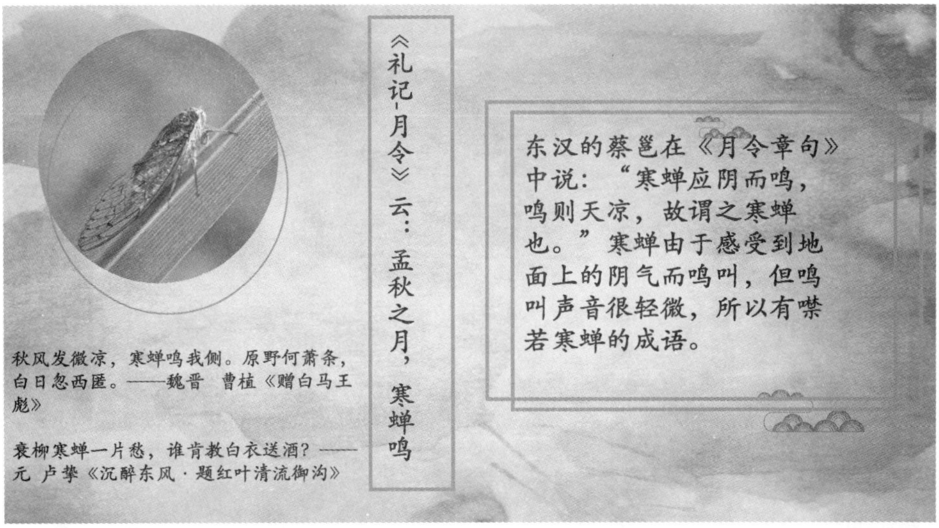
《礼记·月令》云：孟秋之月，寒蝉鸣
东汉的蔡邕在《月令章句》中说：“寒蝉应阴而鸣，鸣则天凉，故谓之寒蝉也。”寒蝉由于感受到地面上的阴气而鸣叫，但鸣叫声音很轻微，所以有噤若寒蝉的成语。
秋风发微凉，寒蝉鸣我侧。原野何萧条，白日忽西匿。——魏晋　曹植《赠白马王彪》
衰柳寒蝉一片愁，谁肯教白衣送酒？——元　卢挚《沉醉东风·题红叶清流御沟》

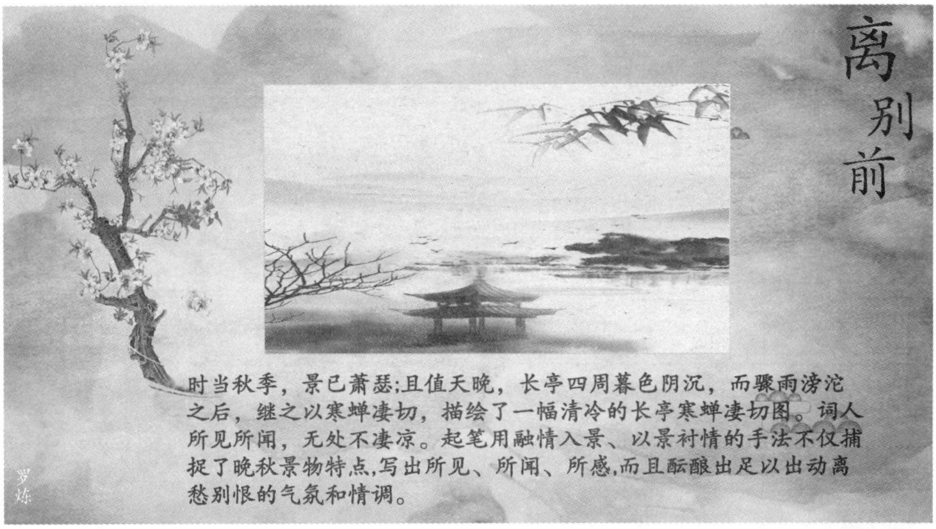
离别前
时当秋季，景已萧瑟;且值天晚，长亭四周暮色阴沉，而骤雨滂沱之后，继之以寒蝉凄切，描绘了一幅清冷的长亭寒蝉凄切图。词人所见所闻，无处不凄凉。起笔用融情入景、以景衬情的手法不仅捕捉了晚秋景物特点,写出所见、所闻、所感,而且酝酿出足以出动离愁别恨的气氛和情调。

离别时

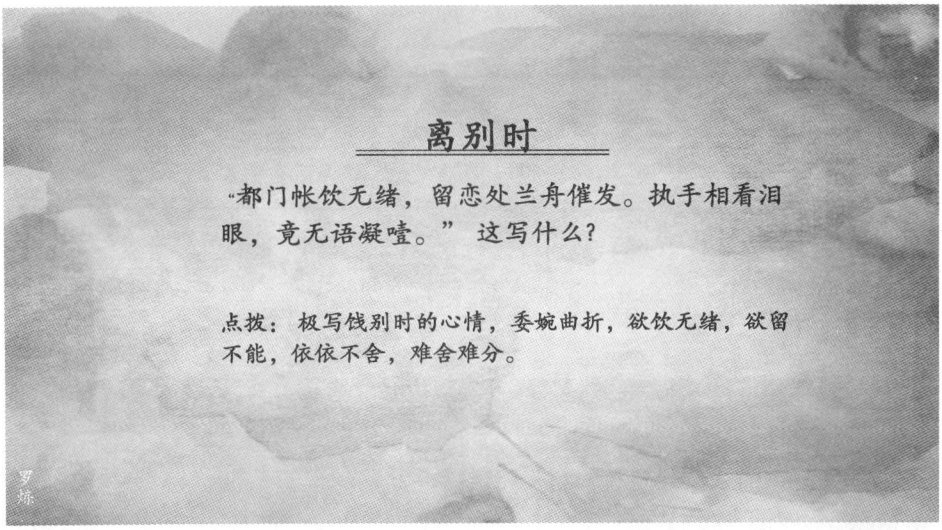
离别时
“都门帐饮无绪，留恋处兰舟催发。执手相看泪眼，竟无语凝噎。” 这写什么?
点拨：极写饯别时的心情，委婉曲折，欲饮无绪，欲留不能，依依不舍，难舍难分。
罗炼

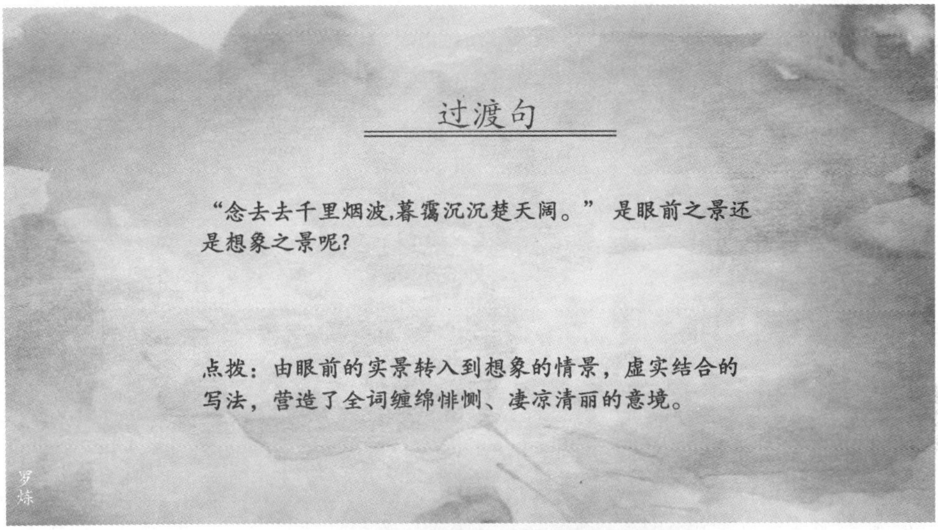
过渡句
“念去去千里烟波,暮霭沉沉楚天阔。” 是眼前之景还是想象之景呢?
点拨：由眼前的实景转入到想象的情景，虚实结合的写法，营造了全词缠绵悱恻、凄凉清丽的意境。
罗炼

烟波暮霭楚天阔

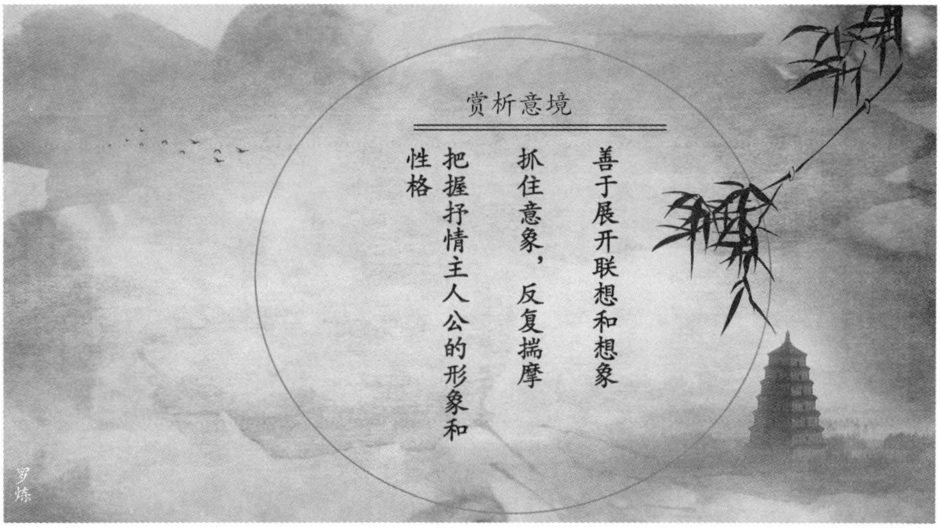
赏析意境
善于展开联想和想象
抓住意象，反复揣摩
把握抒情主人公的形象和性格
罗炼

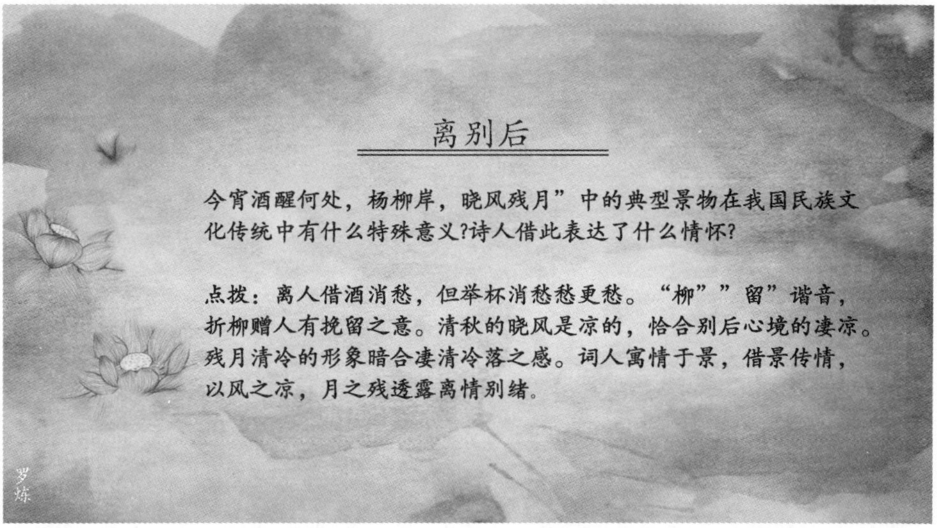
离别后
今宵酒醒何处，杨柳岸，晓风残月”中的典型景物在我国民族文化传统中有什么特殊意义?诗人借此表达了什么情怀?
点拨：离人借酒消愁，但举杯消愁愁更愁。“柳””留”谐音，折柳赠人有挽留之意。清秋的晓风是凉的，恰合别后心境的凄凉。残月清冷的形象暗合凄清冷落之感。词人寓情于景，借景传情，以风之凉，月之残透露离情别绪。
罗炼

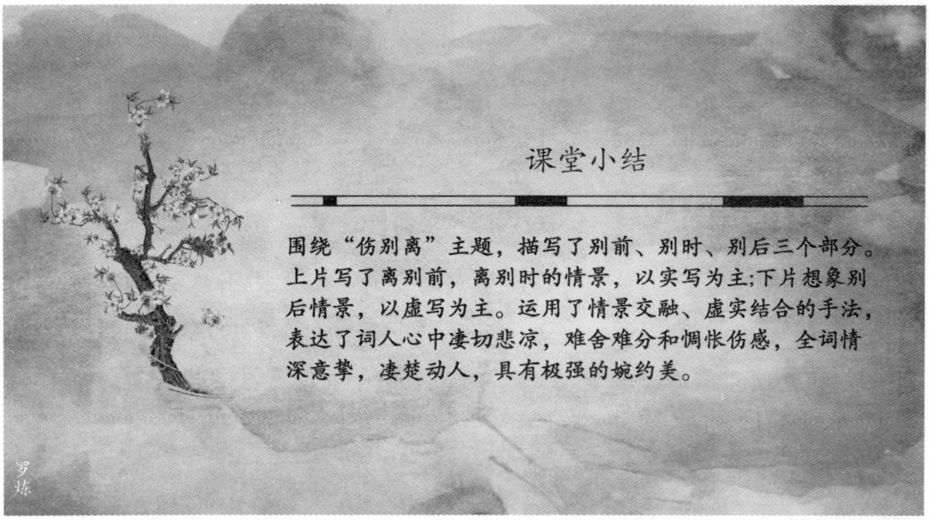
课堂小结
围绕“伤别离”主题，描写了别前、别时、别后三个部分。上片写了离别前，离别时的情景，以实写为主;下片想象别后情景，以虚写为主。运用了情景交融、虚实结合的手法，表达了词人心中凄切悲凉，难舍难分和惆怅伤感，全词情深意挚，凄楚动人，具有极强的婉约美。
罗炼

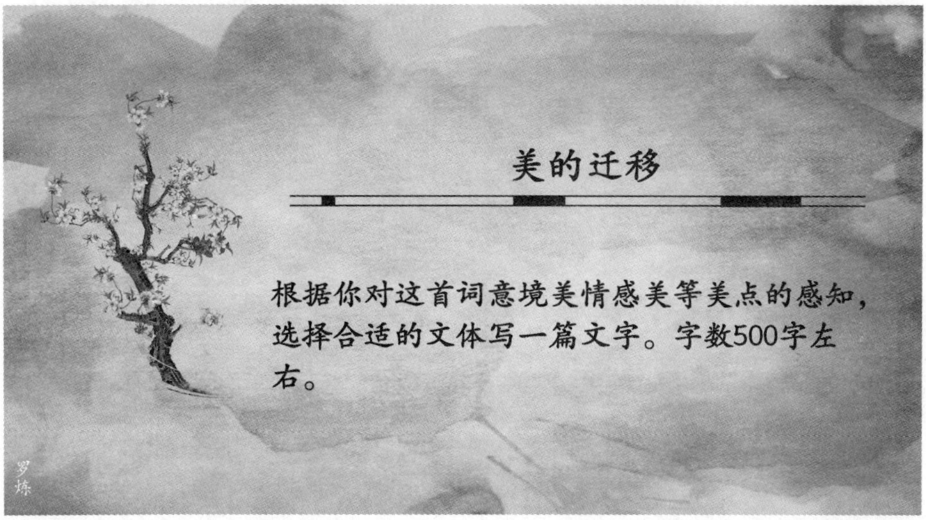
美的迁移
根据你对这首词意境美情感美等美点的感知，选择合适的文体写一篇文字。字数500字左右。
罗炼

感谢聆听
本节课结束
罗炼

案例分析

《雨霖铃》是高中语文必修四第二单元的第4课，本单元学习的是宋词，教材选取了柳永、李清照、苏轼、辛弃疾四位词人的作品，兼顾了豪放与婉约两种风格。按新教学大纲的要求，高中语文阅读的主要目的是培养学生鉴赏文学作品的能力，培养学生健康高尚的审美情趣，提高他们的文学品位，并进而培养和提高他们的写作能力。《雨霖铃》是柳永的代表作之一，相传这首词写的是他离开都城汴京（现在河南开封）时与一位红颜知己缠绵悱恻的别离情景。这首词是宋代婉约派的代表作。全词以“离情”为线索，描写了情人话别时留恋难舍的情景，反映了作者仕途失意的郁闷心情，景中见情，以情带景。

高二年级的学生在这之前学过一些词，初中学过温庭筠的《望江南》和李清照的《武陵春》，对词的一般性鉴赏方法已初步掌握。同时大部分学生喜欢阅读诗词作品，因为诗词语言的优美、情感的丰富很能吸引人，但对大部分学生来说，对词的鉴赏只停留在较浅的层面上，他们的思维能力和审美能力还有待提高，所以教师要引导学生进入特定的审美情境，培养学生的鉴赏能力。

本课件切合课文教学内容，以语文现代教育理念为指导，符合学生年龄特点、学情及认知规律。课件以绿色为主调，选取了和诗词内容相契合的图片，营造意境。课件形象直观，新颖生动，有趣味。课件制作遵循教育学、心理学规律，符合审美标准及视觉习惯，有助于提升学生的审美情趣，能起到促进学生思维、发展学生智力的作用。

（西昌学院2019级汉语言文学专业罗炼提供）

案例二　《十五从军征》教学课件（部编版初中语文九年级下册第24课）

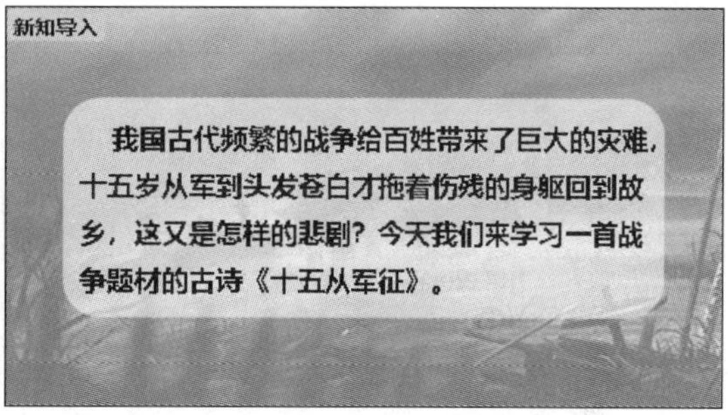

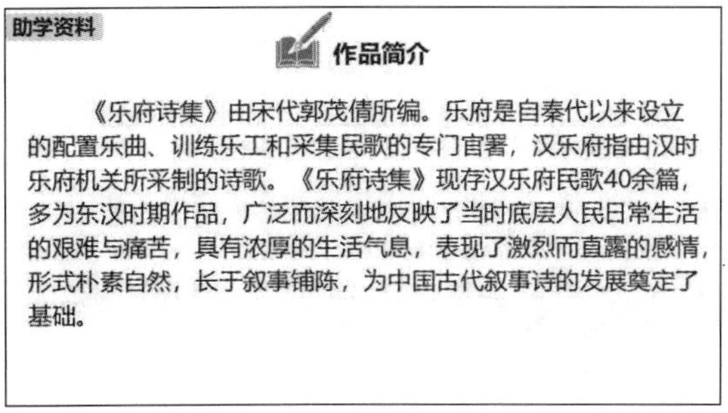

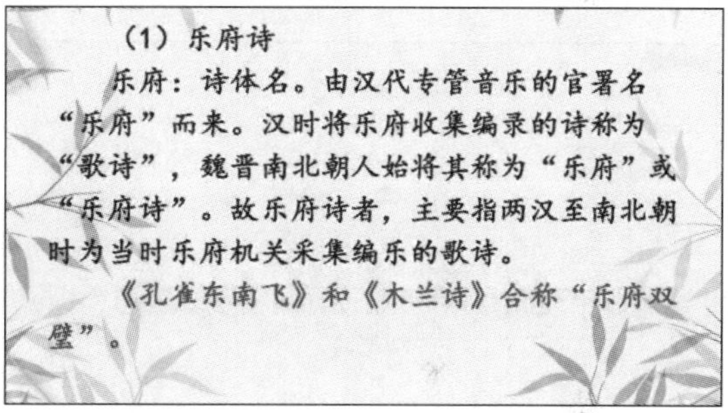

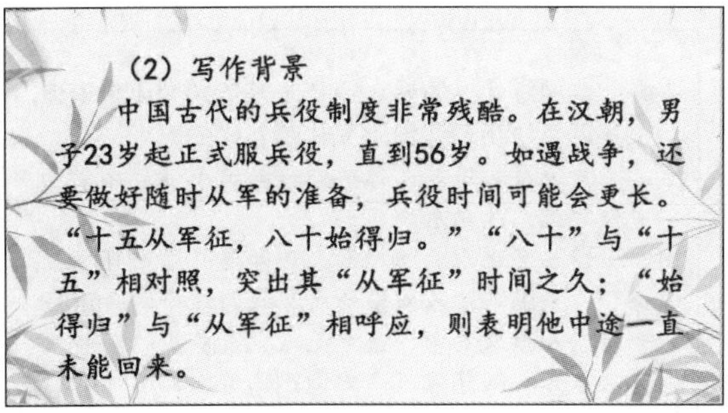

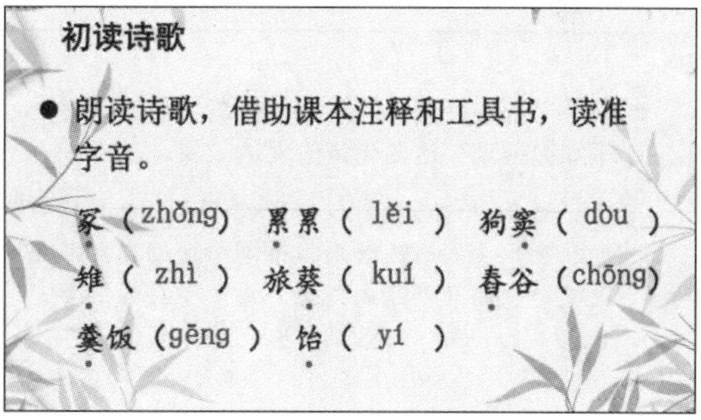

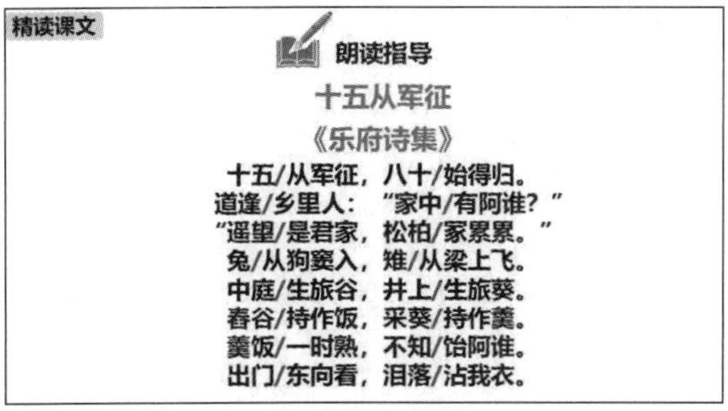

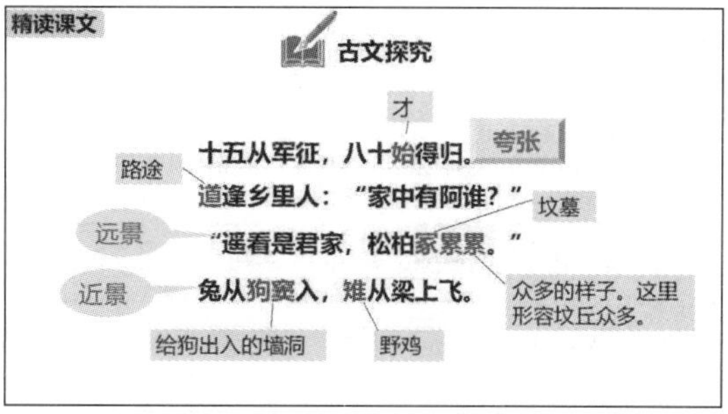

精读课文

句子解读

译文：(我)十五岁就从军去征战了，到了八十岁才回来。回来的路上碰到一个家乡的人，问："(我)家中还有什么人?" (家乡的人回答道：)"远处就是你家，(已是)松柏林中的一片坟墓。" (走到家门前看见)野兔从狗洞里进进出出，野鸡在屋梁上飞来飞去。

精读课文

屋前的院子　野生的谷子　这里指井台

中庭生旅谷，井上生旅葵。 野生的葵菜

舂谷持作饭，采葵持作羹。

用杵臼捣去谷物的皮壳　拿着

精读课文

进一步突出老兵的孤苦伶仃的处境和心情，令人对不合理的兵役制度产生极度痛恨之情。

一会儿　同"贻"，送给

羹饭一时熟，不知饴阿谁。

出门东向看，泪落沾我衣。 细节描写

精读课文

句子解读

译文：院子里长着野生的谷子，井台上长着野生的葵菜。拿捣掉皮壳的谷物来做饭，摘下葵菜来煮菜羹。菜羹和饭一会儿就做好了，却不知送给谁吃。走出大门向东方张望，老泪纵横，沾湿了我的衣裳。

精读课文

分析讨论

思考

《十五从军征》是一首什么诗?

叙事诗。

品读诗歌

- 诗歌选取了哪些意象？有何作用？

　　意象：松柏、丛冢、跳兔、飞雉、庭院、旅谷、水井、旅葵。

　　作用：衬托出荒凉的景象，烘托人物悲凉的心情。

- 说说"舂谷持作饭，采葵持作羹。羹饭一时熟，不知饴阿谁"这四句诗的表达效果。

　　这几句诗暗指主人公家破人亡、孤苦伶仃的状况，主人公此时内心感到极度的孤独悲伤。这几句也将哀景推向极致，蓄足了抒情的势，使得最后一句"泪落沾我衣"感人至深。

- 此诗围绕老兵的返乡经历及其情感变化来谋篇，其返乡经历及其情感变化是怎样的？

　　其返乡经历是：始得归→归途中→返回家中→"出门东向看"。

　　情感变化为：想回家，想知道"家中有阿谁"，充满与亲人团聚的希望（归途中）→希望落空→彻底失望（家中无人，景象荒凉）→悲哀流泪，心茫然（"出门东向看"）。

精读课文

写作特色

1.谋篇布局，巧妙自然

本诗围绕老兵的返乡经历及情感变化谋篇结构，巧妙自然，其返乡经历是：始得归→归途中→返回家中→"出门东向看"。情感变化为：急想回家，急想知道"家中有阿谁"，充满与亲人团聚的希望(归途中)→希望落空("松柏冢累累")→彻底失望(返回家中，景象荒凉，空无一人)→悲哀流泪，心茫然("出门东向看")。而这些又突出表现了主题——揭露黑暗的社会现实。

精读课文

写作特色

2.以哀景写哀情，情真意切

老兵回家途中被告知"遥看是君家，松柏冢累累"；回到家中，发现早已人亡室空。中间几句对家中情景进行了白描式的勾勒，展现了一派悲凉的景象。全诗语言质朴，无直接抒情，无控诉战争之语，但老兵举目无亲、孤身一人、茫然无助之状却令人感愤，催人泪下。

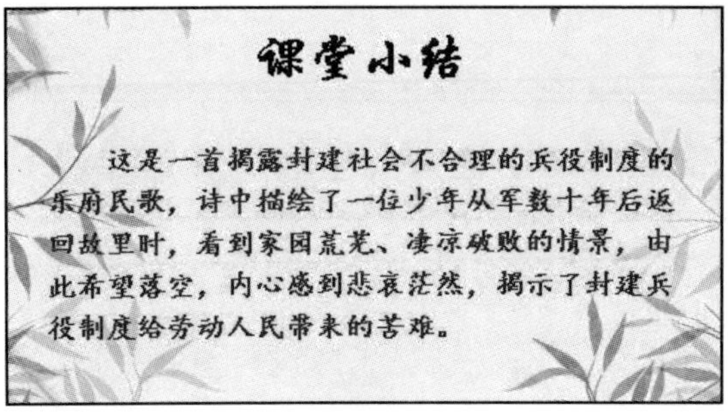

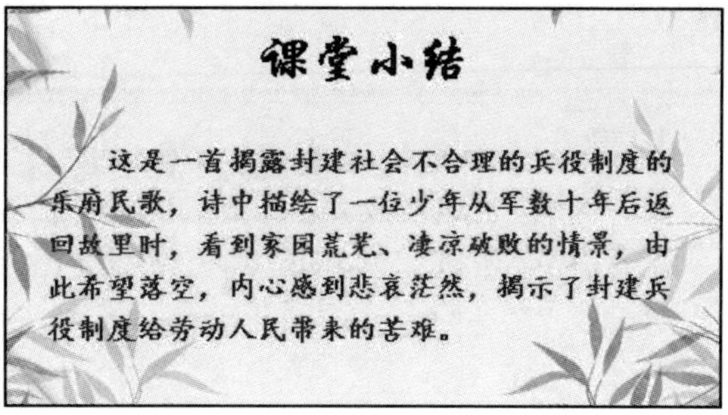

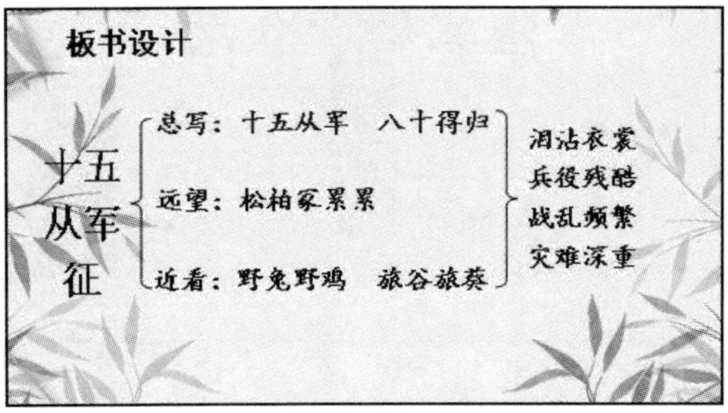

案例分析

本课以学生自读为主，通过教师引导明了诗意，在此基础上理解诗文的具体内涵，并在其中适当渗透有关诗文的课外知识，带领学生对诗的相关内容以及其中蕴含的思想情感做简单的赏析，不作烦琐的分析。在赏析的过程中，鼓励学生大胆质疑、合作交流、共同学习，培养学生探究学习的意识和主动学习的习惯。通过对本首诗的学习，让学生不仅在头脑中构建起老人回乡的情感变化脉络，而且通过抓住对诗歌中重点诗句的想象、感悟、品味、诵读，增加学生对战争的认识，丰富其见闻，助其准确体会诗歌中所蕴含的思想感情。

（四川省甘孜州色达县九年一贯制学校郭停停提供）

案例三 《渔家傲·秋思》教学课件（部编版初中语文九年级下册第12课）

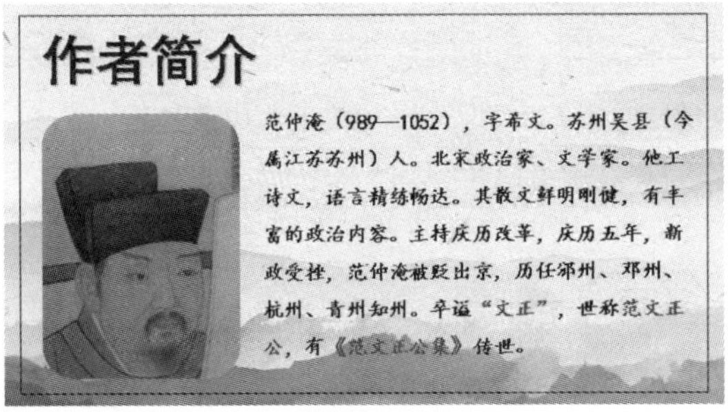

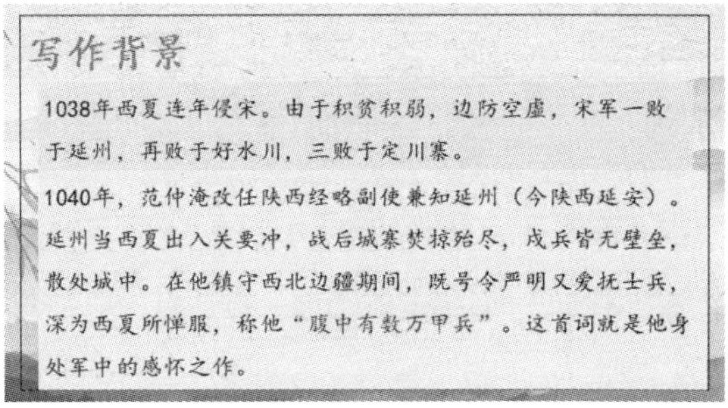

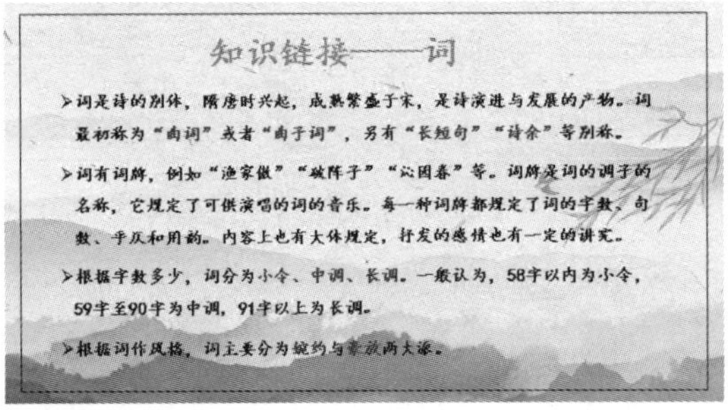

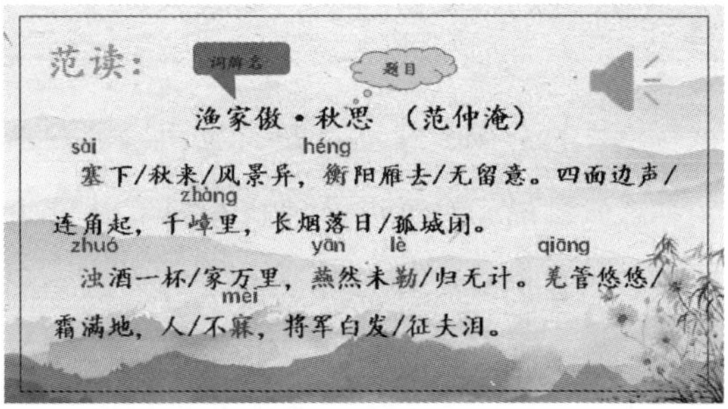

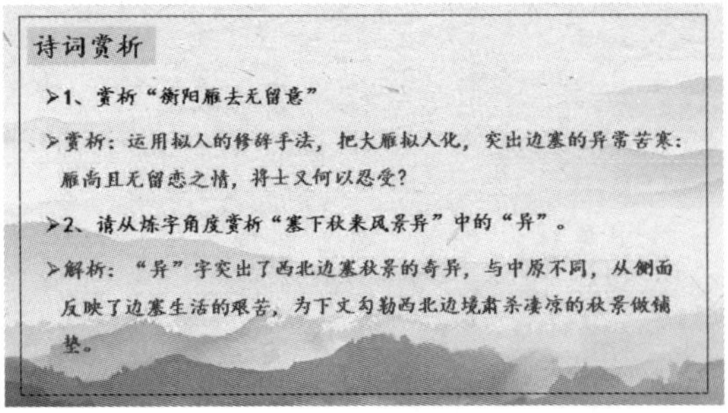

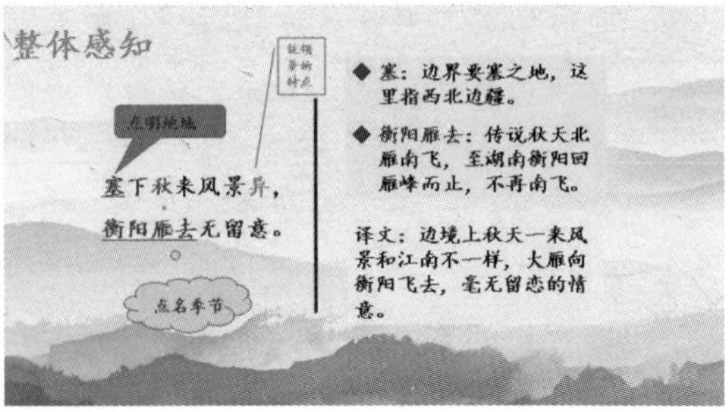

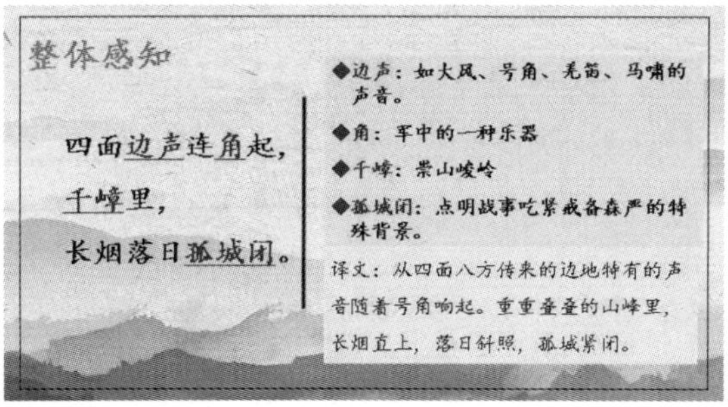
整体感知
四面边声连角起，
千嶂里，
长烟落日孤城闭。
◆边声：如大风、号角、羌笛、马啸的声音。
◆角：军中的一种乐器
◆千嶂：崇山峻岭
◆孤城闭：点明战事吃紧戒备森严的特殊背景。
译文：从四面八方传来的边地特有的声音随着号角响起。重重叠叠的山峰里，长烟直上，落日斜照，孤城紧闭。

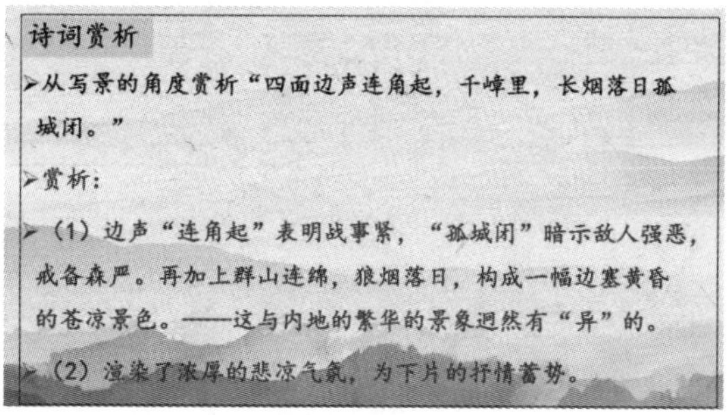
诗词赏析
➢从写景的角度赏析“四面边声连角起，千嶂里，长烟落日孤城闭。”
➢赏析：
➢（1）边声“连角起”表明战事紧，“孤城闭”暗示敌人强恶，戒备森严。再加上群山连绵，狼烟落日，构成一幅边塞黄昏的苍凉景色。——这与内地的繁华的景象迥然有“异”的。
➢（2）渲染了浓厚的悲凉气氛，为下片的抒情蓄势。

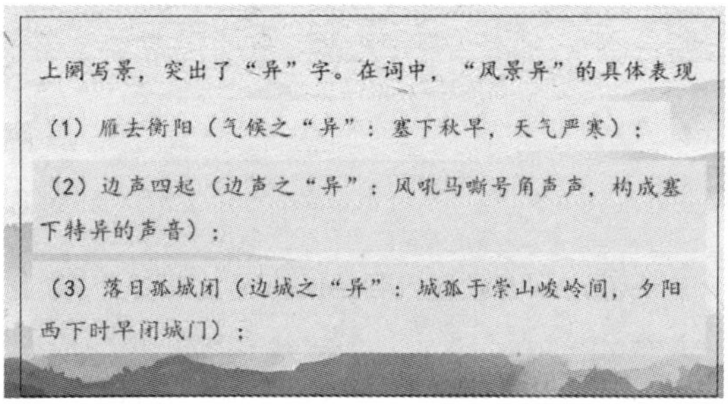
上阕写景，突出了“异”字。在词中，“风景异”的具体表现
（1）雁去衡阳（气候之“异”：塞下秋早，天气严寒）；
（2）边声四起（边声之“异”：风吼马嘶号角声声，构成塞下特异的声音）；
（3）落日孤城闭（边城之“异”：城孤于崇山峻岭间，夕阳西下时早闭城门）；

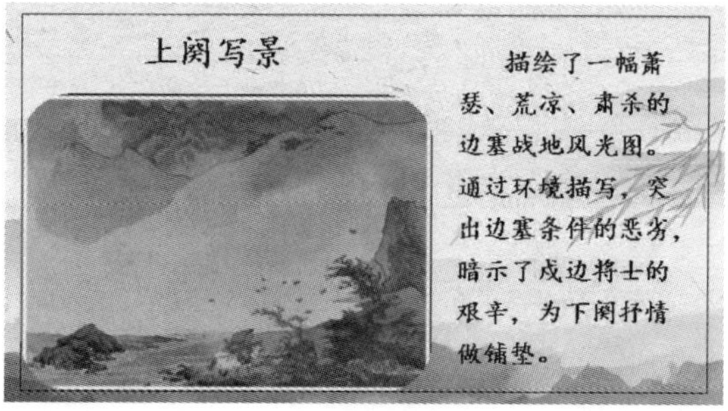
上阕写景
描绘了一幅萧瑟、荒凉、肃杀的边塞战地风光图。通过环境描写，突出边塞条件的恶劣，暗示了戍边将士的艰辛，为下阕抒情做铺垫。

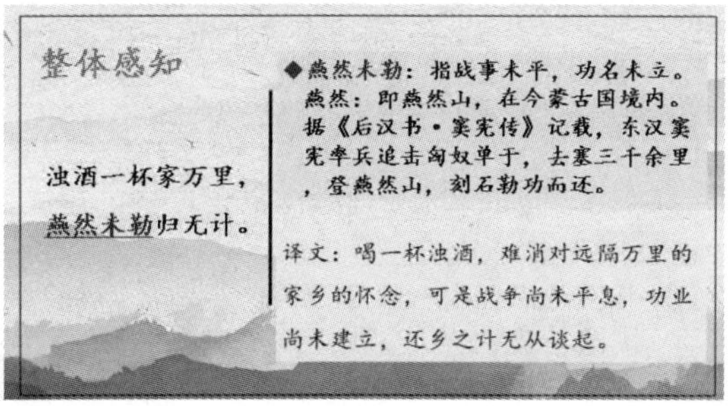
整体感知
浊酒一杯家万里，
燕然未勒归无计。
◆燕然未勒：指战事未平，功名未立。燕然：即燕然山，在今蒙古国境内。据《后汉书·窦宪传》记载，东汉窦宪率兵追击匈奴单于，去塞三千余里，登燕然山，刻石勒功而还。
译文：喝一杯浊酒，难消对远隔万里的家乡的怀念，可是战争尚未平息，功业尚未建立，还乡之计无从谈起。

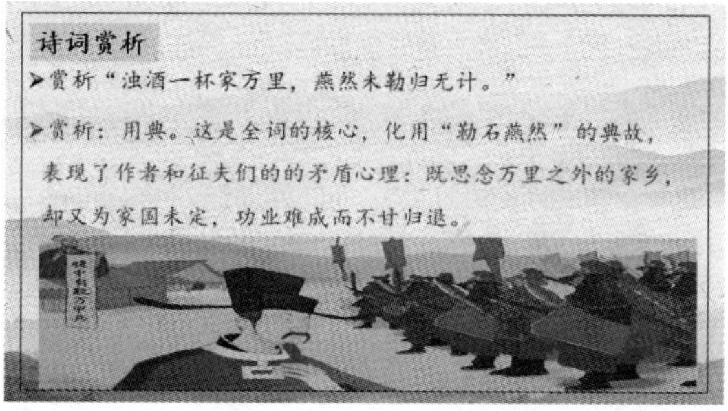
诗词赏析
➢赏析“浊酒一杯家万里，燕然未勒归无计。”
➢赏析：用典。这是全词的核心，化用“勒石燕然”的典故，表现了作者和征夫们的的矛盾心理：既思念万里之外的家乡，却又为家国未定，功业难成而不甘归退。

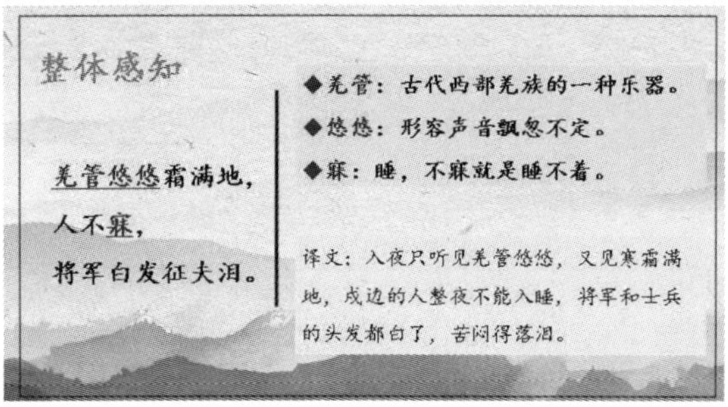
整体感知
羌管悠悠霜满地，
人不寐，
将军白发征夫泪。
◆羌管：古代西部羌族的一种乐器。
◆悠悠：形容声音飘忽不定。
◆寐：睡，不寐就是睡不着。
译文：入夜只听见羌管悠悠，又见寒霜满地，戍边的人整夜不能入睡，将军和士兵的头发都白了，苦闷得落泪。

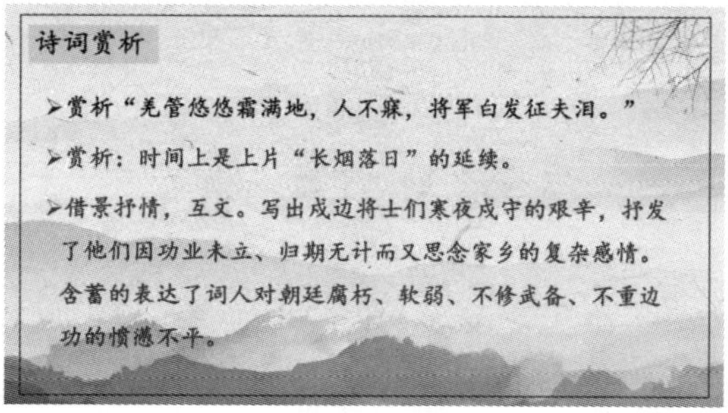
诗词赏析
➢赏析“羌管悠悠霜满地，人不寐，将军白发征夫泪。”
➢赏析：时间上是上片“长烟落日”的延续。
➢借景抒情，互文。写出戍边将士们寒夜戍守的艰辛，抒发了他们因功业未立、归期无计而又思念家乡的复杂感情。含蓄的表达了词人对朝廷腐朽、软弱、不修武备、不重边功的愤懑不平。

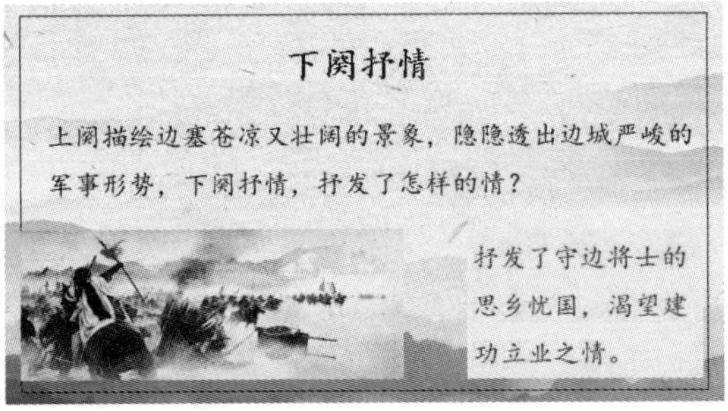
下阕抒情
上阕描绘边塞苍凉又壮阔的景象，隐隐透出边城严峻的军事形势，下阕抒情，抒发了怎样的情？
抒发了守边将士的思乡忧国，渴望建功立业之情。

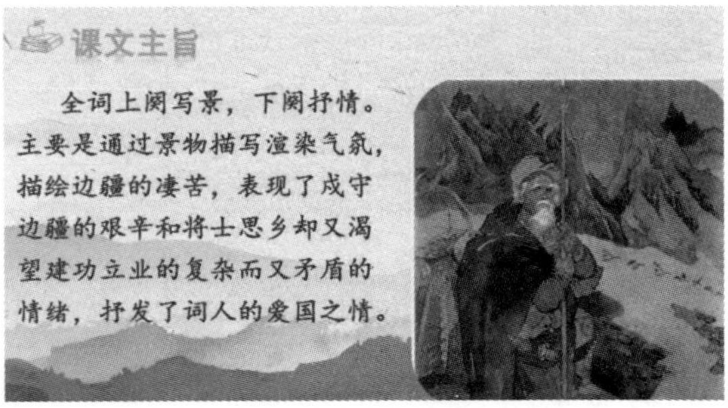
课文主旨
全词上阕写景，下阕抒情。主要是通过景物描写渲染气氛，描绘边疆的凄苦，表现了戍守边疆的艰辛和将士思乡却又渴望建功立业的复杂而又矛盾的情绪，抒发了词人的爱国之情。

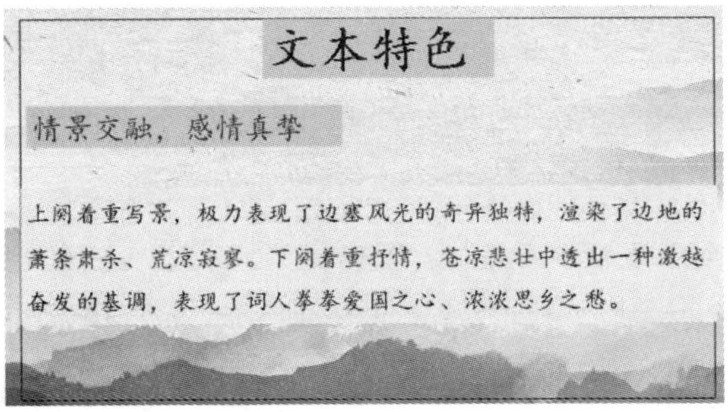
文本特色
情景交融，感情真挚
上阕着重写景，极力表现了边塞风光的奇异独特，渲染了边地的萧条肃杀、荒凉寂寥。下阕着重抒情，苍凉悲壮中透出一种激越奋发的基调，表现了词人拳拳爱国之心、浓浓思乡之愁。

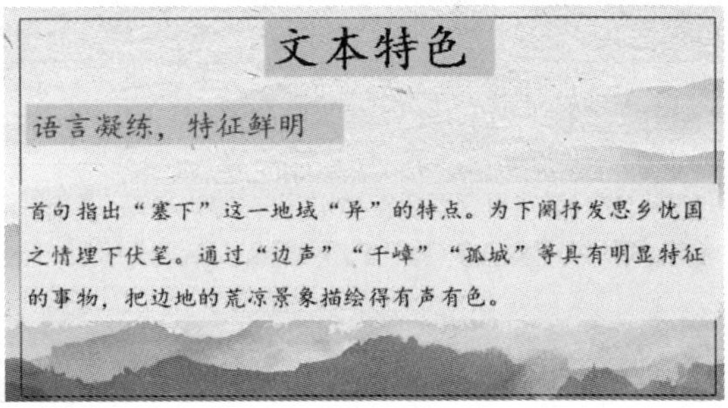
文本特色
语言凝练，特征鲜明
首句指出“塞下”这一地域“异”的特点。为下阕抒发思乡忧国之情埋下伏笔。通过“边声”“千嶂”“孤城”等具有明显特征的事物，把边地的荒凉景象描绘得有声有色。

作业布置
1、正确流利有感情的背诵全文。
2、发挥想象，用自己的话描述作者笔下的情景。

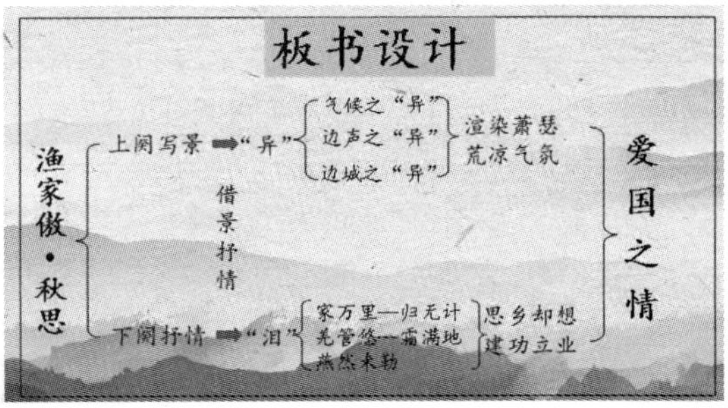
板书设计
渔家傲·秋思
上阕写景
“异”
气候之“异”
边声之“异”
边城之“异”
渲染萧瑟
荒凉气氛
借景抒情
下阕抒情
“泪”
家万里—归无计
羌管悠—霜满地
燕然未勒
思乡却想
建功立业
爱国之情

谢谢观看

案例分析

在教学的开始，用“秋思”两个字进行提问，引发学生的思考，激发其学习兴趣，营造了一个良好的语文教学环境。如此导入既可以吸引学生的注意力，又可提高学生学习的积极性和参与度。具体的教学始终贯彻执行教师主导、学生主体这一原则，将课堂真正交还给学生。设置相应问题，对诗词内容、手法、情感进行探讨时，采用小组合作探讨的方法、师生共同总结的形式营造出师生互相交流、一起学习、共同进步的良好氛围，既让学生学到了相关基础知识与写作方法，又能够提高其对古诗词的鉴赏水平。同时，此次教学也可让学生通过典故体会词人矛盾悲凉又坚毅执着的内心，激发学生热爱祖国的情怀。

（四川省甘孜州色达县九年一贯制学校甘林江提供）

思考题

1. 什么是多媒体技术？什么是多媒体教学课件？
2. 语文多媒体教学与非多媒体教学相比具有哪些优越性？
3. 如何在语文教学实践中应用多媒体技术？
4. 语文教学课件的设计应遵循哪些原则？
5. 结合实例说明如何设计一篇课文的教学课件。

下　编

微课实训

第四章

微课综述

现代信息化技术的快速发展在各行各业普遍应用，我们的教学实际也发生了巨大变化，由传统的“粉笔+黑板”的教学方式转变为能够显著提高教学质量的微课、慕课和翻转课堂等教学方式。新的教学手段体现了全新的教育观念，改变了传统的满堂灌的教学方式，给予学生们更多的思考和拓展的空间，对学生的整体素养的提高有重要意义。微课的出现离不开网络通信技术的迅猛发展，随着移动终端设备价格的下降和无线网络的广泛覆盖，移动互联网用户数量的飞速增长。同时，当今社会生活节奏变得越来越快，人们更乐于接受简单、便捷、有趣、高效的生活方式和学习方式。因此，近年来越来越多的事物被冠以微名号，如微小说、微博、微信、微电影等无孔不入地钻进了我们生活的方方面面，利用人们生活的间隙，带来更丰富的体验。受这种趋势影响，微课这种新型的网络学习手段迅速发展，老师和学生都逐渐离不开微课了。

第一节 微课定义探源

一、微课的缘起

随着移动互联技术的飞速发展，人人都有手机，家家都有电脑，每个人都可以用自己的数码设备上网学习。移动互联技术的发展迫使教师不得不具备在线教学的能力，微课应运而生。微课是当今微文化大潮中的一朵浪花。放眼望去，我们不难看到报刊上有谈“微历史”专栏、“微人物”推介、“微新闻”报道、“微慈善”行动，还有“微就业”“微旅游”“微公益”“微论坛”“微电影”“微博客”“微小说”等。

微课这种通过网络新媒体以及计算机数码影像技术体现出来的新的教学方式促成了当代开放教育的新契机。2007年9月14—15日，20位来自世界各地、从事不同职业、持不同观点的人士在南非开普敦签署了《开普敦开放教育宣言》。宣言是这样开头的：“我们正处在教与学的全球性的变革之巅。全世界教育工作者在因特网上开发出大量的教育资源，这些资源向任何人开放并供他们免费使用。这些教育工作者正在创造一个世界：地球上每个人都能获取人类的所有知识，每个人都能对人类知识的汇集做出贡献。”该宣言构想出三大战略来实现开放教育资源的愿景。第一，号召广大教育工作者和学习者通过创建、提升和应用开放教育资源来积极参加这场运动。第二，呼吁作者和出版社公开发布他们的资源。第三，促使各国政府、议会以及高等教育管理者们优先考虑开放教育资源的倡议、收集整理的资源以及各种思想观点等。[①]开放教育是一场能够彻底变革世界教育的运动，教育资源的开放和共享使学生即使在家也能获得学习的机会。通过大规模的网上公开课，高质量的教学资源开始成体系地向公众开放，原本触不可及的优质学校的课堂开始完整地呈现在公众面前。

互联网上微课和慕课相辅相成，几乎涵盖了所有年龄层次的学习者，互联网对所有人来说无疑是打开宝藏大门的钥匙。在丰富、优质、完善的教育资源唾手可得的今天，学习者只要愿意，随时可以寻求高质量的课堂和老师。互联网自由开放的教学环境带来了真正的教育开放，体现了开放的、自由的教学理念。互联网的在线课程可以提供给学习者多种选择，学习者可以根据自己的学习动机，自由选择怎样学、什么时候学、学什么、在什么地方学、向什么人学。学习的自由将会培养一个人为自己工作的自由态度，从而使其获得个人尊严和自我价值。开放带来自由，自由带来自主，当学校教育逐渐失去围墙，当学生和教师都拥有新的选择时，学校课堂也要跨出自己的步伐，探索自己新的存在方式。微课的出现是教育模式的一场革命，开启了我们新的思考方向。

二、微课的定义

微课的定义有多种，随着人们对微课认识和应用的深入，其内涵也在不断丰富和发展。

根据字面意思，“微课”可以从三个层面进行解释：第一，就课这个层面而言，微课是一种课式，也是一种短小的教学活动。第二，就课程这一层面而言，微课是有计划、有目标、有内容、有资源的。第三，就教学资源这一层面而言，微课具有丰富的教学资源，比如大量教学视频和数字化学习资源包等。对微课的内容进行进一步的研究可以发现，微课是一种目标单一、内容短小、结构良好、以微视频为载体的教学方式。通过正式或非正式的学习方式，人们不断对短小的、主题集中的、与实践紧密结合的专业知识进行学习，从而提高学习效果，促进知识的内化，这是微课的最初理念。

---

① 柯斯蒂·J. 邦克. 世界是开放的：网络技术如何变革教育[M]. 上海：华东师范大学出版社，2011：38-39.

基于这一理念，国内外学者进行了大量而全面探究，并发表了自己的看法和观点。

1. 国外学者观点及研究现状

“微课程”理念最早来自1993年美国北爱荷华大学的Mc Grew教授所开发的“60秒课程”（60-Second Course）[①]。1995年，英国纳皮尔大学的Kee教授提出了“一分钟讲座”（One Minute Lecture）。在此基础上，2008年，美国新墨西哥州圣胡安学院高级教学设计师戴维·彭罗斯（David Penrose）正式提出“微课程”（Micro-lecture）这个概念，他指出将课程细分成小的核心概念，然后录制1～3分钟的教学视频，讲授每个核心概念，完成教学目标。每个教学视频后都配有课后任务，教学视频又通过15～30秒的介绍和总结串联起来形成一个完整的课程体系[②]。此后，微课程在国外以各种形式发展起来，其中影响力最大的就是萨尔曼·可汗创立的可汗学院。他以最简易的录制工具，即手写板和电脑，使复杂烦琐的教学过程碎片化、简易化。

这种短而精、内容深入浅出的、家教式的微课教学在全世界引起了一场“用视频再造教育”的革命，出现了“翻转课堂”（Flipped classroom）以及“慕课”（MOOCS）教学模式。

英特尔全球教育总监Brian Gonzalez认为翻转课堂其实是颠倒的教室，是指教育者赋予学生更多的自由，把知识传授的过程放在教室外，让大家选择最适合自己的方式接受新知识，而把知识内化的过程放在教室内，以便同学之间、同学和老师之间有更多的沟通和交流。这种在家通过在线讲座和微课视频自主学习、到学校面对面补充教学及答疑解难的前置学习方式，让微课的使用生命力得以延续，微课成为其最理想的学习载体。慕课（Massive Open Online Courses），即大规模开放网络课程，犹如一个没有围墙的网络大学，学生免费注册上课，完成学习、通过考试后即可获得慕课网站的课程证书。这种教学方式打破了时间、地域的限制，拥有一套完整的学习、管理、评价系统，是一种真正的4A式（anyone，anytime，anywhere，anystyle）学习方式，其中，慕课学习的中心环节就是微课的学习。“慕课的这种教学方式也是微课平台未来的发展趋势。”[③]

① 张一川，钱扬义．国内外“微课”资源建设与应用进展[J]．远程教育杂志，2013，（6）：26—33．

② 胡铁生，黄明燕，李民．我国微课发展的三个阶段及其启示[J]．远程教育杂志，2013，（4）：36—37．

③ 李婉嘉，徐晶．微课开发与应用研究[J]．软件导刊，2013，（11）：86．

2. 国内学者观点及研究现状

国内率先提出"微课"概念的是广东省佛山市教育局胡铁生。他基于教育资源利用率低的现状提出将原本45分钟的网上公开课缩减成5～8分钟的精华内容，在1个月内，点击率高达5万人次。2010年10月，佛山市启动了全市中小学教师优秀"微课"作品征集活动，第一届征集到优秀作品1700多节，第二届近2000节，第三届2800多节。2012年9月，教育部启动了第一届全国中小学教师微课作品征集大赛并创立了中国微课网（www.Cnweike.cn）。同年12月，启动首届全国高校微课教学比赛，参赛作品近9 000节，近千所高校参加。2012年12月，华南师范大学与凤凰卫视面向全球推出"凤凰微课"，首期便推出6 000多门面向社会的免费实用课程。课程分专题与模块，学习者通过学习还可以获得相应的学分。华东师范大学开设"慕课中心"网络学习平台，并于2013年10月在深圳举行C20慕课联盟翻转课堂教学观摩研讨会，探讨利用微课进行翻转课堂教学的新尝试。与此同时，国内陆续出现各微课学习平台，如爱课程网，网易公开课、国家开放大学的五分钟课程等，这标志着国内微课如火如荼地开展起来了。

国内学者胡铁生、焦建利、黎加厚、郑小军、吴秉健、张一春等人分别从各自研究的侧重点给出了"微课"的定义。随着国内外对微课理论与实践探索的逐步深化，微课的概念内涵也随之不断丰富完善。胡铁生分别在2011、2012、2013年三次给出微课的定义。相比之前两次，2013年版的定义更为全面，即"微课又名微课程，它是以微型教学视频为主要载体，针对某个学科知识点（如重点、难点、疑点、考点等）或教学环节（如学习活动、主题、实验、任务等）而设计开发的一种情景化、支持多种学习方式的新型在线网络视频课程"①。因此，微课是不同于单一的课件、教案、视频、试题等的教学资源类型，是在其基础上既包含又发展的一种新型教学资源。

三、微课与微课程的区别和联系

提到微课，人们自然会想到微课程，并将微课和微课程等同起来，因此这里有必要做一个简单区分。微课与微课程仅一字之差，但两者有着明显的区别和联系。微课是微型课的代名词，来源于现实的课堂教学模式，是课堂教师授课的浓缩或改版，是以阐释某一知识点为目标，以微视频为载体，以学习者自主学习为中心的数字化学习资源，所

① 胡铁生，黄明燕，李民.我国微课发展的三个阶段及其启示[J]. 远程教育杂志，2013，（4）：36—37.

以不宜称为“课程”。

微课程是由一系列相互关联的微课和教学资源构成的一门系统而完整的课程，是根据某一门课的教学需要，为课程开发完整的、成套的系列微课，这些系列微课与该课程的大纲、目标等合称为微课程。微课程是微型课程的代名词，将原有课程按照学生的学习规律分解为目标、任务、方法、资源、作业、互动和反思等在内的微型课程体系。

微课与微课程可谓互相促进，高质量的微课能够使学习者对学习产生浓厚的兴趣，在短时间内快速掌握知识点。微课在微课程的框架下，可以将多个碎片化的资源进行聚合，形成体系，先通过自主学习微课，再在教学过程中通过互动、答疑和完成作业等活动将知识内化为技能，促进学生通过微课程学习更多的知识。因此，就两者关系而言，微课包含在微课程之中，两者密不可分，但不完全等同。

四、微课的构成

微课并不是一个单一的微视频，它是集课件、教案、视频、试题等于一体的教学资源包。胡铁生提出微课的“4+1”资源构成，1即微视频，4即微教案、微课件、微练习、微反思。从笔者参加微课大赛的经验以及作为一名微课制作与使用者的角度来看，微课资源包里的“4”可以理解为微设计（含教学设计以及视频制作脚本）、微素材（含PPT、音频、视频、图片、文本等）、微测试（含视频内外可用到的练习、思考题及综合测试）、微日志（含微反思和微建议）。笔者认为微设计中的教学设计与视频制作脚本应该区分开来。教学设计犹如教案，是设计本次课应该运用哪些教学方法与手段以达到哪些教学目标，教学流程怎样，给出的是一个大的教学框架。而脚本则更细化，小到教学流程中的某一流程需要几个画面，需要几秒钟，每个画面出现哪些字样（包括字体颜色）、哪些字幕、哪些旁白（包括表情、语速、音调等剧本细节）、用到哪些制作工具来实现，等等。教学设计与视频制作脚本相结合才是更完善、更清楚的微课设计。微素材不只是微课件，还应包括整个微课中所用的音视频等其他素材。这些小的素材更有利于其他制作者重新加工、丰富、组装成新的微课，是微课资源库当中非常重要的一部分。微日志记载制作微课的整个过程的体会，例如有哪些创新设计，哪些实现了、哪些没有实现，哪些仍需突破。分享经验，有利于其他制作者借鉴与突破。

第二节　微课的特点及应用

微课只讲授一两个知识点，没有复杂的课程体系，也没有众多的教学目标和教学对象，看似没有系统性和全面性，许多人称之为“碎片化”。但是微课是针对特定的目标人群，传递特定的知识内容的。一个微课自身仍然需要系统性，一组微课所表达的知识仍然需要全面性。

一、微课的特点

（一）“短”

短，是指时间短。根据人的视觉驻留规律，人的注意力高度集中的时长大约为10分钟，所以时长为10分钟左右的微课能更好地抓住学习者注意力，提高学习效率。另外，很多网站对视频的长度和容量也有要求，短小的微课比较适合当今时代碎片化、移动化、泛在化的学习要求，也方便教学者进行教学资源重组。

（二）“小”

根据微课定义，微课内容聚焦在某个知识点或某个教学环节，甚至是小到某个字词的教学，这样更能将教学内容讲透，使得教学目标更为明确。容量较小的微课更适合当今网络时代传输、交流与共享，尤其适合学习者在手机、平板等移动终端设备上进行碎片化式的移动微型学习。

（三）“精”

指的是微课内容的精练、精彩。能够59秒完成的微课绝对不能做成60秒。这就需要做精细化的教学设计和制作脚本，非常精确，确保微课视频画面的流畅。另外，并不是所有的教学内容都需要做成微课，微课内容需精选那些针对性强、利用率高的知识点。再者，微课最大的特征便在于设计有创意、呈现形式生动，要尽最大可能地抓住学习者的注意力，增加其学习兴趣，降低其学习情感焦虑，提高其学习效率。

（四）“悍”

指微课的利用率高、学习效果强，即教学效果强悍。微课视频容量不大，非常适合网络学习和运用。教师和学生在这种真实、具体、典型案例化的教与学中实现有效掌握知识、快速提升能力，同时灵活方便地应用在教学的各个环节，更适合学习者自主学习，也方便教学资源重组或再加工，是一种新的教学模式和学习方式。

二、微课的应用

（一）微课在教学过程中的应用

微课将革新教与学的传统模式，能更好地促进与满足学习者的个性化学习。因此，微课在教学中应用广泛，课前、课中、课后均可使用，有助于加大知识容量，活跃课堂氛围。

1. 课前活动教学应用

微课课前预习运用是建立在“基于网络的学习任务”和“学生的主动学习课堂”两者交互作用基础上的新型教学方法，其核心是“反馈链”的建立。教师利用网络可以随时随地地接受来自学生学习的反馈信息，以保证每位学生在任何时间、任何地点的学习都没有障碍。

微课的课前活动教学具有以下优势：一是微课以微视频为载体，能够将抽象复杂的概念变为比较直观的感性认识，不仅降低了复杂概念学习的难度，而且提高了学生学习的关注度和兴趣。二是微课学习大多是只针对一个“知识点”进行满负荷学习，不会花费学生太多的学习时间和精力。三是便于教师针对知识点更精确地组织教学材料，同时更精确地组织在线教学即时评价。

2. 课中活动教学应用

传统的课堂教学中，教师常用讲授法，学生多是被动地听，很少有机会参与课堂讨论。微课中教师还可以即时安排穿插问题与测试，实现学生短视频学习与在线完成作业的无缝对接。

目前微课在课中的应用主要是两种学习环境，一种是在网络教室中使用计算机辅助学习，另一种是在智慧教室中使用平板电脑或电子书包辅助学习。在这些课堂环节中，教师设计的题目可以根据微课的内容展开，并且教师可以立即收集到学生的答题反馈信息，可以随时了解学生的知识掌握程度，便于老师调整课程的进度，使教师可以做到课堂教学和信息反馈相统一。这样不仅提高了学生思考、讨论问题的主动性和积极性，而且提高了全班学生课堂活动的参与率，促进了课堂互动教学模式的形成。

3. 课后活动教学应用

在基础教育领域，网络教学无疑是学生课后实施补救学习最佳教育应用方式。学生课后利用微课探究学习具有以下两个特点：一是在“知识点”学习中链接背景资料，让学生可以查阅大量网络资料。二是在重要“知识点”处嵌入交互式问题学习，让学生可以及时检查学习效果。而且微课教学还更容易使用技术自动化和智能化手段，实现与传统网络教学不同的特性和效应。

（二）微课在教师教育过程中的应用

不但学生可以通过微课学习获得更多优质学习资源，教师也在参与微课建设的过程中锻炼了教学设计能力、微课开发能力，有助于教学水平的提高。而且，在教师专业发展中，专业素养提升和知识内容拓展常常也会使用到微课的学习模式或教学方法。

（1）教师在微课实践中进行教研工作，可以通过关注同一学科的相关内容，找到志同道合的教学伙伴，然后进行学科教学问题的探讨和交流，最终通过学习名师的教学理念和教学设计，提升自身的教学能力和综合素养。在今天这个行业知识不断更新、技能不断提升的时代，教师是需要终身学习的职业，任何时候都不能停止学习的脚步。网络时代，时间、空间都不是问题了，微课在线教育功能的发挥，能满足很多一线教师的学习诉求。

（2）教师在参与微课程建设中，通过微课展示综合素质和教学能力。教师在学科知识点的选择、教学内容的设计，以及讲授的方法等方面均能获得较大锻炼。教师教学能力的提升是建立在教学经验不断丰富的基础上的，因此教师将具体的教学经验和个人体会结合，熔铸到微课程的建设过程中，能进一步地整合知识，思考教学方法是否可行，从而优化讲授过程。这个过程必然是一举而多得，通过教师进步自然带动学生进步。

思考题

1. 什么是微课，微课诞生的缘起是什么？
2. 微课有什么特点，具体谈一谈。
3. 微课在工作和学习中有什么具体作用？
4. 微课能应用到哪些现实生活领域？

第五章

“微课实训”课程概述

第一节 “微课实训”的课程性质

“微课实训”是汉语言文学专业师范生师范技能培养的核心实践课程之一，要求学生顺应时代要求，全面掌握微课授课技能。教师必须监督学生将微课相关授课技能的训练落到实处，从细处着手，使学生熟悉微课教学的各个环节和流程，成为具备现代教学技能、符合时代要求的“准教师”。

一、“微课实训”的课程性质及特殊地位

微课实训，即要求每个同学能具体掌握微课的实际操作方法，能够展现自己的综合师范技能。

“微课实训”是在汉语言文学专业的大三上学期开设，目的不仅在于综合提升前期学生所学的各项专业知识和师范技能，也是大四各项竞争性招考的基础，是学生在毕业时顺利就业的关键性实践课程。因此，该门课程的重要性不言而喻，可以说是学生们走向未来教师岗位的敲门砖。

（一）整合专业知识，全方位提高师范技能

汉语言文学专业前期学段的课程开设偏重专业素养的理论课程，因此真正侧重于实践环节的技能训练课程是在进入大三才开始的。师范生在经过了两年专业理论知识学习，专业知识的积累已经比较充分了；再加上陆续开展的每学期的教学观摩、每学年的师范技能大赛，学生对于将来要当一个好的语文教师应该具备的师范技能的相关要求也非常熟悉了。所以，学生这个时候更需要的是及时整合所学专业知识，通过具体而有针对性的实践方式来全方位提升师范技能。

（二）着眼未来，提升就业竞争能力

学校里的各种考试、考核，难度其实都不大，设置门槛的目的也只是要全面地提高学生的师范技能和综合文化素养。各级各类与就业相关的招考有很强的选拔性，难度大。“微课实训”本身的课程性质和课程任务指向有助于师范生的师范技能在达标的基础上走向更优、更强，提升他们的就业竞争力，走上自己理想的工作岗位。

二、“微课实训”的课程特点

（一）理论知识讲授与具体实践运用相结合

学生要能进行有计划、有目的的微课教学技能的训练，必须全面地理解和掌握微课的相关理论知识，因此“微课实训”课程的前期任务是进行细致的理论讲授。有了理论知识做基础，后期才可以要求学生逐步开始微课讲授和制作的相关环节，理论与实践相结合，使学生心中有底气，能及时发现问题并解决问题。

（二）学生全程自主，充分发挥能动性

“微课实训”是在汉语言文学专业的大三上期开设，师范生的专业知识学习已经有了一定的基础，也明确本课程最终目的是要全面提高学生的师范技能，因此能自然地激发学生的主动性，积极地将课程学习与未来的职业定位结合起来，充分地发挥能动性。学生按照课程要求进入实训流程，自主选题、写教案、模拟授课、拍摄视频，每一个环节的训练重点都不一样，师范生从中所得不同，感受不同，自我的效能被最大化的激发。

（三）讲、练、思一体化，轮流夯实

在“微课实训”的课程展开过程中，学生的参与是讲、练、思一体化的实训过程，反复练习有助于夯实学生的师范技能，最终整体性提高师范生的素养。师范生若没有深入且长久的思考，对教授的内容没有吃透，在微课讲授的时候必然自乱阵脚；没有经过多次反复的训练，在微课整体呈现的过程中必然纰漏百出。课程给予了学生足够的时间进行内功的修炼，使其由内而外地进行展现，最终逐步提升。

第二节 微课实训的现实意义

一、微课实训需求来自师范生

（一）微课在实际教学中的广泛应用倒逼师范生必须掌握与微课相关的一切教学技能

在网络时代，随着信息与通信技术的快速发展，特别是随着移动数字产品和无线网络的普及，基于微课的移动学习、远程学习、在线学习已经非常普遍。当代师范生即将面对这样的教学实际，望而却步只能被淘汰，因此主动地了解和学习并且最终掌握才能应对严峻的就业竞争。

（二）训练目标明确、具体有利于师范生积极主动性的发挥

在教师的引导之下，学生微课实训的训练目的明确、具体，对自身技能的提升能有序地展开，有利于师范生主动性的发挥。微课实训以理论讲授为基础，再具体铺展到实际训练中，按照选题、备课、模拟授课、授课脚本的确立、PPT的制作、视频拍摄等流程逐一展开。学生可以针对自己的薄弱环节反复实践和练习，感受自身的进步，最终进一步激发自身的学习热情和学习的主动性，明显提高学习的效率。

（三）教学实践过程多次反复有利于师范生综合素养和师范技能的提升

微课实训的过程就是一个不断反复操练的过程，指导教师会根据师范生的表现做好相关记录，并做出评价，指出优缺点，并提出进一步学习和实训的建议。因此，师范生能一步一步地有针对性地做出调整和改变，最终达到综合素养和师范技能的提升。

（四）视频化的实践成果有利于师范生获取全面的教学相关信息

师范生可以根据对教学视频的回放和分析，全面地感知自我的教学技能和综合素养，再结合经验丰富的教师的宏观把控和具体的指点评价，让师范生发现自己的潜能、优点及不足，获得自身进一步发展的有效建议。

二、微课实训需求来自授课教师及一线教师

大学教育最终是为了培养专业人才，满足社会需求。汉语言文学专业秉承着应用型人才培养的教学理念，严格遵照师范专业认证的相关要求，在教学的内容上进一步侧重师范技能的培训和提高，增加技能实训课程。因此，担任实训课程的老师必须紧跟时代步伐，适时关注教育实际，更新知识系统。同时，教师专业发展也必须紧跟时代步伐，提升网络时代教师信息化教学与教研能力，促进教师专业发展。一方面，教师在说课时使用微课可以帮助教师提升信息化教学设计这一核心能力；另一方面，可以通过微课进行评课，提升教学评价能力和教学反思能力。

三、“微课实训”的课程任务

（一）从师范生的角度看“微课实训”的学习任务

掌握任何技能，都首先要了解技能的操作模式，然后形成这一技能的程序，使之运用起来得心应手，最后通过内化或操练技能使之达到娴熟于心。微课实训活动主要包括以下流程：选题—教案编写—制作课件—教学实施—教学视频的制作—教学评价与反思。通过这一流程的反复训练，让学生掌握制作微课相关的技能，并能熟练地运用。微课实训流程清晰，训练目标明确、具体，有利于激发师范生的能动性。同时，微课实训任务量饱和，师范生必须按时按量地完成相应的任务，并且在师生面前展示。信息反馈及时为师范生自主及时地进行自我教学技巧的改进提供了便利。

（二）从教师的角度看微课实训的教学任务

承担微课实训的指导教师在整个教学活动中具有重要作用，要全程参与到学生的实训过程之中，并且及时地给予相应的指导。微课实训前期属于微课相关理论的学习阶段，指导教师要通过详细的讲授，让学生接受和认识什么是微课，学生后续的实训内容是建立在掌握和理解了相关理论的基础之上。在微课教学设计、教案编写阶段，指导教师要对师范生的教案进行检查和分析，并与师范生一起分析教案的优缺点，并提出修改建议。在模拟授课阶段，指导教师要根据微课的评价指标做好听课记录，并对师范生教学情况做出相应的评价，指出优缺点。在录制微课视频阶段，指导教师要

分析教学视频，对学生的表现状况做出分析。指导教师具有比学生更丰富的教学经验和处理问题的方法，所以指导教师能宏观把握，统观师范生的整体表现，结合师范生本人和其他同学的表现，提出发展性评价建议。因此，整个微课实训期间，师生之间交流和反馈信息的渠道畅通，学生进步明显，教师在此期间也能获得更丰富的教学经验，最终实现教学相长。

思考题

1. “微课实训”是一门什么样的课程，谈谈你自己的理解。
2. “微课实训”为何是一门实践性质的课程？
3. “微课实训”与师范生师范技能的全面提高有直接且密切的关系吗，结合实际思考一下。
4. “微课实训”课程是否只是适用于师范专业的教学工作？
5. 一线教师在教学工作中对“微课实训”这门课程的具体需求是什么？

第六章

微课的制作流程及评价指标

第一节　微课的制作流程

“凡事预则立，不预则废”，这是说做任何事情之前都需要规划和设计，了解做事情的整个流程。正如建楼房先要有设计图纸一样，制作微课也不例外。一节完整的微课开发环节应该包括微课选题、教学设计、备课教案写作、制作PPT、准备素材、微课视频的制作。

一、微课选题

一节微课能否设计得好，教学效果是否佳，对知识点的选择和处理是非常重要的。因此，在设计微课时，要慎重选择知识点，并对相关的知识点进行科学的分析和处理，使它们更符合教学的认知规律，学习起来能够达到事半功倍的效果。一节好的微课首先应该有一个好的选题，一个好的选题不仅能增强微课的魅力，还能激发学生的学习热情。微课的教学主题是微课的灵魂，微课选题是微课应用于具体教学活动中的前提，选题是否恰当和精准直接关系到微课在教学应用中的效果。根据微课的特点，微课的选题应该尽量简单明了，可以以某一特定的主题为基础，如某一核心的概念、知识点、某一教学环节或者某一教学活动等，并且要有具体的教学目标和内容，能够在较短的时间内解释清楚，能够激起学生的兴趣，使学生较快地掌握该特定主题内容。教师还应该充分研究学情，从学生的实际需要出发，结合学生平时练习和作业反馈情况，找到学生关心和困惑的问题，以此来确定微课的教学内容，最终确定微课选题。

此外，微课选题要具有生动性、趣味性、准确性和实用性的特点，形式上要短小精悍。对于那些与主题不相关、不能凸显主题、没有任何特色的内容或活动，设计和制作微课的过程中一定要摒弃。一般来说，在进行微课选题时有以下可遵循的原则：

1. 以学习者为中心的原则

微课创作必须从以教师中心转变为以学习者为中心，进行换位思考，通过对具体学情的分析，立足于学生的学习需求，弄清重点、难点、疑点、考点、关键点、易错点、易混淆点和热点问题，进行有针对性的选题设计，最终形成以学习者为中心的教育理念，在微课选题及后续创作过程中还要善于换位思考，准确把握学习需求，做到重点突出、难点突破、疑点解决。

2. 创新与个性化原则

微课选题的确定应遵循创意与个性化原则，尽可能地选取有原创内容，汇聚个人或团队创见、灵感、典型案例的令人耳目一新的内容。随着微课学习资源日益丰富，唯有创意十足的个性化微课才能够更好地吸引学习者的“眼球”，被学习者青睐，进而脱颖而出，而同质化、低水平的微课则会被遗弃、淘汰。因此，微课选题及创作要扬长避短，走创意和个性化之路。

3. 内容精选与难度适中原则

微课选题应遵循最近发展区理论，着眼于学习者的最近发展区，为学习者提供难度适中的内容，以调动学习者的积极性，发挥其潜能，超越其最近发展区而达到下一发展阶段的水平。所谓最近发展区，是指学习者的现有水平（指独立活动时所能达到的解决问题的水平）与学习者可能的发展水平（通过教学所获得的潜力）之间的差距，通俗地说就是“跳一跳够得着”。太难或者太容易的选题都不适合微课创作。对于难度太大的微课，可以遵循小步子原则，将其分解为几个小的微课选题，降低难度等级，有利于各个击破。而要在短短几分钟内学习掌握有一定的难度的内容，必须遵循内容精选原则，即去粗取精、删繁就简、化繁为简。

4. 科学性与趣味性相结合原则

微课选题应遵循科学性与趣味性相结合原则，即微课选题既要内容严谨、准确、规范，理论联系实际，反映学科发展，没有科学性、政策性错误，又要具有一定的趣味性。要尽量在最短的时间内调动学生的兴趣，感受到知识的吸引力，能够迅速地静下心来，将微课涉及的知识点学透、学通。

5. 系列化原则

总体而言，微课具有短小精悍、支持个性化学习等诸多优点，但从个体而言，单个知识点微课依然存在缺乏深度、广度，容易导致浅阅读、加剧知识碎片化等问题。因此，微课选题还应该遵循系列化原则，即从课程的整体性知识体系出发，选取其中的重点、难点、关键点、疑难点、考点、易错点、易混淆点、扩展点等，设计和制作一系列既相对独立，又环环相扣、相互联系的微课，构成单元式、主题式、模块式的微课。微课选题系列化之后，能有效推进知识的内容和层次，由浅入深，知识板块之间又相互联系，彼此推进，共同构建课程的知识体系。

微课选题至关重要，除了遵循以上原则以外，还要特别注意以下几点：

（1）知识点应尽量选择热门考点、教学重点、难点、学生的疑点。

（2）知识点的选择要细，10分钟内能够讲透。

（3）知识点要准确无误，不允许有文字、语言、图片上的知识性错误或误导性的描述。

（4）要将知识点按照一定的逻辑分割成多个小知识点。必要时，教师可对教学内容进行适当的加工、修改和重组。

二、教学设计

微课虽小，但也有教学设计，通过确定微课教学目标，明确教学策略、教学顺序，利用教学资源合理设计，能起到事半功倍的作用。教学设计是规划教学过程的一系列行为，上海辞书出版社的《大辞海（教育卷）》中将教学设计定义为“统筹规划整个教学系统、提出教学具体方案的过程”①。教学设计综合了教学系统的各个要素，运用系统方法的设计过程并加以模式化，提供了一种实施教学系统方法的具体可操作性的程序和技术。教学过程是教师行为、教学内容与学生行为相互作用的交互过程，教学系统是一个由教师、学生、教学媒体和教学内容组成的动态系统。

教学设计首先要遵循课程特点，注重情感态度价值观的引导，做到以生为本，力求做到最优化。在微课教学设计中，要注意尽量降低学生的认知负荷。所谓的认知负荷理论是从教育心理学范畴提出来的理论，指完成任务过程中工作记忆系统需要进行加工和保持的信息总量。②工作记忆就像电脑内存，可以对信息暂时加工和存储，但其容量是有限的，如果一次学习内容过多，就会超过认知负荷。根据认知负荷理论，学生认知负荷会受到学习材料的组织方式、呈现方式、复杂性以及个体的先验知识等的影响。由于微课具有内容短小、主题鲜明等特点，因此教师要想在较短时间内保证内容的清晰性和生

① 夏征农，陈至立．大辞海·教育卷[M]．上海：上海辞书出版社，2014．

② 孙崇勇．认知负荷的理论与实证研究[M]．沈阳：辽宁人民出版社，2014．

动性，就需要将复杂问题简单化，从而避免给学生带来太大的压力。同时教学设计主要涉及以下几个方面的内容：

1. 确定教学目标

制定教学目标是教学设计的第一步，是教师完成教学任务所要达到的要求或标准，同时也起到指导教师课堂教学实践活动的作用。短短几分钟的微课一开始直接告知学生学习目标是非常重要的，对整个微课的展开起到积极的导引作用。学习目标不仅让学生的学习有方向感和归属感，更可以让教师的整个教学过程不偏离教学目标。因此，在微课的实际制作过程中，教师可以用一句简单明了的话告诉学生学习目标。

2. 确定教学策略

所谓“教学策略”，就是要在教学中为了特定的教学目标而制定、完成相应任务的基础上，对教学活动有清晰的认识，并且对教学活动进行调节和控制的一系列执行过程。[①]因此，教学策略是指为完成特定的教学目标而采用的具体教学活动的方法和形式。教师要考虑如何形成教学策略，如教学前或教学后的活动安排、知识内容的呈现、练习、反馈和测试等。根据所选知识点确定如何组织教学内容，如何用最短的时间配合最佳的教学内容，从而获得最好的教学效果，考虑运用何种微课的表现形式更好地传递教学信息。

3. 确定教学顺序

教学顺序是指整个教学过程中的顺序安排，在有限的时间内教师先讲什么，后讲什么，什么时候结尾。微课的时间短、效率高，如何合理安排是微课教学顺序主要解决问题。对于一个具体的微课来说，表现为微课的几个环节，一般包括引起注意（导入）—告知目标（呈现学习目标）—讲授新——提供指导（课堂检测提供帮助）—结语。

4. 设计辅助资源

在确定运用何种教学策略后，教师需要考虑采用何种教学媒体及相关的辅助资源。微课的表现形式不同，需要的辅助资源也不一样。对于各种微课形式，需要的辅助资源

---

① 教育学基础[M]. 北京：教育科学出版社，2002.

主要有高质量的PowerPoint课件；根据学习内容及所采用的教学顺序，设计教案内容；试题库的使用等。

三、教案写作及PPT制作

教案写作及PPT是微课教学的核心，微课教案写作及PPT通常精悍简短，这是与记忆的信息加工理论相符合的。

1. 教案写作

教案，即是教学方案的简称，即教师以课时及课题为单位设计的教学方案。顾明远主编的《教育大词典》对教案的定义为“课时计划亦称教案，是教师备课过程中以课时或课题为单位设计的教学方案，是备课结果的书面表现”①。因此，教学设计方案是为课堂教学准备的书面计划。在微课教学中，教案的编写是重要的环节，它是依据教学设计，针对具体的教学内容而提前准备好的方案。微课教案写作特点在于“微”字，不能贪多、贪大、求全，但微课教案的写作要体现完整的教学过程。微课教案的编写主要包括如下内容：第一，确定教学目标。微课教学时间短，要从知识与技能、过程与方法、态度情感价值观三个维度制定具体的教学目标。在教学目标的表述方式上，要强调以学生为主体，目标表述要有很强的操作性。第二，具体呈现教学过程。微课时间短，内容明确，在教案编写时要把教学过程中的主要教学行为及要讲授的内容详细地编写在教案内。第三，合理分配教学时间。微课要想取得良好的教学效果，严格分配教学时间、规定教学步骤是十分必要的，有利于授课人掌握教学进度，把握教学节奏。

2. 制作PPT

用Power Point软件制作的多媒体课件一般称为PPT课件。“Power Point”被翻译为“演示文稿”，它多以画面的形式呈现教学内容，但是随着该软件的不断升级更新，如今的PPT课件已经可以集中展示图片、视频、文字等多种信息，也可以利用超链接做到按钮、区域交互。多媒体课件辅助教学是教师使用多媒体课件完成课堂教学并达到教学目标的一种教学方法和手段，是当下教师教学课堂的常见方法和方式。而PPT的设计和

---

① 顾明远. 教育大辞典[M]. 上海：上海教育出版社，1991.

制作图文并茂的特点可以使教学过程变得生动活泼，提高学习者的感知水平和学习兴趣。PPT课件是一种根据教学目标设计、表现特定的教学内容、反映教学策略和教学程序。因此制作PPT要体现以下思想：第一，加强对学习者的引导和帮助，促进学习者对知识的意义建构。第二，提供丰富的多媒体资源，创设有意义的学习情境。丰富多彩的多媒体资源可以为学习者创设丰富且有意义的学习情境，扩大知识面。第三，体现学科的教学规律。各个知识点之间的关系要体现学科的教学特点，反映学科的教学规律。

好的PPT课件是好微课的基础，微课课件通常只围绕一个小的知识点进行制作，解决核心问题。因此微课课件不需要过多的渲染和铺垫，必须重点突出、短小精悍，才能有利于学生的学习。优秀的微课课件有助于提升微课的吸引力，增强微课的教学效果。制作PPT课件复杂而细致，一个好的微课课件不仅外观漂亮，还要主题明确、条理清晰。一般可以按照以下步骤展开：

（1）确定主题结构。

微课课件应该以微课教学内容为主题，围绕教学目标、教学对象设定课件内容，要注意突出核心内容，详略得当，篇幅不能太长，要有利于授课人把教学问题说透、说充分。在教学中，比较常见的微课课件结构是“总—分—总”三段式结构。总，即导入，提出教学问题，明确教学内容，包括微课的封面、目录页。分，即内容讲授，分析问题，采用教学手段解决问题。总，即结论，总结归纳问题，包括小结、结束页。

（2）确定课件内容。

微课课件的主题、结构确定以后，就可以搜集素材，为课件添加内容了。

封面页：封面页给人留下的是第一眼印象，很重要，所以一定要美观、大方。一般封面上要有课件的标题、制作时间、制作人姓名、制作日期等内容。

目录页：微课课件使用目录，可以使课件的结构更加清晰，帮助学习者全面了解课件的内容。

内容页：内容页是课件的主要部分，占据了课件的绝大部分篇幅，可以使用文字、图片、表格、视频、音乐等素材进行组合设计。

总结页：总结页是对整个课件内容进行归纳和总结，也可以是对教学重点、难点的再次重申。

结束页：一般包括致谢、联系方式等。

（3）PPT视觉要素的组成及设计。

PPT课件由多个视觉要素组合而成，主要的视觉包括背景、文字、装饰、图形、表格等。这些视觉要素有各自的表现规律，也有彼此之间配合组织的规律，因此在进行PPT设计和制作的时候要遵循相关的规律才能达到预期的效果。

① 背景。

PPT的背景要尽量选择浅色或深色，避免选择亮度值居中的颜色。文字的可辨认性是由背景的亮度和文字的亮度差决定的，一旦背景用了亮度居中的颜色，无论将文字设置为黑色还是白色，都很难达到投影要求的背景与文字的亮度差，从而会造成文字的可辨认性差，视觉效果模糊。另外，背景颜色不要选用大面积高纯度的色彩，如明黄色、亮青色等。这些颜色虽然符合亮度要求，但人眼长时间盯看会非常疲劳，同样会造成糟糕的视觉效果。PPT课件的背景图形要尽量简洁，以突出教学内容为己任，不可以喧宾夺主。一般情况下，背景图形会被安排在角上或在幻灯片周围，采用包围方式，目的是为教学内容留出足够的空间，突出主题。

② 文字。

在PPT课件中，文字的用途最广，是非常重要的要素。文字的设计编排是赋予幻灯片审美价值、增强教学效果的一种重要手段。对于正文文字要特别考虑可辨认性与可读性，应给人以清晰的视觉印象，避免人眼辨认费力。主要注意以下几点：第一，文字与背景的亮度差，文字与背景之间的反差是由亮度差决定的。比如，红色背景上设置蓝色的文字，色相差别很明显，但就是看不清楚，原因就是亮度没有拉开差距。为了应对随时出现的投影质量差的问题，必须尽量加大文字与背景的亮度差，背景尽量选择很浅或很深的颜色，文字设置为高亮度差的色彩，如深蓝背景上的黄字、白色背景上的深绿色字等。第二，注意文字和段落的格式设置。一般来讲，标题文字的字号不要大于36号，正文文字不要小于20号，正文文字以24号为宜。PPT课件中的行距可以根据文字内容自行设置，以达到清晰醒目的视觉效果。第三，PPT上的文字不要过多，文字面积不要过大，正文面积占幻灯片面积的60%～65%比较适宜。对于文字段落中需要突出的重点词句，可换一种颜色表示加以突出。

③ 装饰。

PPT课件要精美，吸引人眼球，装饰性元素必不可少。PPT课件制作中装饰元素主要分为两类：一类是纯装饰，另一类是功能性装饰。在PPT课件中装饰元素与背景往往是一体的，在设计背景的时候就考虑设计了一些装饰，已经起到了美化及美观的效果，一般情况下不需要再额外添加。但制作者如果觉得没有达到预期效果，在制作过程中要加入自己独具特色的装饰内容，那么建议遵循以下原则：第一，与教学内容有一定的关联性；第二，与界面整体风格统一；第三，与背景有某些一致性，如颜色一致；第四，不可太过醒目，以免喧宾夺主。

四、模拟授课及适时评价

评价是我们很常见的一词。当对待一个事物时，经常采用一种标准去评价和判断其表现的价值。从教学角度来看，教学评价可以看作按照一定的教学标准，对课堂上的教学目的、过程和效果进行的判断，包括已经进行的教学活动和对可能出现的教学活动的判断。[①]师范生按照微课教案内容，模拟现实场景进行授课，要多次反复。但师范生在这个过程中是以模仿为主，具体使用的教学方法是否合宜，能起到什么样的教学效果，他们是茫然的。因此，授课教师需要采用适时评价的方法对其教学的整个过程及涉及内容进行适时评价，给予他们积极的教学反馈。教学反馈是完整微课教学中缺一不可的环节，合理有效的教学反馈能帮助教师进一步完善教学过程，为以后的教学工作累积经验，从而带动师范生在后期的实训及即将面临教育教学工作中能全面且综合的发展。适时评价的根本目的是促进师范生的综合素养和师范技能的提升与发展，因此要突出评价的激励和调控功能，激发师范生内在的发展动力，促使其不断进步。对微课教学的评价可以从以下三个方面来展开：

1. 教学准备方面

微课的教学效果的好坏与教学准备是否充分有密切关系。教学准备主要涉及教学设计（教学目标的设定、教学内容的组织、教学策略的使用）及教案的写作等层面。如果教学设计充分详细，那么在授课时就应该表现出以下状态：教学目标设定明确，教学主题应该凸显；教学内容组织有序，并且每一个环节都应该安排恰当、承接自然，单元知识应该有完整且明确的说明；教学策略新颖，表现形式要恰当生动有趣。如果教案写作优秀，那么微课就有好的脚本，就如好的演员遇上了好的剧本，必然会产生良好的演出效果。微课教学中最容易出现“照屏宣课”的现象，恰恰反映出了教学准备不足，胸无成竹，才会完全照搬。过度依赖课件，微课内容严重缺乏自身的创作成分，靠下载、复制、粘贴相关资料拼凑而成的教学文本，使微课教学中现代教育技术方法成了弱化教师

---

① 李森，郑岚．促进质量提升的课堂教学评价改革[J]．课程·教材·教法，2019，39（12）：56-62．

教学责任和教学准备的负面条件。所以，充分的教学准备是微课教学评价的核心依据。是否有充分的教学准备，能体现在教学过程中，也能让听课者明显地感受到。同时只有充分的教学准备，才能在较短的时间内运用最恰当的教学方法和策略讲清讲透知识点，确保微课能够满足学习者实用、易用和想用的直接需求。

2. 教育技术方面

现代教育技术在微课教学中的应用效果是评价微课的主要依据。微课的本质是依靠现代教育技术方法，实现以学生自主在线学习或移动学习为目的的实际教学内容。微课教学环节中无论是图媒制作、视频教学、网络环境、拍摄技术还是教师形象仪态和教学语言素质等，无一不以现代教育技术的应用效果为基础，因此，教育技术的使用失误可能降低微课的教学效果。例如，图像不清、音频噪声明显等都会影响微课的教学效果。另外，如果教师对微课的教学理念理解有误，不能明确自身的主导地位，对现代教育技术过度使用，那么也是典型的喧宾夺主，将弱化甚至破坏微课的教学效果。

3. 教学风格方面

微课教学过程中教师的教学仪态、语速、音质、语音高低、肢体语言、情绪情感等一系列因素构成了教师整体的教学风格。教学风格不仅是教学艺术的重要内容，还会对学生产生整体的知觉印象，直接影响学生的学习效率，对微课教学目标的实现产生正面的激励促进作用或负面的瓦解作用。此外，在微课教学过程中，因为现代教育技术的作用（如视频画面、音响等），教师的教学风格会产生一种“放大”的教学知觉效应。可见，教师的教学风格是微课教学效果评价的重要依据。

五、微课视频的拍摄和制作

微课制作主要是指后期的微课视频制作，学生需要结合课程内容及课程要求自行制作，技术要求高。

视频制作是微课教学的核心，因为微课主要是通过视频的形式来呈现教学过程的。微课视频的制作通常精悍简短，这是与记忆的信息加工理论相符合的。

在制作视频时，教师可以开门见山地引出主题，也可以通过承上启下、设置悬念等形式引出主题，还可以从学生熟悉的角度出发引出主题。在内容讲解上，微课应该明确、清晰，并且要跟随教学主题逐步展开，突出重点。在教学过程中，教师应该采用恰当的方式集中学生的注意力，使他们不被外界干扰。在结尾上，微课视频应该确保简洁明了，一方面减轻学生的记忆负担，另一方面也留给学生回味的空间。

第二节 微课的评价指标

为了使微课在教学应用中取得好的效果，也必须用微课评价指标对微课教学应用进行及时的评价，从而不断改进、优化、调整教学策略，以达到最佳的教学效果。国内，广州佛山市教育局首先在微课的实践中进行了探索。早在2010年、2012年，佛山市教育局先后举办了两届“中小学教师教学视频评选活动”，参赛作品可以通过平台网站上传，还可以光盘报送到区教育局信息中心（电教站）。该活动取得了很好的效果。经过两年的探索，2012年举办了第一届“中小学教师微课大赛”，此时的“微课”是新课程微型教学视频课例的简称。佛山市教育局在实践中不断丰富微课的内涵和外延，从微课的理论研究到微课的开发、应用都在实践中取得了良好的效益。自此，全国各地各个级别各种类型的微课作品征集、竞赛评选、教学大赛、应用推广等活动如火如荼地开展。如何在众多的微课参赛作品中客观公正地遴选出高质量、高水平的微课作品呢？分析近年来各大微课比赛评审标准可以看出，评审标准也是在不断地与时俱进、变更修改的。张春一教授曾经提出过七个评判指标，符合这七点即为比较好的微课。这七点分别是准确引入标题、特色恰当的内容、创新为学的设计、充分合理的技术、精湛怡人的讲授、目标达成的效果、灵活多样的使用。[①]这个评价标准明确指出，制定评价微课标准时需要遵循的原则主要有以下几点：

一、规范性原则

结合微课的定义，切实把握好时间与内容的协调和统一，在微课设计时要真正体现“微”字的精髓，在微课评价时也要更加突出“微”字的精髓。一部好的微课作品，首先，必须在内容和形式的规范上符合要求，即作品的基本结构是独立和完整的；其次，

① 王岚，张一春．微课的评价指标体系研究[J]．教育现代化，2015（3）：85-88．

要求技术规范，包括微课视频时长一般不超过10分钟，视频画质清晰，图像稳定，声音清楚（无杂音），声音与画面同步；微教案要围绕所选主题进行设计，要突出重点，注重实效；微习题设计要有针对性与层次性，设计合理难度等级的主观、客观习题；微课件设计要形象直观、层次分明，简单明了，教学辅助效果好；微反思应在微课拍摄制作完毕后进行观摩和分析，力求客观真实、有理有据、富有启发性。

二、教学性原则

在进行微课评价时也必须考查微课的内容设计和教学过程是否真正体现以学生为中心，要关注学生的主体地位是否得到充分体现，学习主动性是否被全面调动，学习兴趣是否被彻底激发。设计微课的目的就是通过记录或是设计一门富有创新性、内容完整的课程。这要求微课的选题尽量是一个小而具体的知识点，内容不要太抽象宽泛。选取的知识点应围绕教学或学习中常见、典型、有代表性的问题或内容进行针对性设计，要能够有效解决教与学过程中的重点、难点、疑点、考点等问题。

三、创新性原则

传统课堂授课方式和内容已经很难很好地调动学生的兴趣，有创意的、趣味强的课程受到广大学生的青睐。这就要求微课作品要构思新颖，教学方法富有创意，不拘泥于传统的课堂教学模式。此外，教学过程要深入浅出、形象生动、精彩有趣、启发引导性强，有利于提升学生学习的积极主动性。随着科技的发展，一部好的微课作品不应该只是将高水平的授课老师的上课过程录制下来。根据人脑的注意力规律，每个人的注意力只能保持在七分钟左右，所以再好的老师的授课都不能避免学生出现精力不集中的现象。而有创意的新鲜事物往往可以调动学生的积极性，利用多媒体的系列软件往往可以实现这一效果。所以，微课作品的制作就可以借助这些工具，借助先进的教育技术设备，保证作品的趣味性及创新性。

四、实用性与技术性原则

微课并非中看不中用的花架子，在进行评价时应该讲求实用性，要衡量是否真能通过微课的学习更加便于学生理解和掌握知识，熟练和精通技能。同时，课程要能够在不同配置的计算机上运行，图像、声音、文本设计合理，画面清晰，字幕清晰。

以下为师范生微课模拟授课实训时的具体评分标准：

项目	内容	评价标准	得分
模拟微课授课（100分）	教态举止（10分）	衣着整洁，仪表端庄，教态自然，举止大方，精神饱满，情绪稳定，形体语言得当	
	思维能力（10分）	概念准确，条理清楚，逻辑性强，善于分析和综合；观点鲜明，围绕中心，反应敏捷	
	教学设计（20分）	1. 教学理念先进，教学目的明确，符合教学大纲和教材要求，重视德育渗透，体现素质教育要求。 2. 掌握备课的基本方法，教案完整规范、详略得当。 3. 内容充实完整，概念准确科学	
	教学过程（30分）	1. 课堂教学结构严谨，教学环节紧凑，能体现教学目的。 2. 讲课条理清楚，讲练结合，灵活多样，讲求实效。 3. 教学时间分配合理，教学方法适当。 4. 熟悉教案，讲授正确	
	教学方法（10分）	1. 正确把握课型特点，教学方法得当，符合教学原则。 2. 教学层次清楚、中心明确，较好地把握重点、难点。 3. 教学手段使用得当、有效，恰当运用现代教育技术及各种教具。 4. 符合该学段学生的认知发展水平	
	教学基本功（10分）	1. 语言有学科特点，表达清晰、准确、规范，语速、语调适当，有感染力。 2. 能用普通话进行教学，语言水平达到要求。 3. 基本掌握导入、讲解、提问、演示、结束和板书等教学技能	
	教学特色（10分）	教学设计、结构、方法、手段、语言运用等方面确有特长，风格独特，具有创新精神	

思考题

1. 微课制作的基本流程是什么，包括哪些方面？
2. 选题对于微课制作来说有什么特殊的意义？
3. 微课选题可以是些什么？微课选题时的基本原则是什么？选题时应该注意些什么内容？
4. 微课的教学设计要涉及哪些方面的内容？
5. 微课教案写作与一般常规课程教案写作有区别吗？为何要时时关注“微”？
6. 微课PPT的视觉要素的设计之间有哪些规律要遵循？
7. 微课模拟授课的教学评价可以从哪几个方面着手？
8. 制作微课评价标准时要遵循的原则是什么？
9. 思考微课评价的具体评分标准是否符合微课教学实际，有需要修改和完善的吗？

第七章

微课的基本教学技能

教学是一项复杂的工作，教师只有渊博的知识是不够的，还需要具备教师这个职业所需要的专业技能。课堂基本教学技能是指课堂教学中教师的基本行为方式，是在职教师和师范生从师任教的基本素质，主要包括教学语言、教态、板书、讲解和演示技能。基本教学技能在传递教学信息和学生交流过程中时刻不能缺少，微课作为浓缩型的课堂，正是全面且全方位体现教师综合教学专业技能的时刻。

第一节　教学语言技能

一、教学语言技能的含义

教学语言技能是教师在课堂上引导学生学习知识，掌握语言运用技能，形成正确的情感、态度、价值观等预定的教学目的所使用的语言。教学语言是教师组织有效课堂教学、提高课堂教学效率的重要手段，是教师引导学生观察、思考、讨论、探究等的主要方式，也是师生思想、情感交流的重要工具。教师的语言形式主要有课堂口语、书面语言、身态语言。所谓课堂口语，即口头表达。书面语言，即用书面文字表达，如板书。身态语言，即用示范性或示意性动作来表达思想。很明显，在这三者中，口头语言是课堂教学中语言表达的主要形式。作为一名教师，尤其是一名语文教师，良好的教学言语表达不仅能吸引、打动学生，还能变抽象为具体，化深奥为浅显，转平淡为神奇，从而更好地提高课堂语文课堂教学效果，优化语文课堂教学，甚至还能对学生言语表达能力的提高产生潜移默化的影响。反之，则不仅不能产生既定的教学效果，甚至不能实现既定的教学目的。

二、教学语言的构成要素及基本特点

（一）教学语言的构成要素

教学语言是由相互联系、相互配合的多个要素共同构成的，包括语音、语调、节奏、速度、响度。教师要通过教学语言把教学信息生动、准确地传递出去，便于学习者的接受和理解。在使用教学语言这个基本教学技能的时候，必须了解它的基本构成要素及意义。

1. 语音

语音是语言的基本代表符号，多种有意义的音节信号组合构成语言，才使得内部信息能以声音的形式发出和传递。因此，语音是信息的载体和符号。在教学中，对于语音的基本要求是发音准确、规范，即吐字清晰，用普通话。讲话含糊不清，多数是没有掌握说普通话发音的要领。吐字是发音的重要一环，只有通过具体的字、词才能传情达意。要想吐字准确、清晰、圆润、流畅，就必须努力锻炼自己的发音器官（唇、齿、舌），勤加练习，使其发音到位。

2. 语调

语调是指讲话时声音的高低、声调的升降及抑扬顿挫的变化等，是增强语言生动性、体现语言情感的主要因素。但语调的运用一定要从所表达的内容出发，自然适度才能起到应有的作用。语调的抑扬顿挫和声音的高低在教学中具有重要的作用。平淡而低沉的语调易使教室里空气沉闷，学生振作不起精神，信息接受率低；声音过大，又容易使学生情绪烦躁或厌倦。语调的情感是通过语言的抑扬顿挫而产生的，是教师对教学内容深刻体验之后的自然流露，不是生硬的外加成分，更不是简单地增加感叹词所能奏效的。

3. 节奏

节奏是教学成功的要素，教学主要包括语言、内容、时间三种节奏。语言的节奏是指语调高低、快慢的变化。例如，讲到重要的地方，提高声调、放慢速度；讲到快乐的地方，自然地流露出微笑；讲到愤怒的地方，表现出激昂的情绪；讲到悲伤的地方，声音变得低沉。这种语调高低、速度快慢交叠伴随着情绪的起伏，就形成了一种节奏，它直接影响着学生的情绪和接收信息的效率。内容节奏指要讲究内容的布局。开头要醒人耳目，一下子把学生带入学习情境，引起兴趣和注意；中间论述要善于变化，使学生的有意注意和无意注意有节奏地交替转换；结尾要有余味，激起继续学习新知识的渴望。时间节奏是指要合理地分配时间。师范生在实践和实习期间往往不能把握好时间节奏，容易出现前松后紧或前紧后松的现象。但是，经过一段时间的训练之后，师范生掌握时间节奏的能力明显提升，因此通过训练和实习获得的经验是必不可少的。

4. 速度

语言的速度是指讲话的快慢，其快慢是否科学合理对教学效果的好坏有直接的影响。在日常生活中，每个人讲话的速度都各不相同。但教学语言是教师专门的工作语言，教师不应该用日常习惯的语言速度去讲课，必须接受课堂教学自身规律的制约，受教学相关诸多因素的支配，不得有任意性。

5. 响度

响度是指声音的高低，实际上是声音强度、长度、高度的总和。在课堂上，教师声音的高、低、强、弱不仅对教学效果有影响，而且影响教师在学生心目中的形象。响度合理是理想教学语言的重要条件之一。为了提高教学效果，应该努力寻求教学语言的合理响度，也就是使教师语言的音高、音强、音长达到和控制在最适当的程度。具体的标准是让坐在每个位置的学生都能毫不费力地听清楚教师讲的每一句话，并且耳朵感觉舒适。如果达不到或超过这个合理的响度，就会妨碍信息的传递，影响学习效果。

（二）教学语言的基本特点

教学语言是语言这一人类交际工具在教育、教学领域中的具体运用，又是教师传递信息、指导学习、与学生交流合作的技能。因此，教学语言除了具备一般语言的共同性质外，还显示出与其他语言的明显区别，具有明显的教学特征。

1. 规范性

教师语言首先必须合乎规范的要求，教师要在正确运用言语方面为学生做出示范。规范的要求包括语音规范、语法和逻辑规范、道德规范等。教师应该努力学会讲标准的普通话，发音正确，声音清晰；说话应符合语法、逻辑，没有语病；应文明礼貌，不用嘲讽、挖苦或粗俗的语言与学生交流。语文教师的语言运用更是语言使用的典范，是学生学习和模仿的对象。

2. 教育性

教育性是由教师的职业特点决定的，因为教师既要教书又要育人。确实，教师既要向学生传授知识，培养学生的能力，又要对学生进行思想、情感和道德品质的教育。从这一特点出发，无论是在课堂上、课外活动中，还是思想工作中，以及在一切教育、教学过程中，教师都应该用得当的语言去启迪、影响、感染学生的心灵世界，去拓宽学生的视野，这是对教师语言的总要求。语文学科的内容特点，使语文教师课堂语言中的教育性可以表现得更加自然充分。语文教师应有意识地让自己的教学语言既有利于拓展学生的语文知识视野，培养、提高学生的语文能力，又能够引领学生发现美、体味美、感受美，并在获得审美愉悦的同时产生积极向上的决心和热情。

3. 启发性

教学语言的启发性是指教师的语言对学生能起到调动自觉性和积极性的作用。学习是一种复杂的思维活动，学生学习的有效性直接源于学生学习的主动性。学习是学生不断借助原有的知识经验去加工新的知识经验、建立新的知识经验的过程。学生能否积极参加并进行思考是学习得以有效进行的重要保证。学生怎样才能处于积极的学习状态？这有赖于教师的启发和鼓励。教师的课堂语言如能富于启发性，就不仅能唤起学生学习的热情，而且能唤起学生学习的潜力。启发性有三重意义：启发学生对学习的目的、意义的认识，激发他们的学习兴趣、热情和求知欲；启发学生联想、想象、分析、对比、归纳、演绎等思维活动；启发学生的情感和审美情趣。

语文课中充满了诗情画意，充满了智慧和想象，如果语文教师能够满腔热情，想方设法去引导、启发学生，就能使学生的思维处于积极的状态，具有身临其境之感，就能够使学生在语文学习中变得更为积极主动，富于想象力、思考力和创造力。

4. 生动性、趣味性

语文课堂言语应该追求生动性和趣味性。生动有趣的语言能有效激发学生的学习兴趣和热情，而且生动、有趣的语言容易引发人的联想，从而使抽象的概念更易于把握，使事物的特征更加鲜明突出。生动有趣的语言与语文课堂教、学相伴，不难想象，课堂会因此更加充满活力，学生的学习热情将随之高涨，喜欢语文、钟情语文将不再是难事。

三、教学语言的训练及要求

教学语言训练的主要任务是研究教师的教学口语，以使师范生在理论的指导下形成教育、教学过程中运用语言的实际能力。进行教学语言训练的目的是贯彻国家语言文字的方针政策，提高未来教师的语言素质。训练的内容有朗读、朗诵、讲故事、讲解教学内容等。

（一）训练一：朗读

朗读是进行普通话发音和说话的基础。其目的是进行方音辨正、方言辨正，用完整的句子表达思想。在朗读时，要做到不错读、不丢字、不重复、语句流畅，从而把握语言所表达的意思。

训练要求：

（1）进行方言和方音辨正。

（2）选择一篇5分钟左右的短文进行朗读训练。

（二）训练二：朗诵

朗诵是在朗读的基础上增加感情色彩，即不仅发音正确、语言流畅，而且要用音调的高低、节奏的快慢以及停顿等表达朗诵内容所蕴含的思想感情。

训练要求：

选择一篇散文或诗歌，深刻体会其中所抒发的情感，然后进行朗诵。训练时注意语调、节奏、速度以及停顿技巧的运用。

（三）训练三：讲故事

讲故事的目的是使语言实现口语化。口语的特点是句子比较短，结构比较简单，有重复、有补充、有解释，不仅可以通过语音、语调的变化来表达，而且可以通过目光、面部表情、手势、动作等体态语来表达。这些复合性成分会使所表达的意思更完整、更确切。

训练要求：

理解口语的特点和表达形式，选择一则故事进行准备。

（四）训练四：教学语言实践

教学语言既不同于朗读、朗诵的书面语言，又不同于一般讲故事的口头语言，而是两种形式的有机结合。教学语言在表达的时候有更为具体的规范和要求。

训练要求：

选择一段能体现叙述、描述、评述性语言的教学内容，具体写出讲解教案。在思考如何讲解时，主要考虑如何讲学生才能理解。

第二节　导入技能

一、导入技能的含义

无论哪个学科，也不论哪一节课，教师在组织教学的时候，开始总是应该力求用最短的时间，使全班学生集中精力进入对新知识的学习，即引导他们注意应当完成的学习任务。“万事开头难”，“良好的开端是成功的一半”，教学也是如此。微课时间短，因此必须教学一开始就给学生留下最鲜明、最有感染力的印象，否则会直接影响整个教学过程的展开和师生的交流。导入既是课堂教学的重要环节，又是教师应该掌握的教学技能。课堂导入又叫课堂导语，有时候也叫开场白或课引子。实践证明，教学中必须注重激发学生的求知欲望和学习热情，充分调动学生课堂学习的积极性，才能收到预期的教学效果。

二、课堂导入的作用

（一）集中注意，激发情感

上课伊始，学生一般情绪稳定性不足，注意力分散，大脑兴奋程度不尽相同，有的可能还沉浸在与课程无关的内容之中。怎样在一节课或一个新课题的开始使学生做好心理的准备，引起高度的注意力呢？在教学的起始阶段，可采用多种方法启发学生活动、思考，给学生新的刺激，唤起学生对教学内容的浓厚兴趣，激发出多种多样的积极情感和动机，把学生引导到教学的方向上来。

（二）建立学习的框架和参考的基点

在课程开始或讲解某一课题之前，先提出一个带有本质性的问题，将此作为学习、讨论或教师讲解的出发点，以后所安排的一切活动都紧紧围绕这一中心展开的。导入环节提出的问题就是一节课内容或某一学习课题的参考基点。或者通过导入，使学生能够大体上领会学习内容的基本轮廓，建立整体印象，为学习做好心理上的准备，便于更好地组织自己的学习，并易于使知识系统化，于是导入为新的学习建立了整体的框架。

（三）为学生创设良好的学习情境

教学首先要为学生在所提供的情境中感知和获得情感上的体验。例如，在一节课或学习一个新的概念、原理之前，用媒体演示或举出一个恰当的事例，用事例导入，然后通过对事例的分析、综合、概括，从中抽象出概念或原理。这样开始所举的事例、所讲的故事、演示的媒体等，都为引导学生学习创设了学习情境。

（四）激发学习的兴趣和参与的意愿

兴趣是入门的导向，是学习的重要内驱力。学生对学习产生兴趣，则会触发学习动机，从而自我驱动，积极主动地投入学习，提高学习效率。所以，善导的教师在教学之始，总会千方百计设计恰如其分、新鲜有趣、引人入胜的导入。选用学生所关心的问题，如生活问题、社会问题、生产实践中的问题来导入课题，往往容易引起学生的某种需求，使其产生好奇心或探究心理，产生急欲知道原委的愿望和浓厚的兴趣，从而自觉地将整个身心投入学习中来。

三、课堂导入的类型

（一）直接导入

直接导入就是教师直接阐明学习目标和要求，以及本节课的教学内容和安排，通过简短的语言叙述、设问等引起学生的关注，使学生迅速地进入新课的学习。直接导入的优势表现为：迅速定向，使学生对本节课的学习有一个总的概念和基本轮廓；节省教学时间，尽快地进入新内容的学习。直接导入较适用于连续性教学的后续课导入、教学内容条理性强的导入和新领域的导入。从学生原有认知结构中不易找到知识的“生长点”，新知识的学习方法和学习程序没有适当的范例借鉴，或者出于简化导入过程以优化课堂教学整体过程的考虑，均可选择直接导入。

（二）悬念导入

根据学生的心理特征和各种知识之间的内在联系，提出带有悬念性的问题来导入新课或问题，能激起学生的兴趣和求知欲。在悬念中巧妙地提出学习任务，又可创造出探求的最佳情境。采用悬念激趣的导入方法时，悬念的设置要恰当适度。不悬，会使学生一眼看穿，无念可想；太悬，学生又无从下手，也就无趣可激。只有在悬中寓实，才能使学生开动脑筋、琢磨思考，兴趣盎然地去探索未知。

（三）情景创设导入

情境创设导入就是在教学中，教师利用语言、谜语、音乐、漫画、录像、地图、标本、电化教学等媒介手段，选取新颖有趣的教学素材，创设生动活泼的教学情境，使学生为之所动，产生共鸣，为新课的展开创造良好的条件。

（四）衔接导入

新旧衔接，以旧拓新是使学生达到温故而知新，以旧知识为基础发展深化，引导学生去发现问题，明确探索的目标，从而进入新教学内容的学习，这是目前教师在课堂教学中常用的一种导入方法。它是以回忆、提问、做练习题等方式复习旧教学内容开始，从新旧内容的连接点上“水到渠成”地过渡到新知识的学习。

（五）故事导入

爱听故事是学生的一大特点。各个学科都会涉及学科发展史、发明史以及科学家的传记，语文课涉及的范围就更广泛了，有无数动人的故事。适当地选讲这些故事的片段，不仅有利于学生思维能力的培养，而且能极大地激起他们学习的兴趣。因此，根据教学内容的特点和需要，利用故事导入新课是激发学生学习的好方法。

四、导入的技能的训练及要求

在学习了导入技能的理论之后，要及时安排相应的实践活动，进行微课导入技能的训练。导入的类型是在深入钻研教学内容、明确教学目标和分析学生认知特点的基础上确定的。因此，每一种导入都应从教学目标出发，使学生明确学习目的和教学内容，启发他们学习的积极性和主动性，造成寻求答案的迫切心理，从而更好地理解和掌握知识。导入部分必须有合理的结构，师范生需按照以下步骤进行实训：集中注意—引起兴趣—明确目的—进入课题。

（一）训练一

选择一篇散文体裁的课文，自由选择微课的内容，进行导入部分的教学设计。

（二）训练二

选择一篇小说体裁的课文，自由选择微课的内容，进行导入部分的教学设计。

（三）训练三

选择一篇诗歌体裁的课文，自由选择微课的内容，进行导入部分的教学设计。

第三节　讲授技能

一、讲授技能的含义

一堂课的效果好不好，很大程度上取决于教师的讲课方式。良好的讲授技能是教师课堂教学必备的一项重要技能。讲授技能是教师用精确的语言，向学生阐释、说明、分析、论证概念和原理，也是教师揭示事物本质的特征、启发学生的思维、表达自己内心想法的技能。讲授是古今中外学校教育中的一种基本教学方式。课堂讲授曾一度受到贬斥，有些人认定，讲授就是“填鸭”式的注入，以讲授方式进行教学就意味着剥夺学生学习的自主性，使学生陷入机械、被动学习的窠臼。确实，教师运用讲授教学方法易照本宣科，学生被动接受，师生之间、学生之间互动不足，不利于激发学生的学习兴趣，不利于调动学生的积极性和主动性，学生学习往往集中在低水平的认知活动上（记忆），不利于发展高水平思维能力，尤其是创造性思维能力。但是，自人类社会教学活动产生以来，讲授式教学一直是一种最基本的教学形式和方法，它经过漫长的社会发展都不曾被淘汰，即使在大力提倡发现法、探究法的今天，纵观全国各级各类学校，讲授教学方法仍然被广大教师所采用。这是因为目前学校的主要教育目标之一还是使学生获取知识，主要的学习方法是记忆。教材的编制、课堂教学的展开、测试的方式都是以知识为主要内容，而讲授是传授知识的有效手段。通过讲授，可以帮助学生理解、记忆新知识；扩展学生的知识结构；培养学生倾听和思考知识的习惯。尤其是教学重点、难点、小结、讲解、解惑、归纳上都离不开讲授法的点睛之笔。因此，讲授技能是进行教学活动的最重要的技能之一。几乎所有的教学活动都离不开讲授技能的介入。微课时间短，对教师授课技能的要求高，也体现了讲授技能对课堂控制的优势。

二、讲授技能的优点及作用

（一）讲授技能的优点

1. 既经济又省时

只要教师对学科知识有较多的了解并事先准备了充分的教学材料，就可以随时随地加以运用。从现有的学科教学来说，它也适合大多数学科、大多数情况下的教学。因为在讲授中，教师可以亲自向学生呈现学科的基本内容，直接鼓励学生的学习热情，激发学生的潜能，使学生在较短的时间内获得大量的、系统的文化科学知识，同时讲授对教学设备没有特殊要求，教学成本低，便于广泛运用。

2. 便于教师发挥自身的主导作用

讲授在课堂上使用时可控性强，一节课讲什么、讲多少、怎么讲，教师可以自己把握。教师还可以及时发现教学进程中的问题，对内容、进度都可以及时地做出调整，以保证教学目标的实现和教学任务的完成。教师以学生易懂的形式有效地概括学科内容，用不同词语陈述相同的内容，从而有助于学生理解；讲授中有师生的情感交流，师生可相互作用，相互强化；在讲授时教师还可以根据听课对象、设备和教材，对讲授内容进行灵活处理。

3. 有利于学生吸收大量课外知识，扩大视野，掌握课堂知识

学生的学习是一种积极能动的活动，是在学生的各种心理动机（如认识、愿望、理

想情感等）的影响下进行的。诱发学生的学习兴趣是激发学习动机的有效方式。学生对所从事的学习活动感兴趣时，总伴随着一种积极的、愉快的情绪体验，从而维持这一活动的持续和深化，并克服重重阻力，保持注意力。因此，教师应采取多种方式调动学生的学习积极性，而讲授便可以创设饶有趣味、引人入胜的情境，把学生的好奇心引到学习上来，激发起学生学习的积极性和主动性，使学生自觉控制自己的注意力，变“我要学”为“我想学”。

4. 有利于进行思想教育，促进学生的全面发展

教学的过程也是培养学生美好品德和审美情趣、奠定学生科学世界观基础的过程。教师若能深入挖掘教科书中蕴含的丰富的思想教育内容，密切联系实际，运用讲授技能，抒发真情实感，使学生受到感染和教育，就能起到良好的德育渗透作用。讲授还可以带学生进行审美想象，认识事物中美的内涵，培养学生的审美情趣和鉴赏美的能力。如通过讲解祖国各地风光秀丽、江山多娇，也能让学生感受自然美；通过描绘优美的环境、壮美的场面以及人物事迹所表现出的高尚情操和美好的心灵，使学生产生强烈的向往和敬意。

（二）讲授技能的作用

（1）教师通过讲授，可以在较短的时间里，系统而准确地传授较多的知识。教师的讲授比学生的发言更具有权威性，也更全面、完整，可以省去回答、讨论中补充、订正的时间。所以，讲授与谈话、讨论等方法比较起来，更为经济而高效。讲授能在短时间内传递大量的信息，提供系统的知识结构，能够在较短的时间内将一门学科的知识集中、系统地传授给学生，让教师有更多时间专注于所确定的目标内容上。

（2）讲授教学方法便于教师学习和掌握，尤其对于新教师来说，由于缺乏驾驭课堂交流技能，如果采用讨论等方法，则可能难以处理学生意外反应而提出的发散问题，而讲授可以按照教师预先准备好的材料按部就班地推进教学，便于控制课堂进程，增强安全感，所以被多数教师广泛使用。

（3）讲授也是育人的一个重要措施。教师向学生系统地讲解自己对教材理解的同时，总是以讲授语融入自己的见解和情感，使学生不仅能感受到教师对教材中有关知识的鲜明态度，从而更深刻、更具体地感知教材，学到知识。而且，教师讲授中的情感也能引起学生的共鸣，使其受到感染和启迪，对学生的思想意识产生深刻的、潜移默化的作用。

（4）讲授也可以培育学生的学习能力。教师不论是描述所讲对象还是叙述事实，不论是准确说明还是严密论证，讲授语必须条理清晰、准确明白、逻辑严密，这对学生的语言发展和思维能力的提高有积极的影响。教师在讲授中运用启发方法，引导学生积极思考，这样，在讲授知识的同时也可以传授学生获得知识的技能和方法。

三、讲授的类型

（一）讲述

讲述是指在授课时，教师通过生动形象的语言对事物或者事件进行系统的叙述的一种讲授方式。讲述是传统的教学方法，也是被广为采用的方法之一，它简便易操作，在时间上也是最经济的。讲述的表现方式是由教师讲述、叙述课本内容，学生静听。语文课运用讲述，可在学习开始时教师交代学习目的、范围、要点和要求，可用在介绍作家作品及背景或相关课外知识，也可以用在分析重点、难点，还可以用在补充教学所需的各种材料。讲述按照使用方法，大致分为以下几类：

（1）概述式，即对人、事、物的特征或要素进行抽象概括或进行提要性、强调性的叙述，比如介绍故事梗概，说明某个物品的使用方法。

（2）实证式，即用事实或数据说话，用以调动学生的经验储备，增强说服力。

（3）比喻式，即当学生的感性经验不足，直接描述不足以使学生理解某些抽象概念或原理时，可以通过比喻唤起学生的表象并组织其表象，从而促进理解。

（4）形象式，即对一抽象事物进行形象叙述，激发学生的想象思维，促进理解。

（5）递进式，即按照事物的发展过程、步骤、操作程序或层次结构，步步推进，条分缕析。

（二）讲解

讲解是以阐释说明、分析论证以及概括等方法帮助学生认识事物的现象和本质的一种讲授方式。与讲述不同的是，讲解不是讲事，而是讲理，侧重于发展逻辑思维能力。讲解有以下优点：可以指导学生获得知识，引导学生在原有认知结构基础上，感知、理解、巩固和应用新知识、新概念和原理，可以促进学生提高能力，发展智力。还可以对学生进行思想教育，结合教学内容的思想性，陶冶学生情操，培养其审美能力。讲解包括以下几种方式：

（1）解说式，即运用学生熟悉的事实、事例，引导学生在情境中接触概念，以感知为起点对概念进行理解，或者把已知与未知联系起来，说明事物的本质属性和基本特征。

（2）解析式，即揭示和分析规律、原理和法则，是基础知识解析和基本技巧训练的重要方式之一，主要有归纳和演绎两种途径。归纳是通过讲授分析事实、经验或实验，抓住共同要素，概括本质属性，综合基本特征，用简练、准确的语言做出结论，再把结论用于实践，解决典型问题，最后将相似的、易混淆的内容进行比较，指明区别和联系；演绎，即首先讲解规律、原理和法则，再举出正反实例，加以应用。

（3）解答式，即以解答问题为中心，具有一定的探索性，在事实中引出问题或直接提出问题，明确解决问题的标准，提出解决问题的方法，进行比较、择优，进而找出论据，再展开论证，通过逻辑推理得出结论，最后归纳总结。

（三）讲读

讲读是在讲述、讲解的过程中，把阅读材料的内容有机结合起来的一种讲授方式，通常是一边读一边讲，以讲导读，以读助讲，随读指点、阐述、引申、论证或进行评述。讲读在语文课程的教学中经常使用，主要有五种方式：

（1）范读评述式，即一篇课文由老师或学生分段范读，一边范读，一边评述。

（2）词句讲串式，即在讲读课文时，在具体的语言环境下分析文中词句，筛选重点词句并板书。

（3）讨论归纳式，即读课文时遇到容易使学生困惑起争议的地方，引导学生进行讨论，学生发言后，教师做小结。

（4）比较对照式，即读完课文后，比较文中的人与人、事与事、物与物，在同中求异或异中求同的过程中讲授知识、指导学习。

（5）辐射聚合式，即联系先前学过的文体相同、主题相近、写法相似的课文，对二者进行分析比较，综合概括，找出联系与区别，形成知识规律。

四、讲授技能的训练及要求

（一）训练一

讲授案例分析，仔细阅读下面的微课讲授课例，分析其优缺点。

案例一

《五代史伶官传序》

——从“后唐庄宗的成败得失”看“盛衰之理”

西昌学院2020级汉语言文学专业庞俊洁提供

一、教学目标

（一）知识与能力目标

了解作者及《五代史伶官传序》的时代背景；通过研习本篇史传作品，分析后唐庄宗（李存勖）的成败得失；深入理解“盛衰之理多由人事”“忧劳可以兴国，逸豫可以亡身”的人生道理。

（一）过程与方法目标

由《五代史伶官传序》时代背景导入，带领学生进入课堂；教师通过分析对比后唐庄宗前后期不同处境的史实，指出其过错；通过对文本的分析与讲授，引申出修身养性、治国平天下的道理。

（一）情感态度与价值观目标

以后唐庄宗的史实为鉴，树立居安思危的意识，培养学生树立正确的人生观和价值观。

二、教学重难点

1. 分析后唐庄宗得天下与失天下的历史教训；
2. 阐明“盛衰之理多由人事”“忧劳可以兴国，逸豫可以亡身”的道理。

三、教学时长

10分钟。

四、课文来源

部编版高二语文选择性必修中册第三单元第11课。

五、教学过程

（一）课前导入

各位同学，上节课我们已大致了解了本篇文章，学习了文学常识“序”，梳理了文中重点字词句的用法。本节课我们将对文章进行更深入的探讨分析，看看文中的主人公——后唐庄宗是如何将天下毁于己手的，从中我们又能感悟什么道理？在这之前，我们先对本文作者及时代背景进行了解。

（二）了解作者及时代背景

1. 作者介绍

欧阳修，字永叔，号醉翁、六一居士，谥号文忠，北宋吉水人；著名文学家、史学家，北宋中叶的文坛领袖，诗文革新运动的倡导者。他在诗、文、书法、文论等各方面都很有成就。

2. 时代背景

欧阳修进入政界后，正是北宋王朝开始由盛到衰的时期，社会上的各种矛盾日趋尖锐，政治上的一些弊端越来越严重，社会危机越来越令人不安。到了仁宗庆历初年，农民起义接踵而至，西夏又侵扰西北边境，屡败宋军。欧阳修、范仲淹等人针对当时的弊政，力图实行政治改革，以挽救北宋王朝的危机，却接二连三地遭到当权派的打击。在这种情况下，欧阳修忧心忡忡，很担心五代惨痛历史即将重演，而宋太祖时薛居正奉命主修的《旧五代史》又“繁猥失实”，无助于劝善惩恶，于是自己动手，撰成了七十四卷的《新五代史》。

（三）深入理解文章

1. 整体感知文章

本文是一篇史论，文章开篇立论，提出盛衰多由“人事”的观点，随后以庄宗故事加以印证，并反复阐发，推广其意，以鉴往知来，警戒后人。

2. 分析后唐庄宗的成败得失（得天下与失天下）

对文章有了整体感知后，我们将目光转向今天的主人公——后唐庄宗（李存勖）。李存勖用十五年的时间，从晋王到统一中国中原，建立起颇为强大的后唐，而后三年贪图安逸，结果很快被伶人杀死。从盛极一时走向身死国灭，只有短短的3年时间。那么这期间由盛转衰的原因是什么呢？让我们一起从文章中看看他是如何将天下毁于己手的。

（教师利用PPT课件展示原文及译文并进行分析讲解）

首先，我们来看庄宗是如何得天下的。

庄宗受而藏之于庙。其后用兵，则遣从事以一少牢告庙，请其矢，盛以锦囊，负而前驱，及凯旋而纳之。方其系燕父子以组，函梁君臣之首，入于太庙，还矢先王，而告以成功，其意气之盛，可谓壮哉！

译文：庄宗受箭收藏在祖庙。以后庄宗出兵打仗，便派手下的随从官员，用猪羊去祭告祖先，从宗庙里恭敬地取出箭来，装在漂亮的丝织口袋里，使人背着在军前开路，等打了胜仗回来，仍旧把箭收进宗庙。当他用绳子绑住燕王父子，用小木匣装着梁国君臣的头，走进祖庙，把箭交还到晋王的灵座前，告诉他生前报仇的志向已经完成，他那神情气概，是多么威风！

但庄宗并没有一直辉煌下去。

及仇雠已灭，天下已定，一夫夜呼，乱者四应，仓皇东出，未及见贼而士卒离散，君臣相顾，不知所归。至于誓天断发，泣下沾襟，何其衰也！岂得之难而失之易欤？

译文：等到仇敌已经消灭，天下已经安定，一人在夜里发难，作乱的人四面响应，他慌慌张张出兵东进，还没见到乱贼，部下的兵士就纷纷逃散，君臣们你看着我，我看着你，不知道哪里去好；到了割下头发来对天发誓，抱头痛哭，眼泪沾湿衣襟的可怜地步，怎么那样的衰败差劲呢！

总结：作者先盛赞庄宗的成功，继而感叹他的失败，将庄宗极盛和极衰的两种情形作了鲜明的对照。同是一个人，曾经是“意气之盛，可谓壮哉”，转而竟至于“誓天断发，泣下沾襟，何其衰也”！由“盛”而“衰”，前后变化如此巨大、鲜明，不禁引发人们的议论与思考。

3. 总结唐庄宗不能善始善终的原因

思考：庄宗为何能善始却不能善终？

明确：因为庄宗前期“忧虑劳苦，竭忠尽智”，所以“方其盛也，举天下之豪杰，莫能与之争”；而后来“安于享乐，不思戒慎”，所以“及其衰也，数十伶人困之，而身死国灭，为天下笑”。

（四）以史为鉴，感悟道理

后唐庄宗前期横扫诸国、意气扬扬，很快众叛亲离、死于乱箭之下。他前期之所以成功，是因为有着三支箭的鞭策，他怀着一股报仇的信念，时刻恭敬地面对父亲的遗愿。用原文的话来说就是“忧劳可以兴国”。而获得成功之后，没有了奋斗的方向，于是贪图安逸，亲近伶官，导致身死国灭，用原文的话来说，就是“逸豫可以亡身”。

我们不仅要了解史实，更要以它为鉴。文章中出现了一些具有深刻哲理的句子，值得我们一起思考与学习：

盛衰之理，虽曰天命，岂非人事哉！

译文：盛衰的道理，虽说是天命决定的，难道说不是人事造成的吗？

忧劳可以兴国，逸豫可以亡身。

译文：忧劳可以使国家兴盛，安乐可以使自身灭亡。

夫祸患常积于忽微，而智勇多困于所溺。

译文：祸患常常是由一点一滴极小的错误积累而酿成的，纵使是聪明有才能和英勇果敢的人，也多半沉溺于某种爱好之中，受其迷惑而陷于困穷。

（五）课堂小结

本节课，我们通过研习本篇史传作品，分析了后唐庄宗的成败得失，深入理解了“盛衰之理多由人事”“忧劳可以兴国，逸豫可以亡身”的人生道理。孟子在《生于忧患，死于安乐》中已经告诫我们，要葆有对安乐生活的忧患之心，才能够让精彩岁月长存。

（六）课后作业

1. 背诵文章第4段。

2. 阅读欧阳修的另一篇文章《朋党论》，感悟其中道理。

（七）板书设计

五代史伶官传序
- 后唐庄宗的成败得失
  - 得:庄宗尊父命报仇成功
  - 失:庄宗沉溺声色亡国
- 人生道理
  - “盛衰之理多由人事”
  - “忧劳可以兴国，逸豫可以亡身”

案例二

《声声慢》中叠字的运用

西昌学院2020级汉语言文学专业庞俊洁提供

一、教学目标

1. 知识与能力目标

通过对叠字的分析，体会其作用。

2. 过程与方法目标

通过对叠字的学习，掌握词人用叠字表达感情的方法。

3. 情感态度与价值观

通过对叠字运用的分析，理解李清照心中的愁绪。

二、教学重难点

通过对叠字的分析，体会其作用，掌握词人用叠字表达感情的方法。

三、教学时长

10分钟。

四、教学方法

讲授法：讲解词中叠字的运用。

五、课文来源

高中必修上第三单元第9课。

六、教学过程

（一）激趣导入

同学们，通过上节课的学习，我们知道了这首词是在词人南渡以后所写，在词中她表达了国破家亡的沉重愁绪，那么大家读了以后觉得这首诗里哪一句写得好，或者你最喜欢哪一句，觉得哪一句很特别，和大家分享一下。（学生发言）

老师听到有同学说到了第一句，叠字的运用，对，老师也觉得李清照这里叠字的运用堪称经典，那么今天我们就来分析一下本词中李清照对叠字的运用。

（二）回忆所学

前人对李清照连用十四个叠字评价非常高，说是“出奇制胜，匪夷所思矣”，那么我们之前见到过含叠字的诗句吗？大家可以来说说。（PPT展示）

同学们说了很多，看来大家的积累很丰富，老师听到有人说到了杜甫的登高，这是我们在上一课刚学的：“无边落木萧萧下，不尽长江滚滚来。”（杜甫《登高》）

问题：那么大家觉得使用叠字有什么好处呢？

明确：一方面，叠字极富音乐美，宋词是用来演唱的，使用叠字能使词读起来富有节奏感和音乐美；另一方面，叠字的运用有利于促进情绪的递进加强感情表达。

（三）详细分析叠字的作用

下面我们就来看看本词中的叠字，分析其作用。

1. 阅读全文，分析叠字的作用

寻寻觅觅，冷冷清清，凄凄惨惨戚戚。乍暖还寒时候，最难将息。三杯两盏淡酒，怎敌他、晚来风急？雁过也，正伤心，却是旧时相识。

满地黄花堆积。憔悴损，如今有谁堪摘？守着窗儿，独自怎生得黑？梧桐更兼细雨，到黄昏、点点滴滴。这次第，怎一个愁字了得！

（第一个作用老师给出提示：奠定感情基调）大家读了词的第一句，有什么感觉啊？大家觉得读起来是欢乐的吗？肯定不是，是愁苦的。

（1）叠字以抒情开篇，富有感情色彩。

开头三句“寻寻觅觅，冷冷清清，凄凄惨惨戚戚”，以抒情开篇，连用七组叠字，巧妙、生动而又贴切，“寻寻觅觅”写动作，女主人公好像丢掉了什么珍爱的东西，在认真寻觅，她在寻找什么呢？对，是昔日的欢乐生活，“寻、觅”二字重叠，传神地表现出了国破、家散、夫亡这些变故带给她的剧痛、哀伤以及孤独寂寞、茫然无措的情态。

她环顾四周，想“寻觅”到一点什么东西来慰藉自己孤寂的心灵，可似乎什么东西都不在了，到处一片“冷冷清清”的景象，“冷冷清清”渲染出了环境的悲凉、主人公内心的无依无靠，也是对词后面提到的乍暖还寒时节景象的真实写照。这样的心情，这样的环境，怎能不让人觉得“凄凄惨惨戚戚”？“凄凄惨惨戚戚”又进一步写出了女主人公内心世界的巨大伤痛。

十四个叠字既未写悲愁，又未写眼泪，却蕴含着人生无穷无尽的酸甜苦辣，这些叠字由浅入深，一层一层递进，丰富的感情内容深蕴不露，烘托出一种浓厚的悲凉氛围，又为全篇奠定了感情基调，使以后出现的“黄花”“梧桐”“细雨”这些景物都染上了浓重的感情色彩。在词的下阕结尾处，又用到叠字“点点滴滴”，与开头照应，加重了词的感情色彩。

第二个作用提示：三层意境，大家觉得这些叠字能交换顺序吗，“寻寻”可以放在“觅觅”之后吗？老师听到有同学说不能，为什么呢？对，它有一种层层递进的作用。

（2）叠词运用创意出奇，层次分明。

这七组叠字，包含恍惚、寂寞、悲伤三层递进的意境，真有“大珠小珠落玉盘”之妙。唐圭璋《唐宋词简释》曾申说其婉妙：“中心无定，如有所失，故曰‘寻寻觅觅’。房栊寂静，空床无人，故曰‘冷冷清清’。‘凄凄惨惨戚戚’六字，更深一层，写孤独之苦况，愈难为怀。”下阕又用“点点滴滴”两组叠字，赢得历代读者无比赞叹。

傅庚生《中国文学欣赏举隅》的论说最能传其美妙：“此十四字之妙：妙在叠字，一也，妙在有层次；二也，妙在曲尽思妇之情；三也，良人既已行矣，而心似有未信其即去者，用以‘寻寻’。寻寻之未见也，而心似仍有未信其便去者，用又‘觅觅’；觅者，寻而又细察之也。觅觅之终未有得，是良人真个去矣，闺闼之内，渐以‘冷冷’；冷冷，外也，非内也。继而‘清清’，清清，内也，非复外矣。又继之以‘凄凄’，冷清渐蹙而凝于心。又继之以‘惨惨’，凝于心而心不堪任。故终之以‘戚戚’也，则肠痛心碎，伏枕而泣矣。似此步步写来，自疑而信，由浅入深，何等层次，几多细腻！不然，将求叠字之巧，必贻堆砌之讥，一涉堆砌，则叠字不足云巧矣。故觅觅不可改在寻寻之上，冷冷不可移植清清之下，而戚戚又必居最末也。且也，此等心情，惟女儿能有之，此等笔墨，惟女儿能出之。”

第三个作用提示：感情真挚，通过刚才的学习，相信大家已经感受到李清照叠字运用的绝妙了，那么我们大家在读一首诗或词的时候，最打动人的是什么，最引起我们产生共鸣的是什么呢？没错，是作者表达的感情，历代用过叠字的人不少，但是李清照的叠字却堪称经典，正是因为她表达的感情非常真挚。

（3）叠字运用感染力强，细腻而真挚。

古典诗词中运用叠字的情况相当普遍。而李清照的《声声慢》是公认的一首叠字使用极佳的名作。又如元人乔梦符的《天净沙》小令：“莺莺燕燕春春。花花柳柳真真，事事风风韵韵，娇娇嫩嫩，停停当当人人。”这样的叠字毫无真情实感可言，纯粹是一种文字堆砌的游戏，故受到人们的讽刺。而李清照叠字运用恰到好处，这十四个字把一个生长于贵族之家、中经战乱丧夫、如今过着飘零生活的女人的愁苦心境表露无遗。李清照《声声慢》中，起调十四个叠字之所以成为千古绝唱，成功的经验主要也就在于能真切而深刻地表达了女词人国破家亡夫死这一细腻而丰富的心曲。

第四个作用提示：创新，对于传统文化，我们总在说一句话，推陈出新，李清照并不是叠字的独创者，但是她的叠字却独占鳌头，影响深远。为什么呢？对，因为与别人不同。

（4）叠字运用敢于创新、极富美感，影响深远。

我们之所以说在运用叠字方面李清照独占鳌头，是因为她用得大胆而成功，是宋词中绝无仅有的。其大胆之处在于：《声声慢》有平仄二体，她用的是仄体，而且在词的开头，连用十个难发的齿音：“寻寻”“清清”“凄凄”“惨惨”“戚戚”，这样多的齿音连用，是前人所没有的。由于这些叠字和思想内容的表达有机地糅和在一起，显得独具匠心。这十四个叠字包含了三层意思，而这三层意思浑然成为一体：“寻寻觅觅写人的动作、神态，表达作者的心理感受，作者内心孤寂而空虚，想要寻觅她过去美好生活，结果是什么也寻找不到，这就更加深了她的索寂之感；冷冷清清则写环境的悲凉这样的心情又恰逢乍暖还寒的季节，自然倍感清冷；“凄凄惨惨戚戚”，进一步书写内心感受内心世界的巨大伤痛，久久不散，余味无穷。这正是人们推崇李清照叠字运用的原因所在。

2. 朗读指导

“寻寻觅觅”四字，应读得缓慢、迷茫，“冷冷清清”，用降调，轻声读，“凄凄惨惨戚戚”六个字，则要一字一顿，读出字字悲的感觉。

（四）课外拓展

运用叠字，李清照并不是独创，除了李清照，从古至今还有很多人写过叠字，同学们下来后可以找来读读，看看他们的叠字与李清照的叠字运用有什么不同。

（五）教学小结

这节课，我们从叠字的角度，学习了李清照用叠字表达感情的创作手法，开头连用了十四个叠字，用法大胆新奇，工整得体，写出了由于寻而未得所引起的无限的凄苦忧伤之情，仅此三句，一种由愁惨而凄厉的氛围已笼罩全篇。心中极愁，景景含愁，通篇是愁，然而这一愁情作者却始终不说破，只是极力烘托渲染，层层推进，营造出一种“一重未了一重添”的凄苦氛围，给人留下更多的思索空间。全词尽管没有写一滴泪，然而给人们的感觉却是“一字一泪，满纸呜咽”，这比直写痛哭和泪水涟涟更为深刻、凄酸，也更能感染人。

（六）作业布置

（1）背诵全词并默写。

（2）积累其他叠字的诗句，对比李清照的不同之处。

七、板书设计

声声慢

李清照

寻寻觅觅 →	动作 →	若有所失	感情基调：哀婉、凄凉、愁苦
冷冷清清 →	环境 →	寂寞冷清	
凄凄惨惨戚戚 →	心理 →	凄凉惨淡	

（二）训练二

从下面的题目中选取一题，进行讲授设计，然后进行讲授练习，分析讲授效果，进行讲授反思。

（1）《醉翁亭记》中的醉翁之“醉”。

（2）《陋室铭》中的景物描写。

（3）帮助学生体会《登高》中作者的悲凉心境。

（4）马丁·路德·金《我有一个梦想》选段中排比修辞手法的作用。

第四节　提问技能

一、提问技能的含义

提问是教学过程中必不可少的环节，善于提问的教师，一般来说，课堂的教学效果是比较好的。提问技能是指教师运用提出问题及针对学生的回答所做出的反应方式来促进学生主动参与学习，了解他们的学习动态，启发思维，使学生理解和掌握知识，发展能力的课堂教学技能。提问是通过师生相互作用去实现教学目标的一种主要方式，是教师在课堂教学中进行师生相互交流的重要技能。“研究发现，整个课堂谈话的60%～80%是用来提问题、回答问题以及教师对问题问答进行评议。教师提问的频率是平均每分钟提两个问题。”[①]可见，课堂提问作为课堂里沟通教与学的桥梁，是教师在课堂教学中应用最为广泛的教学行为和手段，是教师教学能力和教学技能的集中反映，直接影响着课

① 于潜.教师在校本研究中成长[M].北京：中国书籍出版社，2013：158.

堂的教学质量。在新的课程要求中，如何设计或提出高质量的问题，已经成为语文课堂教学中极为重要的一个方面。

二、提问的作用及原则

（一）提问的作用

课堂提问所涉及的问题与教学内容紧密相关，它既是组织教学的开端，又是教学进程中转换的关节，是学生学习活动中激活思维的重要因素，是教学成功的基础和关键之一，甚至可以说是“教学的生命”。恰到好处的提问作用不可低估，其作用主要体现在以下几方面：

1. 集中注意力，激发兴趣

在课堂教学中，教师常常面临学生注意力下降的事实。要使学生注意力长时间保持，教师必须要仔细思考，灵活多变地使用有效的教学策略。人的思考往往是从问题开始的，提问可以把学生引入具体的“问题情境”，使他们的兴趣和注意力集中到某一特定的专题或概念上，激发探讨兴趣，促使多数学生参与到教学活动中来，产生解决问题的自觉意向。教师应注意的是，注意力的稳定性和持久性并非长时间指向某个固定的对象，而是指集中在与目前任务相关的一切活动上。因此，教师提出高水平的问题是集中学生注意力、激发学生学习兴趣的重要手段。

2. 促使学生积极参与课堂并表现自己

对话、交流、互动是当今以学生为主体的课堂教学的关键词，问题教学能使学生在课堂教学中借助对问题的探讨，与同学或教师有更多的沟通机会。同时，学生的学习能力和水平参差不齐，学生的课堂状态也各不相同。优秀的学生能紧跟教师的思路，通过教师的提问，他们能将自己思想的火花进行分享，在课堂上起到了积极示范的带头作用，同时也展示自己的才能。

3. 启迪思维，培养智力

学生在解答教师所提出问题的过程中，对教师给定的命题进行分析，并通过诸如观察、记忆、联想等一系列的心智活动，对已有的知识和经验进行分析、综合、比较、抽象与概括。因此，提问可以引导学生的思考方向，扩大思考的角度，提高思考的层次。

提问有利于学生对所学内容深入理解，培养学生分析问题、解决问题的能力。通过提问，还可以有效培养学生的创造性思维、发散性思维和逆向思维，引导学生突破思维定式。新课程理念的课堂提问本质上是师生一起发现问题，在语文课堂上使师生之间、生生之间、师生与文本之间形成一种对话关系，从而让学生的学习真正“活”起来，让学生带着问题走进教室，然后再带着问题走出教室，形成一种多向互动且开放的状态。因此，通过提问，培养学生的问题意识能培养学生的发散思维。

4. 及时反馈，调节进程

通过教师的提问和学生的回答，教师可以及时了解到教学效果，学生也能及时检查自己的学习情况，教师对教学活动中存在的问题进行分析，调整教和学的行为。

（二）课堂有效提问的原则

需要注意的是，课堂提问虽然有诸多优点，但并不是说课堂教学中的提问都是有效的，事实上，许多课堂都充满着大量无效提问。比如提问流于表面，形式上热闹花哨，实际却空洞无益；习惯性提问，未经精心设计，课堂上随便发问，没有针对性，没有实效；惩罚性提问，因惩罚某些学生课堂上不专心而突然发问，引起学生的恐慌，形成对老师和学习的逆反心理等。诸如此类的提问对于构建高质量的课堂是有反作用的。那么，什么样的提问才能称为有效的课堂提问呢？有效提问能使学生的心理状态发生变化，比如怀疑、困惑、焦虑、探索等，这些心理又促使他们积极思考，寻找解决问题的办法。因此，教师要构建高质量的课堂，提出有效问题，应遵循以下原则：

1. 目的性原则

提问是为实现预期的教学目标服务的，这是提问的根本原则。教学中教师要根据教学目标，围绕教学重点、难点和学生的学情设计问题，而不是随心所欲，信口开河。不仅要明确问什么、为什么问，而且要善问。不明确提问的目的性，教学上就会出现教师“满堂问”，学生“满堂答”，看似热闹却没有价值。因此，提问目的性要明确，要准确把握课堂教学的节奏，这就要求教师在设计问题时要做到简明扼要，而不是模棱两可。

2. 启发性原则

课堂提问是启发学生思维，激发学生学习动力、引导学生走进课堂内容的有效方法。提问的契机一般是学生有一定想法或有疑问而不知如何表达时，学习到重点、难点时，学生找不到突破口时。提问的本质就是要激活学生思维，使学生的思维能力更上一个台阶。如果对于教师的提问，学生反应平淡、漠然，不能燃起思维的火花，那这样的提问就是浪费课堂的宝贵时间，影响学生学习的热情和积极性。

（1）整体性原则。

整体性原则要求教师在安排课堂提问时，要从教学内容的整体出发，围绕重点、难点进行系统设计，表述要清晰，意义要连贯。教师在提问时要仔细推敲，既要考虑问题与教学内容的关系，又要考虑学生能否理解和接受，形成为教学内容服务的完整性，吸引学生，激发他们的兴趣。

（2）适度性原则。

教师提问要考虑学生现有的水平，既不能过低，也不能过高。问题太简单，学生不会重视；问题太难，学生会望而生畏，失去兴趣，影响学习的积极性。教师要综合考虑学生掌握知识的情况，设计的问题必须是大多数学生经过思考后都能解答的，这样才能推动教学的进程，增强学生学习的信心。

三、提问的类型及运用策略

（一）提问的类型

1. 知识性提问

知识性提问是考查学生概念、字词、法则、公式等基础知识记忆状况的提问，这种提问最简单。教师在知识性提问中通常使用的关键词是“谁”“是什么”“在哪里”“什么时候”“有哪些”等。例如：

我们已经学过很多李白的诗歌，比如上学期所学的《赠汪伦》，同学们还记得吗？请大家一起背诵。

2. 理解性提问

理解性提问是用来检查学生对自己知识及技能的理解和掌握情况的提问，多用于对某个概念、原理讲解之后或课程结束之后。理解性提问是较高级的提问，比较难，建立在学生对所学知识的理解和运用的基础上。在理解性提问中，教师经常使用的话语是

“请你用自己的话叙述”“谈谈你的看法”“比较”“解释”等。例如：

请同学们用自己的话阐述一下《伤仲永》这篇课文告诉了我们什么道理。

3. 应用性提问

应用性提问是检查学生能否把所学概念、规则和原理等应用于新的问题情境中的提问。在分析提问中，教师经常使用的关键词是“为什么”“哪些因素”“什么关系”“得出什么结论”“怎么分析”“如何论证”等。例如：

《詹天佑》这篇文章写了詹天佑修筑京张铁路的事迹，表现了他是一个爱国工程师，但为什么要用很大的篇幅写帝国主义的阻挠和自然条件的恶劣，这与文章表现的主题有什么关系呢?

4. 综合性提问

综合性提问是要求学生发现知识之间的内在联系，并在此基础上使学生把教材内容的概念、规则等进行重新组合的提问。这种提问可以激发学生的想象力和创造力。在综合性提问中，教师经常使用的关键词是“假如……会……”“解决方法”“总结”等。例如：

假如《项链》中的马蒂尔德十年前没有丢失项链，那么舞会结束后她的生活会发生什么变化吗？如果有，你觉得会是什么变化?

（二）提问的策略

1. 直问

直问即是直接提问，是最常用的提问方式，即教师直接提出问题，要求学生回答或组织讨论之后再回答。直问的目的是使学生能迅速进入学习状态，引发学生的快速思考，锻炼学生的思维。

2. 曲问

所谓曲问，就是问在此而意在彼，是一种迂回提问的方式。曲问主要是通过提出有趣的问题，促使学生认真思考之后再回答，以求对答案记忆深刻。另外，有时学生把问题答错了，教师也可以利用曲问的方式帮助学生纠正错误，引发学生反思，寻求问题的正确答案。

3. 追问

追问就是环环相问，不断深入地发问。追问的特点是单个的问题相对简单，但深入下去提问的问题难度会变大，连贯起来就更加复杂。追问的好处就是能使学生的注意力比较集中，问题一个接一个地抛出，能够锻炼学生的思考能力。追问常常用在重难点问题的解决上。

4. 互问

互问就是不仅局限在教师提问学生，而且允许学生提问学生，同学之间互相回答。这种提问方式可以调动全班同学的积极性，激发学生的学习兴趣。不仅如此，学生互相提问也可以增进彼此的感情，活跃课堂氛围，突出学生的主体地位。

四、提问技能的训练及要求

（一）训练一

按照提问技能的难度要求，自行找一份微课教案对其提问的类型进行分析。

（二）训练二

按照微课的要求设计8～10分钟的微课，在教案中详细地写每个问题的具体内容以及正确答案，并进行自我分析。

（三）训练三

思考下面的微课教案中是如何使用提问技巧的，优点是什么，缺点是什么？

案例

《行路难》难在哪？

西昌学院2020级汉语言文学专业庞俊洁提供

一、教学目标

（1）诵读全诗，做到有感情地朗读并试着背诵全诗。

（2）找到本诗的诗眼“难”，并分析难在哪儿。

（3）在所体现的“难”中体会诗人的思想感情。

二、教学重难点

（1）精确找到诗眼，探究《行路难》难在哪儿并分析原因。

（2）根据创作背景感受诗人的“难”并体会其中所蕴含的情感。

三、教学时长

10分钟。

四、教学方法

（1）导入法：通过学生预习过程中可能发出的疑问，将学生导入本堂课的学习。

（2）诵读欣赏法：通过欣赏朗诵视频，让学生体会诗人的难。

五、课文来源

部编版九年级语文上册第三单元第13课。

六、教学过程

（一）课堂导入

同学们，上节课老师给大家介绍了作者李白，知道他一生怀着济苍生、安社稷的伟大抱负，终于在42岁时经友人道士吴筠的推荐得以应召入长安，担任起供奉翰林一职，但两年后他却被“赐金放还”，变相逐出了京城。这首《行路难》正是李白被逼出京，朋友们来为他饯行时写的。但是诗人为何感到行路难呢？行路难到底难在哪儿？今天这节课，老师就带领大家一起来寻找问题的答案。

（二）欣赏朗诵，找出诗眼

请同学们先看一段全文朗诵视频，然后边看边思考一个问题：这首诗的诗眼是哪一个字呢？

行路难

李 白

金樽清酒斗十千，玉盘珍馐直万钱。
停杯投箸不能食，拔剑四顾心茫然。
欲渡黄河冰塞川，将登太行雪满山。
闲来垂钓碧溪上，忽复乘舟梦日边。
行路难，行路难，多歧路，今安在？
长风破浪会有时，直挂云帆济沧海。

明确：看完视频，相信同学们都应该找到答案了吧？没错，那就是“难”。

（三）提出问题，师生探讨

问题：结合具体诗句和诗人的人生经历思考：《行路难》的“难”只是字面意思上行路的难吗？还有其他更深层次的内涵吗？如果有，在诗中又体现出了诗人李白哪几方面的难呢？透过这些难，能读出诗人怎样的思想情感？

明确：此时诗人被“赐金还山”，回想自己的伟大志向与抱负全部化为乌有、初入京城时的志气与斗气也逐渐被消磨殆尽。面对前路漫漫，道路艰难险阻，不仅仅感到的是行路的难，更是对命运无常的感慨、对曲折人生的感伤，以及面对残酷现实的无奈与茫然。而诗人的难具体体现在以下几个方面：

1. 奸佞当道、闭塞贤路之难

金樽清酒斗十千，玉盘珍馐直万钱。停杯投箸不能食，拔剑四顾心茫然。

分析：李白离别京城，亲朋好友为他设宴饯行，宴席十分豪华。金樽、玉盘极言饮食器具之精美；清酒、珍馐极言酒肴之珍奇；而斗十千、直万钱极言酒、菜之珍贵。然而秉性豪爽、嗜酒如命的诗人对此美酒佳肴却“不能食”“心茫然”。同学们想一个这样的情景：李白就要走了，出于对他的一片深情厚谊，朋友们设下盛宴为他送行。但是他端起酒杯却又推开了，拿起筷子却又放下了，他离开宴席，四顾茫然。同学们想想，是什么原因使得诗人面对“金樽清酒”“玉盘珍馐”不能食呢？难道是这饭菜不可口吗？并非如此吧，大家联系一下他的人生经历，李白结交了身为翰林学士的张垍，但张垍就是一个嫉贤妒能、卑鄙无耻的小人，李白的才气和桀骜不驯的性格都不为张垍所容。于是，他抓住李白放浪形骸的行为，竭尽全力去诽谤李白。而对那些规行矩步的馆阁诸臣来说，李白掀天揭地的诗文，放荡不羁的作派，自然也是看不顺眼，无法相容的。于是，张垍充当了这幕丑剧的领头者，组织这帮人，编造故事，罗织恶名，以求赶走了事。唐玄宗在这样的形势下，顺水推舟就将李白“赐金放还”了。所以此时的李白如何吃得下啊，同学们再看这四句中的“停”“投”“拔”“顾”四个连续动作与“金”“清”“玉”“珍”形成了鲜明的对比。这就能让我们感受到诗人极度愤懑、抑郁不舒的心情。

总结：所以诗人不能食是因为想到被奸佞陷害而感到愤懑、难以下咽，因此第一重难是奸佞闭塞贤路之难。

2. 求仕无望、志气消沉之难

欲渡黄河冰塞川，将登太行雪满山。

分析：这两句用了比喻的修辞，“冰塞川”“雪满山”象征了人生道路的艰难险阻。李白本是个积极用世的人，他才高志大，很想像管仲、张良、诸葛亮等历史上杰出人物一样，做出一番宏大的事业，可是受诏入京后虽然得到唐玄宗的喜爱，却并未被重用。慢慢地，李白意识到唐玄宗只不过是赏识他文学上的才华，把他当作文辞弄臣，而并非当作重臣看待。李白济苍生、安社稷的理想根本没有实现的可能。一生傲岸清高、狂放不羁的性格使他无法忍受这种处境，而他戏万乘若僚友，视俦列如草芥的高傲也不为宫廷权贵们所容，最终被赐金放还。离开长安，就意味着被迫放弃自己的理想。这不能不使怀抱着积极用世之心的李白感到极度苦闷。同时，长安三年的所见所闻使他对统治集团的本质和社会现实也有了比较清醒的认识。初到长安时的那个飘逸超脱的谪仙人李白，此时此刻深深感到仕途的艰难，种种原因使得他心怀大志的热情逐渐冷却下来，当初来时的志气全部化为梦幻泡影。此时的他求仕无望，心中感慨万千，这不正像遇到冰塞黄河，雪拥太行吗？其中的无限悲愤不由得显露了出来。

总结：诗人在想到奸佞闭塞贤路后，又想到自己进京时的志气逐渐被消磨殆尽，前功尽废，深感求仕无望、志气消沉。这也就是第二重难。

3. 前路渺茫、进退失据之难

行路难，行路难，多歧路，今安在？

分析：我们知道“歧”一般指分叉对不对，那诗人在这里，面临着什么样的选择呢？在筵席上，李白先是想到自己受到权臣的谗毁排挤而愤懑难食，接下来又回想自己仕途的坎坷与艰难，今昔对比下，进京时的伟大抱负与志向已不复存在。但当他的思绪又转到眼前的时候，他再一次感到人生道路的艰难。离筵上瞻望前程、瞻望未来，只觉前路崎岖，歧途甚多，要走的路，究竟在哪里呢？他的感情在尖锐复杂的矛盾中回旋。

但是倔强而又自信的李白，决不愿在离筵上表现自己的气馁。当他将思绪再次拉回现实中来的时候，仍然感到了生活的艰难。瞻望未来，只觉前路崎岖，歧路甚多，要走的路，究竟在哪里呢？这四句节奏短促，反复感叹过去自己那坎坷不平的人生道路，表现出进退失据而又不甘自弃，继续探索寻求出路的复杂心理。这使得诗人的理想与现实产生分歧，希望与失意、苦闷与彷徨都在他的心中悬荡起来。

总结：从回顾艰难坎坷的过往转到眼下再瞻望未来，前路漫漫，该如何去走？诗人在反复中咏叹前路渺茫、进退失据之难，这也就是诗人李白的第三重难。

（四）教学小结

这节课老师带领大家先了解了一下《行路难》难在哪儿，我们知道了第一重难是奸佞当道、闭塞贤路之难；第二重是求仕无望、志气消沉之难；第三重是前路渺茫、进退失据之难。下节课我们继续来探究本诗的思想情感。

（五）布置作业

（1）背诵全诗。

（2）完成课后相应练习。

（六）板书设计

“难”在哪儿
- 奸佞当道、闭塞贤路
- 求仕无望、志气消沉
- 前路渺茫、进退失据

第五节　教态变化技能

一、教态变化的含义

教态变化，就是不断变换教态对学生进行不同的刺激，以期取得良好的教学效果。在课堂教学中，教师的中心任务是掌握和抓住学生的注意，传授知识，交流思想感情，指导学习。为了更好地达到这一目的，在教学的不同阶段应用不同的教态刺激来配合教师的语言，即用非语言来吸引学生的注意，能更生动地传授知识和交流情感，是促进学生学习一个重要的方面。例如，使用不同的教学媒体，改变课堂教学节奏，教师声音和声调的变化，教师身体的运动和适当的手势，教师的表情和眼神以及沉默等，都是教师语言的有力辅助手段。用信息传播的观点来分析，非语言信号可以传递丰富的信息，而这种作用又常常是口语所不能替代的。需要指出的是，刺激的变化并非绝对的刺激等级的变化和增强学生的惊觉反应。有充分的生理证据表明，刺激变化对学生所产生的激发作用是通过影响大脑中枢的网状结构系统来完成的，其作用主要是获得和抓住学生的注意。在教学中，教师只有抓住学生的注意，学生才更喜欢学习。

在对课堂教学的研究中，许多学者对教师的热情与学生的成就做了一系列研究，得出如下结论：充满生气和激情的教师会极大地唤起学生参与学习的积极性。其原因在于非语言和外加语言的提示作用。他们认为非语言的提示作用与教师身体运动所发出的信息是分不开的，它们传递着情绪和感情，并增强语言所表达的内容。外加语言是指音质和音调的变化，以及使用“哼”“嗯”“啊”等语气助词，它们同样传递着情绪和感情。例如，“你是好学生”这句话，加上不同的语气助词和语调，意义和情感是完全不同的。

非语言和外加语言提示是教师教学中体现生动性的主要部分，教学的生动活泼基本上是由于不断变化对学生的刺激方式，不断引起和抓住学生的注意。有些课堂之所以枯燥乏味，主要是授课人语言呆板，很少有身体运动和面部表情的变化，以及缺乏手势的协助等。

二、教态变化的作用

（一）教育作用

身教重于言教，教师的身教反映在许多方面，而非语言的教学行为是身教的一个重要方面。教师的情感、态度、手势、站立姿势，甚至服装、发型等对学生都有潜移默化的教育作用。

（二）激励作用

教师在课堂上不断变化自己的非语言教学行为，除了能使课堂生动活泼外，还能为学生的学习创造良好的环境。学生在教师的影响下情绪饱满、心情舒畅地进行学习，能充分发挥出学习的积极性和主动性。

（三）启发作用

教师非语言的教学行为的重点特点是模拟性和象征性。它能引起学生对事物本身的丰富联想，尤其是一些难以用语言表述清楚的动作和感情，通过教师的非语言教学行为能较好地表现出来。因此，它对学生具有启发思维、促进理解的作用。

（四）强化作用

教师非语言教学行为的强化作用主要体现在它能把学生的视听有机地结合起来，用视听结合的方式作用于学生的感官，增大了接收的信息量。“根据美国心理学家调查，离学生远远的毫无表情动作的讲课，学生只能接受其发出信息的25%，如果使用直观教具，学生的信息接收率可达40%～50%，若利用教鞭指着讲解并配以恰当的手势、动作、表情，学生的信息接收率可高达75%以上。”[①]教师体态变化所传达的信息，能通过形体动作把抽象的语言概念形象化、具体化，它能直接刺激学生的视觉器官，将生动逼真的表情动作呈现在学生面前。因此，非语言的体态教学语言的作用是语言无法替代的，教师的非语言教学行为对于学生接收信息具有重要的强化作用。

三、教态变化的类型

（一）身体的动作

教师在课堂上身体的动作，主要指教师在教室里身体位置的移动和身体的局部动作。主要包括以下几个方面：

1. 课堂上适当的走动

走动是教师传递信息的一种方式。如果一个教师一节课只以一个姿势站在那里一动不动，课堂就会显得单调而沉闷。相反，教师适时地在学生面前走动而不分散学生的注意力，课堂就会变得有生气，还能激发学生的兴趣，引起注意，调动学习的积极情绪。教师在课堂上的走动大体有两种：一种是教师在讲课时并不总站在一个位置上，而是适当地在讲台周围走动；另一种是在学生做练习、讨论时，教师在学生中间走动。从讲台

① 李振村，庄锦英．教师体态语言艺术[M]．济南：山东教育出版社，1993．

下来到学生中间，这种空间距离的缩小，带给学生的直接影响是与学生心理的接近。因此，教师走到学生中间可以密切师生关系，加强课堂上师生之间的感情交流。同时，在走动中教师可以了解情况，检查、督促学生完成学习任务。

在微课视频教学中，由于视频画面呈现的主要是教师本人，所以和传统的课堂教学相比，对走动的要求更为严格。首先，教师授课时，应面向学生站立，昂首挺胸，做到端庄、自然、大方。在微课视频教学中，多媒体课件的应用几乎是必不可少的。教学中，教师站立的位置要和放映PPT的屏幕相协调，教师应该站于PPT一侧，保持合适距离，不能站于屏幕中间，那样不仅遮挡屏幕内容，同时投影仪的灯光会照在教师身体上而产生投影，最终影响视频画面的整体效果。

微课教学也要让学生有真实的课堂感，因此在微课教学中，教师应适当地走动。教师适宜的走动对调节课堂气氛、吸引学生注意力、密切师生关系有着积极意义。但我们应该注意，教师走动的范围应以讲台为主，这样可以及时地进行板书，吸引学生思考正在讲授的问题，因而不宜多在教室中间走动，而且走动过多会影响视频画面的完整性。如正讲授某个知识点，学生需结合PPT才能更好地理解，而摄像师为了拍摄教师不得不忽略PPT，二者难以兼顾，这样会影响微课的教学效果。少数教师在授课的过程中，习惯于两手托在讲桌上方，一动不动，几乎整节课都保持着这样一个姿势。这样会给学生或观众形成一种缺乏激情、呆板的印象，难以调动学生学习的积极性，影响教学效果。这一点也是我们在微课视频教学中特别应该注意的。

2. *身体局部的动作*

教师除了全身的动作外，头部和手的动作均能表达一定的思想。在课堂教学中，教师经常要表示物体的形状、大小及某人的动作行为等，这些都可借助手势来说明。手势是在特定情境下，教师通过手的各种动作向学生进行某种暗示的一种体态语言。手势既可传情达意，又可描摹形状，配合语言的表达，使抽象的东西形象化，为严肃的课堂注入活力。在微课视频教学中，教师手势的幅度要自然、贴切，不做作、不夸张。注意手势要有所指，能表达特定的含义，对教学起到辅助作用，而不是停留于一种形式。教师应根据授课对象的不同，注意手势的频率。手势过于频繁，会让学生眼花缭乱，打乱或打断其思维过程，从而影响教学效果。在微课教学中，教师的手势应和教学内容及PPT紧密结合。录制视频时，教师最好用翻页笔，从而避免在讲台上不必要地走动。在讲解PPT上的重点和难点时，我们可以用激光笔强调所讲的部分，保持同步思维。同时在与学生交流的过程中，头部的动作点头、摇头等，都对表达思想或态度起着重要的作用。

3. 面部表情

情感是打开学生智力阀门的钥匙，课堂上师生之间情感的交流是创造和谐课堂气氛、良好智力环境的重要因素，在交流中教师的面部表情对激发学生的情感有特殊的作用。如果教师上课时面无表情或表情冷淡、呆板，会让学生心理上难以产生亲近感，对课堂内容也会生出畏惧感，很难顺利地进入学习情境，跟随教师的授课思路。面部表情的内容非常丰富，蕴含的思想、传递的信息更是千变万化，教师使用得当的话，对授课内容的展开可以起到很大的帮助。

（1）生动自然地微笑。

展开微笑能自然地拉近人与人的关系，许多教师都懂得微笑的意义，即使在十分疲惫或身体不适的情况下，在走进教室时教师也总是面带微笑。学生能从教师的微笑中感受到老师和蔼可亲的态度，能感受到关心、爱护、理解和友谊，教师和学生仿佛朋友一般开始课程内容的学习。同时，教师的情感也会激发学生相应的情感，学生也会爱老师，又会从爱老师进而延伸到爱上老师的课，欣然接受老师的指导和积极主动参与学习。

（2）眼神交流。

眼睛是心灵的窗户，它是人与人沟通中最显著的信号之一，可以帮助我们传递复杂而微妙的各类情感。眼睛是人身上的焦点，不同的眼神具有不同的含义，教师在课堂上运用不同的眼神可以起到不同的作用。教师在课堂上与学生进行感情交流时，要尽量注视学生的眼睛，同时还要用余光扫视全班，以此建立沟通。如果课堂上教师目光散乱，游移不定，就会给人一种信心不足且不专业的感觉，难以吸引学生的注意力；如果眼神呆滞，单一地停留在某一处，会让学生感觉课堂无趣，增加学习上的畏难情绪。

微课虽非线下实时课堂，但对老师眼神运用的要求并没有因此减少。首先，教师的视线要向远处看，尽量集中在教室的中后排，仿佛学生就在课堂上一般，做到眼神有意识地自然流转，照顾全体学生，让远程学习的每一名学生感到老师在同他讲话，受到关注，从而提高学生的学习兴趣或注意力。其次，目光中应充满亲切、关心，从情感的角度跟学生拉近距离，让学生由喜欢教师而喜欢这门课。即使教师不在眼前，也能让学生真实地感觉到教师的目光在同观众交流，引领着整个课堂教学，从而产生更好的教学效果。

四、教态训练及要求

教态变化的技能应贯穿于每一项技能的实践训练之中。但为了集中训练学生这一方面的技能，可要求学生选择一个感兴趣且内容情感变化又比较丰富的课题进行设计和表达。在设计时要注意包括走动、身体的局部动作、面部表情变化等几种教态类型的变化，同时跟学生强调教态变化的一些具体要求：

（1）要充分认识教师的教态对学生的教育作用及情感上的激发作用。变化能使教学变得生动活泼，集中学生的注意力，引起学习的兴趣，促进学生的学习。因此，变化是有目的的变化。

（2）非语言行为的运用必须明白、准确且具有实际意义，只有学生能理解教师的行为时，教态的变化才能发挥较大的作用。

（3）非语言行为的运用要繁简适度。过繁会弄得人眼花缭乱，过简会显得呆板，都会影响效果。

（4）非语言行为的运用要恰当掌握分寸，不宜夸张。

第六节　板书技能

一、板书的含义

在现代化教学手段广泛使用的今天，教学板书仍然起着不可忽视的重要作用。好的板书可以降低新知识、新问题的难度，又可以开发学生的思维；既能传授知识，又能开发智力；既能激发学生的兴趣，又可以陶冶学生的情操。板书，从动态的角度来讲是一种传递信息的行为方式，主要是以文字、图形、表格等形式向学生传递教学信息的过程；从静态的角度讲，板书是教师通过教学工具来呈现文字、图形、和表格等教学信息的总称。课堂教学因为有板书作辅助，能最大化地发挥课堂教学的优点，展示教师的知识内蕴。微课教学主要借助的是现代教学设备和仪器，但在教学过程中板书不可缺失，是完整的一堂微课必不可少的组成部分。

二、板书的作用

教师在课堂上要唤起学生情感上的共鸣，除了教师的分析讲解、举止表情以外，板书的优劣往往是一个不可忽视的因素。工整、漂亮的板书是课堂教学中一个必不可少的环节。总体来说，板书有以下几个方面的作用：

（一）有效建构知识结构

每一个学科的新旧知识之间都是前后相继且相互联系的，初次接触的学生没有能力去厘清，教师在课堂上通过板书，以思维导图的形式能帮助学生在头脑里将知识点进行整理和建构，有效地帮助学生学习。语文课堂上，每篇课文中的知识都有其内在的逻辑性和连贯性，是比较抽象的，不利于学生全面理解和把握。但是教师通过恰当的板书形式可以直接、形象地展示课文的脉络，更有利于学生梳理文章中作者的思路。好的板书是对课文内容的高度提炼和概括，能够清晰地把文章的脉络展现出来。因此，借助板书的形式来搭建知识框架结构，对于学生知识体系的建构是很有帮助的。

（二）便于掌握知识的重点和难点

由于课堂教学会受到学生接受程度和时间空间的限制，教师通过对教材内容的整体把握，可以对教学内容进行一定的加工和提炼，再把这些内容以板书的形式提炼出来展示在学生面前。而需要加工和提炼的内容往往是这节课的重、难点，这就需要教师在关键的地方做出标记。比如圈圈点点一些关键的词语，或用不同颜色的粉笔加以标注，进行区分。这样的板书通过书面化的形式再现了事物本来的特征，更直观、具体地突出了教学的重难点。

（三）强化知识的直观形象

板书是静态的语言文字转化为直观形象的视觉图像，比语言的教学更具有直观性。板书有时候比幻灯片或者挂图更能概括反映事物的本质。如果在讲解时教师能够充分利用板书特有的优势，用文字语言、符号语言把抽象的知识具体化、形象化，会更有利于学生理解文章的结构脉络。

（四）便于激发学生的兴趣

师范院校均会开设粉笔字的课程，教授粉笔字的书写技巧，还会教授简笔画的绘画技巧。这样培养出来的师范生大都具有一定的绘画功底，这使得他们不仅能够通过板书勾勒出教学轮廓，还能更加生动地表述问题的特征。这样的板书不仅可以很好地激发学生的学习兴趣，而且还会给学生留下难忘的印象。如果教师能够做到这种境界的话，那么可以肯定地说，他的教学是很成功的。其实，每位教师都应该在课下精心准备，设计适合本节课的板书，这样不仅能很好地调动学生地积极性，同时能促进教师的教学。如果教师有深厚的板书功底，学生会产生由衷的佩服，对这门课产生很大的兴趣。

三、板书的类型

按照一定的标准，板书可以分为很多类型。例如，依据板书的作用，我们可以将其分为中心板书和辅助板书；依据板书的表现形式，可以将其分为提纲式板书、词语式板书、结构造型式板书等多种形式。

（一）依据板书的作用分类

1. 中心板书

中心板书也称作基本板书或“主板书”。它在整个课堂教学中发挥着至关重要的作用，也可以说是整个板书的骨架。它是教师在课前经过反复斟酌、精心准备设计的，体现了教学的重点、难点，是对整个知识内容的高度概括和总结，能够很好地体现知识的基本规律和联系。

2. 辅助板书

辅助板书也叫作“副板书”。如果说主板书是课堂板书的骨骼的话，那么副板书就是课堂板书的血肉，它是对主板书的补充和说明，起到辅助作用。辅助板书通常有两方面的作用：一是引起学生的注意，将学生的注意力集中到讲台上来；二是对主板书的一些辅助说明或是解释一些主板书解释不了的问题。辅助板书是不需要一直保留在黑板上的，可以根据实际情况随时擦除。

（二）依据板书的表现分类

1．提纲式板书

这种板书比较简单，根据教学内容将重难点加以提炼，可以是并列式，也可以是递进式。其优点是简明扼要，条理清楚。在新授课的导学、复习课的引领等大容量课时多用此类板书，既可以帮助学生理清知识脉络，又可以节省板书时间，让教师有更多的时间来引导学生听讲、思考，进行有效的预习或复习。

2．词语式板书

词语式板书是指教师在教学过程中，总结出高度概括教学内容的词或词组，再将这些词组进行合理的编排而构成的板书形式。该板书的特点是简单明了地反映了教学的内容，重点、难点突出，有利于学生对知识内容的掌握，有利于培养学生概括知识的能力。这种板书对教师的要求是具有概括知识的能力、驾驭知识的能力，只有这样才能更好地设计出词语式板书，然后展示给学生。

四、板书技能训练及要求

在进行板书技能训练时要注意以下原则：

1．示范性

教师在课堂上书写板书，也是在做写粉笔字的表演。学生不仅会模仿教师的字，也会模仿教师写字的姿势。

2．灵活性

为增强教学的直观性，教师有时让学生直接观看书写过程，这就要求教师身体不能挡住黑板板书。教师的写字姿势要灵活调整，并保持体态的大方。

3．间歇性

边讲边写，紧随教学内容展开，及时再现课堂教学的重、难点，并非一气呵成的。

根据以上板书原则，师范生需自主选择教学内容，在考虑到教学目标、教学情境、学情特点等情况下进行板书设计，并且在黑板上进行书写训练。

思考题

1. 微课教学涉及的基本教学技能有哪些方面？
2. 微课语言教学技能的含义是什么？
3. 微课语言教学技能的构成要素和特点是什么？
4. 微课的讲授技能的含义是什么，其优点和作用是什么？
5. 微课的讲授技能的类型有哪些，如何展开具体的讲授技能的类型训练？
6. 微课提问技能的含义是什么，在具体教学的运用原则是什么？
7. 提问的类型有哪些，如何在课堂上有效运用提问技能？
8. 教态变化的含义是什么，有何作用？
9. 教态变化的类型有什么，如何展开具体的教态变化类型训练？
10. 板书技能的含义是什么，有何作用？
11. 板书的类型有些什么，如何具体运用？

第八章

微课的分类及案例

胡铁生在佛山市中小学校开展了微课大赛后，对微课进行了初步分类：一是按照按教学方法来划分，分为讲授类、问答类、启发类、讨论类、演示类、练习类、实验类、表演类、自主学习类、合作学习类、探究学习类；二是按教学内容性质划分，分为“传道型”微课、“授业型”微课、“解惑型”微课；三是按最佳传递方式划分，分为讲授型微课、解题型微课、答疑型微课、活动型微课；四是按“微视频”的主要录制方法划分，分为摄制型微课、录屏型微课、软件合成式微课、混合式微课；五是按使用对象和主要功能划分，分为教师专业发展型微课、学生自主学习型微课、社会大众学习型微课。[①]但是目前国内学者对微课并没有一个统一的界定，因此对其分类也没有一个统一的标准。综合各家观点，我们按照微课的概念以及应用特点，对微课做出如下分类：根据不同的拍摄和制作方式，分为拍摄型微课、录屏型微课、软件合成式微课、混合式微课；根据教学内容的主要环节，分为课前预习类、新课导入类、课文知识类、课后复习类；根据教学方法的维度，分为讲授类、问答类、启发类、讨论类、演示类、实验类、练习类以及表演类等等。值得注意的是，一节微课作品一般只对应某一种微课类型，但也可以同时属于两种或两种以上的微课类型组合（如讲授类与讨论类等），其分类方式也不是唯一的，应该保留一定的开放性。同时，由于现代教育理论的不断探索和发展，教学方法和手段不断创新，微课类型也在不断变化，需要我们用具体的教学实践去丰富和检验。立足于汉语言文学专业的微课实训，从实际需要和应用的角度出发，一方面，我们从教学环节和教学方法的角度出发，重点讲解导入类、讲授类、问题类、习题型四类微课的实训要求并配以详细的案例进行讲解；另一方面，我们从微课的拍摄和制作方式出发，对微课实训的方法进行介绍。

① 胡铁生．中小学微课建设与应用难点问题透析[J]．中小学信息技术教育，2013（4）：15-18．

第一节　导入型微课

一、导入型微课的内涵

导入型微课是指教师根据课程教学内容的特点和目标，利用各种方法导入新课内容来激发学生的学习意识，以此使学生对新知识、新技能产生浓厚兴趣的微课。导入型微课以其导入方式的多样性来激发学生的认知兴趣，提升教学效果。

二、导入型微课的特点

1. 针对性

导入型微课不仅要引起学生兴趣，更要有目的性地引起学生强烈的兴趣，为聚焦教学目标服务。所以，课堂导入内容要根据教学内容、教学目标定制，要与教学目的密切相关，针对不同的教学内容选取合适的导入方法，也应该考虑不同年龄、不同阶段学生的心理特征、知识能力基础、兴趣爱好的差异程度，进而设计内容。有针对性的导入型微课才能配合教学内容，才能满足课堂的实际操作需求。

2. 趣味性

兴趣是最好的老师。导入型微课在于激发学生的学习欲望，使其产生学习的内驱力。在导入时，教师应以学生的兴趣方向为切入点，同时辅以教师的自身魅力，使导入有趣味、有悬念，将导入的趣味性发挥到极致。

3. 精练性

课堂导入并非课堂教学的重头戏，课堂导入环节不宜太长，应简洁精练，不宜喧宾夺主。这个特点与微课的本质特征“短、小、精、悍”也相符。

4. 实效性

花哨的形式华而不实，实用的效果才是关键。导入型微课要注意以实用为导向，能切实为教学环节起到良好导入的作用。所以，在导入方法的选择、微课内容的设计上，应更加注重教学重点、难点的铺设，在吸引学生对教学内容的关注之时，潜移默化地融入教学重点、难点的铺陈或导入，确保能够有效开展课堂教学。

三、导入型微课的实训要求及案例

（一）导入型微课的实训要求

1. 紧密依据教学目标，选取恰当的导入方法

好的开始是成功的一半。确定导入类型是导入型微课设计的基础。在设计导入型微课的过程中，对于不同的教材和教学内容，应采用不同的课堂导入方式。即使同一教材、同一教学内容，也可以结合不同导入方式的特点，设计不同的导入方式。教师应紧扣课程标准和教材，结合语文的学科特点、教学内容以及学习者的特征来构思，选取最合适的导入方法。正所谓“取长补短”，有效合理地运用多种方法和技巧，全方位地调动学生的学习热情，然后结合教学内容进行不同的导入设计，这才是导入设计的重点。

2. 导入要形象化、直观化、可视化

课堂导入如何才能对学生产生吸引力？形象、直观的导入能够吸引学生注意力。在制作导入型微课时，可以大力运用多媒体，通过图片、音频、视频等手段呈现视觉和听觉的直接冲击，给学生一种“先声夺人”“百闻不如一见”的感觉，使其迅速把兴奋点转移到教学内容上。

3. 自然地承上启下，引入新课

“温故而知新”的新旧知识衔接是教学中常用的导入方法。在导入型微课中，教师可以利用复习旧知识为铺垫，导入新课，承上启下，过渡到新知识，从而避免让学生对新知识产生陌生感和冷漠的态度。

4. 极力引导兴趣，增加吸引力

兴趣是最好的学习动力，如何在导入型微课中散发磁铁般的吸引力？使用游戏导入是一个不错的选择。游戏是学生喜爱的活动，运用游戏导入能充分激发学生的好奇心，

让他们“未入其文，先动其情”，而后进入新课的学习。

5. 巧设悬念，引发思考

在很大程度上，教学的艺术在于使新问题的难度达到能激励思考，自然注意到的新奇因素能引起疑惑，能使学生从熟悉的事物中获得一些启发，并从中产生有助于解决问题的建议。

（二）导入型微课案例

案例一

《再别康桥》导入案

西昌学院2020级汉语言文学专业庞俊洁提供

一、教学目标

知识与技能：了解作家以及写作的背景。

过程与方法：运用PPT让学生清楚了解作者和背景，用音频让学生整体感知课文。

二、教学重难点

教学重点：了解徐志摩本人和康桥的联系。

教学难点：了解徐志摩三次来到康桥的情感有什么不同并探究其中的原因。

三、教学时长

8分钟。

四、课文来源

部编版选择性必修下册第二单元第6课。

五、教学过程

（一）引入

同学们，从古到今的离别诗可以说是数不胜数，大家还记得有哪些诗词？饱含着怎样的情感？

离别之中有“黯然销魂者”的感怀，“西出阳关无故人”的豪迈，“相见时难别亦难”的苦涩，那是古人对于离别的不同理解。那么，现代人是如何看待离别的呢？今天，我们先走进徐志摩的《再别康桥》，一探究竟吧！

过渡：“知人论世”有助于我们更好地学习诗歌，让我们首先了解一下作者徐志摩吧！

（二）作家介绍

徐志摩（1897年1月15日—1931年11月19日），原名章垿（xù），字槱（yǒu）森，留学美国时改名志摩。浙江海宁硖石（今嘉兴市海宁市硖石街道）人；现代诗人、散文家，新月派诗人，新月诗社成员、景星学社社员。

1921年赴英国留学，入剑桥大学当特别生，研究政治经济学，在剑桥两年深受西方教育的熏陶及欧美浪漫主义和唯美派诗人的影响，奠定其浪漫主义诗风。1923年成立新月社。

刚才我们介绍了诗歌的系列创作背景，这类信息资料对于步入诗的意境、步入诗的情感、步入诗人的内心大有益处。随着学习的深入，这份好处，你们会感受得更真切。

过渡：老师了解到徐志摩写《再别康桥》也有几种有趣的说法，一起来听听。

（三）关于《再别康桥》的写作时间和缘起

一种说法是，1920年徐志摩远渡重洋，从美国到英国研究文学。在伦敦剑桥大学，他以一个特别生的资格，随意选科听课，度过了一年多真正悠闲自在的日子。据他后来回忆，这是他一生中最幸福的日子。在风景秀丽的康河两岸，他仰卧在有星星黄花点缀的葱绿草坪上，或看书，或看天上的行云。有时到碧波荡漾的康河里划船。他完全陶醉在大自然的怀抱里，临到他离开伦敦的前夕，在一个美丽的黄昏，他在康桥上漫步，流连忘返，写下了这首诗。

另一种说法是，此诗作于徐志摩第三次欧游的归国途中，时间是1928年11月6日。7月底的一个夏天，他在英国哲学家罗素家中逗留一夜之后，事先谁也没有通知，一个人悄悄来到康桥找他的英国朋友。遗憾的是他的英国朋友一个也不在，只有他熟悉的康桥在默默等待他，一幕幕过去的生活图景又重新在他的眼前展现……由于他当时又赶着要去会见另一个英国朋友，故未把这番感情记录下来。直到他乘船离开马赛的归国途中，面对汹涌的大海和辽阔的天空，才展纸执笔，记下了这次重返康桥的切身感受。

诗人曾满怀深情地说："我的眼是康桥教我睁的，我的求知欲是康桥给我拨动的，我的自我意识是康桥给我胚胎的。"正是这份热爱，徐志摩才三次来到康桥。那这三次来到康桥有什么不同呢？

第一次是1921年到1922年，他从美国来到剑桥大学研究院进修，学习期间形成了资产阶级的人生观和文艺观。对于爱、美与自由的单纯信仰，使他产生了他为之倾心的社会理想。换言之，剑桥所体现的英国式文明，形成了他所向往追求的康桥理想。他把康桥当作他"生命的源泉""精神的依恋之乡"，兴趣也转向文学，喜爱写诗，回国后写出《康桥再会罢》。

第二次是1925年4月重游，归国后写出散文《我所知道的康桥》。

第三次是1928年8月，写下了《再别康桥》。

三次来到康桥，康桥依旧，而什么在变，又为何有这样的变化呢？

诗人三次离别康桥时的感情也迥然不同，第一次依恋，第二次热爱，第三次再别时心情大不相同，因为回国后看到帝国主义的侵略和军阀统治下的旧中国，使他痛感康桥理想主义的破灭，由"单纯的信仰，流入了怀疑的颓废"。所以在《再别康桥》中，已然找不到写《康桥再会罢》时的那种热切依恋。虽然也歌咏了康河的美，但更多流露出自己孤独寂寞的情绪。诗人以缠绵凄婉的笔调，微妙展露了因"康桥幻想"幻灭而无限哀伤的情怀。康桥时期是徐志摩一生的转折点。

《再别康桥》能流传甚广，究竟有何魅力，让我们再走进诗文，尽情领略吧！

（四）由《再别康桥》朗诵正式进入课文

略。

（五）板书设计

再别康桥

徐志摩

导入 { 作者介绍(知人论世)；写作背景(再回康桥)；康桥之缘(三游康桥) } 感知基调:孤独寂寞

案例二

《青蒿素：人类征服疾病的一小步》由视频导入新课

西昌学院2020级汉语言文学专业庞俊洁提供

一、教学目标

（一）知识与能力目标

明晰作者屠呦呦和文章的创作背景；了解青蒿素的发现历程。

（一）过程与方法目标

通过与课题相关的中药引入新课，介绍写作背景和作者，播放视频引导学生对屠呦呦的医学成就和科学精神产生兴趣，进而展开新课的学习。

二、教学重点

教学重点：了解屠呦呦生平。

教学难点：了解青蒿素及青蒿素的发现历程。

三、教学时长

8分钟。

四、课文来源

部编版高一语文必修下册第三单元第1课。

五、教学过程

（一）知识拓展

从西汉到清末，中国至少发生过321次大型瘟疫。每一次瘟疫的到来，中医都不曾缺席，在新冠肺炎期间，中国医疗专家驰援外国时还带去了中药。中医是中国的国粹，也是世界医学宝库中的瑰宝，许多优秀的中医人才正在尽力传承它，比如从事中医药研究的科学家屠呦呦，2015年12月10日，屠呦呦因开创性地从中草药中分离出青蒿素应用于疟疾治疗而获得当年的诺贝尔医学奖。这一项震惊世界的发现又为全人类的健康带来又一线曙光。今天，就让我们一起走近青蒿素的发现历程。

（二）写作背景

这篇文章是根据屠呦呦2011年接受拉斯克奖时的演讲以及同年发表于《自然医学》杂志的论文编写而成的，因此这篇文章兼备演讲稿和论文的双重特点。在纳入我们课本之前，本文也经过了她本人的审定。

拉斯克医学奖是美国最具声望的生物医学奖项，也是医学界仅次于诺贝尔奖的一项大奖。2011年拉斯克基金会将拉斯克临床医学研究奖授予屠呦呦，这是拉斯克奖设立以来首次授予中国科学家。评审委员会认为，屠呦呦领导的团队将古老的中医疗法转化为最强有力的抗疟疾药，使现代技术与传统中医师们留下的遗产相结合，在全球特别是发展中国家挽救了数百万人的生命。

（三）作者简介

“青蒿一握，水二升，浸渍了千多年，直到你出现。为了一个使命，执着于千百次实验。萃取出古老文化的精华，深深植入当代世界。呦呦鹿鸣，食野之蒿。今有嘉宾，德音孔昭。”这是2015年“感动中国”给屠呦呦的颁奖词。

屠呦呦，女，汉族，中共党员，药学家，现为中国中医科学院的首席科学家、青蒿素研究开发中心主任，中国第一位诺贝尔医学奖获得者，共和国勋章获得者。2015年12月10日，屠呦呦因开创性地从中草药中分离出青蒿素应用于疟疾治疗而获得诺贝尔医学奖。

（四）知识科普

1. 青蒿素的历史

我们都知道青蒿素是抗击疟疾的药物，早在古代我国药典中就有过相关记载。《神农本草经》：“味苦，寒。主治疥瘙，痂痒，恶疮，杀虱，留热在骨节间，明目。”《本草纲目》：“青蒿得春木少阳之气最早，故所主之证，皆少阳、厥阴血分之病也。采以悬于门症内可辟邪气。”《肘后备急方》：“青蒿一握，以水二升渍，绞取汁，尽服之。”

2. 青蒿素并不来源于青蒿

中医药学家屠呦呦表示，青蒿素虽然叫青蒿的名，但并不是来自青蒿，我们现在研究出的青蒿素是从黄花蒿里提取出来的。黄花蒿（别名：草蒿）是菊科蒿属植物，黄花蒿根单生，茎高100～200 cm，多分枝，叶纸质，头状花序球形，多数，总苞片3～4层，花深黄色，两性花10～30朵，瘦果小，椭圆状卵形，略扁。它喜温暖、阳光，忌水浸，不耐荫蔽。传统中药习称黄花蒿为“青蒿”，入药作清热、解暑、截疟、凉血、利尿、健胃、止盗汗用。

（五）视频科普

通过视频向学生科普青蒿素的发现历程，引导学生对屠呦呦的医学成就和科学精神产生兴趣，提出问题：到底是什么促使屠呦呦取得今天的医学成就的呢？

今天，我们一起去学习这篇文章，感受屠呦呦伟大的医学成就和“一生只为一事来”的科学精神。

（六）板书设计

青蒿素:人类征服疾病的一小步

屠呦呦

案例三

《小石潭记》

——从作者的生平及创作背景导入课文

西昌学院2020级汉语言文学专业庞俊洁提供

一、教学目标

（一）知识与能力目标

了解《小石潭记》作者生平以及创作散文时的背景，知道“记”是什么。了解永贞革新。

（二）过程与方法目标

通过柳宗元的《江雪》来引入柳宗元的生平，从而介绍他的创作背景，引入课文。

二、教学方法

（一）讲授法

讲授柳宗元生平及创作背景。

（二）情景教学法

通过PPT播放音乐《高山流水》，伴随着小石潭记图片的播放，让同学们感受情景。

三、教学重点

了解柳宗元生平及创作背景，知道“记”是什么。

四、教学时长

5分钟。

五、课文来源

部编版八年级下册第三单元第2课。

六、教学过程

（一）作者介绍

同学们还记得《江雪》这首诗吗？就是“千山鸟飞绝，万径人踪灭。孤舟蓑笠翁，独钓寒江雪”。这首诗里寄托了诗人高洁孤傲、执着不屈的人格，同学们知道这是哪位诗人吗？对，是柳宗元，那同学们了解柳宗元吗？下面老师就为同学们介绍一下他吧。

柳宗元是唐代著名文学家、思想家，“唐宋八大家”之一，与韩愈并称为“韩柳”，与刘禹锡并称“刘柳”。793年，柳宗元进士及第。后因永贞革新失败，被贬柳州。他首创“寓言”体，寓情山水而不忘国政，并与韩愈共同倡导唐代古文运动。他著有《永州八记》等六百多篇文章，被后人收入《柳河东集》中。819年，他因病去世，享年47岁，后被宋高宗加封为文惠昭灵侯。

（二）创作背景

作者曾被贬为永州司马，结合自己的经历和遭遇，写下了有连续性的、精美的山水游记多篇，合称《永州八记》。《小石潭记》就是其中最著名的一篇。

“记”是古代的一种文体，主要是记载事物，往往通过记事、记物、写景、记人来抒发作者的感情或见解，即景抒情，托物言志。

柳宗元生活在政治腐败、阶级矛盾尖锐、社会危机四伏的中唐时期。唐顺宗时，代表中小地主阶级利益的以五叔文为首的革新派执政，他们在政治上做了一系列的改革，央称“永贞革新”。当时柳宗元33岁，任礼部员外郎，也积极参与了这一革新运动。但是在保守势力的疯狂反扑下，顺宗退位。宪宗即位后，对革新派进行了残酷的迫害，革新派人物相继遭到残杀和贬谪。

永贞革新，又称“二王八司马事件”，是唐顺宗永贞年间官僚士大夫以打击宦官势力、革除政治积弊为主要目的的改革。贞元二十一年（805年）一月二十六日，顺宗即位，开始革新。改革主张加强中央集权，反对藩镇割据，反对宦官专权，持续时间100多天，后俱文珍等人发动政变，幽禁唐顺宗。当年八月，唐顺宗被迫让位于太子李纯，改革以失败而告终。

柳宗元被贬为永州司马。这时，柳宗元政治地位下降，又身居荒僻落后的地区，心中愤懑难平，凄苦是他感情的主调，而寄情山水正是为了摆脱这种抑郁的心情，所以才会有发现小石潭时心乐之，观鱼时觉得鱼似与游者相乐的愉悦心情。但这种欢快毕竟是暂时的，一经凄清环境的触发，忧伤、悲凉的心境便会自然流露出来，就很自然地融情入景了。

《小石潭记》正是通过精细、生动的景物描写，表现了自己忧伤、凄苦的思想感情。

（三）情景导入

先让学生听音乐、看图片，感受图片中的情境。接下来就让我们进入课文，仔细感受作者的情感吧！

（四）板书设计

小石潭记
柳宗元

第二节　讲授型微课

一、讲授型微课的内涵

讲授，主要是指教师使用生活化、口语化的方式向学生传授知识和技能，在各类课程中使用最广泛。讲授型微课主要体现为教师针对某一个知识点设立教学目标，设计课程内容，帮助学生实现对知识点的理解及掌握。许亚莉曾对某届优秀教学案例评选活动的20 607个微课进行统计，发现讲授类微课占了80%。[①]可见，讲授类微课是微课的主要

① 许亚莉. 关于微课资源建设的分析——以中国微课网为例[J]. 中国教育信息化，2014（1）：27-30.

组成部分。传统的语文课堂，如果教师常富有个人魅力、语言幽默，或许可以吸引学生认真听讲，形成互动活跃的教学氛围，但由于学生精力集中的时间有限，很难40分钟都思维活跃，日积月累，学生自然会对同一个老师的课失去兴趣。“讲授型”微课恰恰弥补这个缺点，它可以由不同教师传授同一学科的不同知识点，课堂时刻充满新鲜感，学生自然兴趣大增。

二、讲授型微课的特点

1. 讲授内容紧扣教学目标，突出重难点

微课时间短，因此讲授要紧扣教学目标，突出重点和难点，教师讲授引导之下帮助学生明确学习的目的和学习的内容。同时，讲授内容既要与教学要求相符，又要和学生认知发展的年龄特征相符，将讲授的基本线索条分缕析地逐层推进。

2. 讲授语言准确规范，丰富生动

课堂讲授语言要在准确规范的基础上追求丰富生动，微课有了生动丰富的语言，更容易吸引学生的注意力，激起学生的想象和联想，从而使抽象的概念易于把握，使讲述的内容具体化、形象化。

3. 以启发学生思维为核心

微课堂运用讲授法并不等于“满堂灌”。教师在讲课时要引导学生生“疑”，使学生产生认知冲动，激发学生的求知欲望，调动学生积极展开思维活动，使学生在教师的讲解过程中，积极地向教师学习，主动和教师的讲授活动配合，跟着教师讲授过程中的思维路线，积极主动地思考问题，边听讲、边思考、边探究，探求新知识，掌握新内容。

三、讲授型微课的实训要求及案例

（一）讲授型微课的实训要求

1. 明确教学目标

在进行讲授型微课时，不能陷于各种冗长的叙述、描述之中，必须明确具体的教学

目标，明确学生通过教师的讲授要掌握的重点和难点知识是什么。

2. 明确讲授过程中所使用的教学方法

根据学生的学习心理特点，在课程开展的过程中要尽量激发学生的个人体验，让学生们轻松愉快地学习。任何教学方法都有一定的局限性，不能完全适用于一切年龄段学生的教学和一切教学内容的教学。由于学生年龄的差异、知识经验的广度及课程内容的不同，教学方法也应该相机而择。因此，微课所选用的教学方法应该明确，能够促进学生个性的发展，满足不同个性特点的学生所需的学习条件。

3. 引导和促使学生思维能力的发展

生动、直观、形象的语言可以使学生获得感性知识。在学生进行观察和思考的过程中，在学生感性认识的基础上，教师通过有条理、有逻辑性的讲解，引导他们进行分析、比较，排除次要因素，抓住主要因素，通过归纳、综合性的能力把握，有效地引导学生思维的发展，促进他们思维水平的提高。

（二）讲授型微课案例

案例一

阿长与《山海经》

——“我”对“长妈妈”的情感变化

西昌学院2020级汉语言文学专业庞俊洁提供

一、教学目标

1. 知识和能力目标

诵读感知课文，理清文章的思路，分析阿长妈妈的人物形象

2. 过程和方法目标

归纳总结文中事件并分析情感，通过思考“为什么长妈妈确有伟大的神力”这一问题，体悟作者情感升华。

3. 情感态度和价值观目标

把握作者情感变化的过程，体会作者对长妈妈的怀念和赞美之情。

二、教学重难点

精准把握并体会作者在文中所描写的七件事中对长妈妈的情感变化的过程。

三、教学时长

10分钟。

四、课文来源

部编版初中语文七年级下册第9课。

五、教学过程

（一）创设情境，导入新课

同学们，我们在七年级上册课文中学习过鲁迅先生的散文《从百草园到三味书屋》。其中提到了鲁迅先生的保姆长妈妈，她给我们讲了神秘莫测的美女蛇的故事。而在上节课中，我们也通过阅读文本，得知鲁迅的童年生活中，长妈妈一直在照顾他。在作者心中，她是一个很有影响力的人物。因此在长妈妈去世三十年后，作者便写了《阿长与山海经》这篇文章来纪念她，可见鲁迅先生对长妈妈有着相当深厚的感情。那么，这节课我们来探究长妈妈究竟是个什么样的人呢，鲁迅先生对阿长妈妈有怎样的情感变化。

让我们继续走进《阿长与山海经》这篇文章。

（二）通读全文，整体感知

同学们，这篇文章主要叙述了有关长妈妈的几件事，请大家逐一在课本上标画并简要概括，并思考：我们可以从中总结出长妈妈怎样的形象呢？

让我们一起通过原文逐一分析，深刻体会。

第一件事：

先前的先前，我家有一个女工，身材生得很高大，这就是真阿长。后来她回去了，我那什么姑娘才来补她的缺，然而大家因为叫惯了，没有再改口，于是她从此也就成为长妈妈了。

明确：简述阿长名字的由来，长妈妈身份低微（略写）。

第二件事：

但倘使要我说句真心话，我可只得说：我实在不大佩服她。最讨厌的是常喜欢切切察察，向人们低声絮说些什么事，还竖起第二个手指，在空中上下摇动，或者点着对手或自己的鼻尖。我的家里一有些小风波，不知怎的我总疑心和这“切切察察”有些关系。

明确：阿长妈妈常喜欢切切察察，多事，我对此不大佩服（略写）。

第三件事：

一到夏天，睡觉时她又伸开两脚两手，在床中间摆成一个“大”字，挤得我没有余地翻身，久睡在一角的席子上，又已经烤得那么热。推她呢，不动；叫她呢，也不闻。我想，这实在是无法可想了。

明确：睡觉时挤得我无法翻身，她是不拘小节的，我非常讨厌（略写）。

第四件事：

她教给我的道理还很多，例如说人死了，不该说死掉，必须说“老掉了”；死了人，生了孩子的屋子里，不应该走进去；饭粒落在地上，必须拣起来，最好是吃下去；晒裤子用的竹竿底下，是万不可钻过去的……。此外，现在大抵忘却了，只有元旦的古怪仪式记得最清楚。总之：都是些烦琐之至，至今想起来还觉得非常麻烦的事情。

明确：长妈妈懂得许多规矩和麻烦的礼节，愚昧无知，对此我很不耐烦（较详细）。

第五件事：

她严肃地说。“我们就没有用么？我们也要被掳去。城外有兵来攻的时候，长毛就叫我们脱下裤子，一排一排地站在城墙上，外面的大炮就放不出来；再要放，就炸了！”这实在是出于我意想之外的，不能不惊异。我一向只以为她满肚子是麻烦的礼节罢了，却不料她还有这样伟大的神力。从此对于她就有了特别的敬意。

明确：长妈妈给我讲长毛攻城的故事，并且我了解原来她这样普通的妇女也可以护城，于是产生了空前敬意（较详细）。

第六件事：

这种敬意：虽然也逐渐淡薄起来，但完全消失，大概是在知道她谋害了我的隐鼠之后。那时就极严重地诘问，而且当面叫她阿长。

明确：我得知她谋害了我的隐鼠，因此敬意就消失了（略写）。

第七件事：

曾经有过一部绘图的《山海经》，画着人面的兽，九头的蛇，三脚的鸟，生着翅膀的人，没有头而以两乳当作眼睛的怪物，……可惜现在不知道放在那里了。我很愿意看看这样的图画，但不好意思力逼他去寻找，他是很疏懒的。问别人呢，谁也不肯真实地回答我。压岁钱还有几百文，买罢，又没有好机会。

她告假回家以后的四五天，她穿着新的蓝布衫回来了，一见面，就将一包书递给我，高兴地说道："哥儿，有画儿的'三哼经'，我给你买来了！"

明确：阿长为我买心心念念的《山海经》，我震惊，感觉到了她伟大的神力，产生了新的敬意（详写）。

师生共同总结：本文一共写了有关长妈妈的七件事，通过这七件事，我们可以总结出阿长的人物形象：

七件事及有关长妈妈的形象

事件	阿长形象
阿长名字的由来	身份低微
切切察察	长相丑，饶舌多事
摆成"大"字睡觉	不拘小节
许多规矩和道理。	迷信，热情
讲"长毛"的故事	朴拙
谋害隐鼠	没有爱心
买来山海经	淳朴善良，关心孩子想法

总结：长妈妈身份比较低微，而且有无知可笑、愚昧落后的缺点，但更有着纯朴、善良、仁慈的美德。

文章自始至终一直在刻画她对孩子的关心爱护的品质：从她"不许我动"到吃福橘的祝福，到后来买《山海经》中都充分体现出来。所以她虽然饶舌、多事、有许多令人生烦的规矩和道理，但又爽朗、热心、乐于助人、关心爱护孩子。

（三）精读课文，体悟作者感情变化

1. 以这七件事的时间顺序为基础，深入探究"我"对阿长的感情变化

同学们，根据刚刚的原文分析，我们已经归纳出来了有关长妈妈的七件事以及她的人物形象，也能体会出作者对她的明显且突出的感情。那接下来，我们将以这七件事的时间顺序为基础，深入探究"我"对阿长的感情变化又是如何发展的呢？

首先明确本文记叙线索：本篇文章的题材是回忆性散文，散文的“形散而神不散”说的是主题集中。本文便是以对长妈妈的感情为记叙线索。

（利用多媒体，超链接到刚刚的原文PPT）

第一件事中，主要描述了阿长身份是比较低微的，“我”甚至也不知道她的名字。只知道大概是叫“什么姑娘”。

第二件事中，作者对她的“喜欢切切察察”“不许我走动”等行为，感情上是“实在不大佩服”的。

第三件事中，对长妈妈“睡觉摆‘大’字”并且在母亲提醒过她后依旧没改，我的感情是很无奈，比之前的不大佩服更进一层。

第四件事中，“我”对她各种各样的烦琐规矩和很多道理觉得“非常麻烦”。

第五件事中，“我”对阿长的情感出现了转折，她给我讲了长毛的故事，我感受到了她这样一个普通平凡的妇女竟也有如此大的神力，由此产生了“空前的敬意”。

第六件事中，刚刚因长毛的故事而产生的虚无的“这种敬意”，后来竟“淡薄起来”，在知道她谋害了自己的隐鼠时甚至“完全消失”。很明显，之前的“这种敬意”并不是真正崇敬和敬爱的心意。

第七件事中，最后她买来《山海经》时，作者产生了“新的敬意”，而这才是真正感激的敬意。因为作者说：书的模样，到现在还在眼前。这样才有作者后来的真挚的感激、怀念之情。

因此最后作者发出一声深沉的祝福：“仁厚黑暗的地母呵，愿在你怀里永安她的魂灵！”

教师明确：根据以上事情的发展脉络，我们可以归纳出“我”的整体情感变化是“讨厌—不大佩服—不耐烦—空前敬意—敬意完全消失—新的敬意—祝福与怀念。”

七件事所对应的“我”的情感变化

事件	情感变化
切切察察	不佩服，讨厌
摆成“大”字睡觉	无法可想
许多规矩和道理	不耐烦
讲“长毛”的故事	空前敬意

续表

事件	情感变化
谋害隐鼠	敬意消失
买来山海经	新的敬意
永安她的魂灵	祝福和怀念

在作者这种复杂又明确的感情变化中，我们感觉到阿长妈妈的形象又丰富高大了许多：阿长有一颗如土地般朴实厚重的心，在愚直之中有着坚韧和执着，无视等级隔膜的朴拙的热情！

2. 深入研讨：详略不同的描写如何使读者感到文章更加生动形象？

文中对七件事情的描写，我们能看出有的写得多，有的写得少，这便是我们通常意义上所说的“详略得当”，有详有略地来描写可以使主次分明，重点突出，使读者感到文章更加生动形象。

那本文中描写相对详细的是哪一件事情呢？请同学们进行思考和讨论。

教师明确：作者在文中18—28段详细描写了自己想要山海经的原因与经过，以及最后阿长为自己买到山海经时的激动与感动。作者对她的感情可谓是达到了神圣的阶段——“伟大的神力”。

让我们来看一看同学们课下自主预习，概括的情节内容：

起因：“我”是在远方的叔祖家听说，曾经有一部绘图的《山海经》，画着人面的兽，九头的蛇，生着翅膀的人，没有头而以两乳当作眼睛的怪物，我很想要这本《山海经》。

过程：但是叔祖说他已经不知道放在哪里了，他很懒，我也不好意思让他去找，问别人呢，谁也不肯真实地回答我，自己有几百块钱，但是一直没有机会，书店很远，有一次元旦好不容易出去，但是两个书店的大门紧紧关着。我之前没有和阿长说过的，因为我认为她不是专家学者，告诉她也没用，后面她坚持要知晓，我才开了口。

结果：但没想到长妈妈居然在回家的路上帮我带了一本山海经！

文中提到“纸张很黄，图像很坏，甚至于几乎全用直线凑合，连动物的眼睛长得也很畸形，但是我还是把她当作我的珍宝。”可见，我非常珍惜这本书，更珍惜的是长妈妈的这份情谊。

提问1：为什么说长妈妈却有“伟大的神力”呢？请大家根据18—28段来总结。

学生回答后教师再明确：主要有两方面的原因。

原因一：《山海经》很难找到。在“我”渴慕得到绘图的《山海经》，远房叔祖找不到，别人又“不肯真实地回答我”，自己去买又没有机会的时候，长妈妈却神奇般地买到了。这是多么令人惊喜的消息啊!

原因二：我一开始没有告诉过她这件事，因为我认为她根本不识字，也不是什么专家学者，她连书名都说成“三哼经”，但是后来她坚持问我，我才说出想要这本书。“别人不肯做的。或不能做的事，她却能做成功。她却有伟大的神力了！”

提问2：而这神力的核心是什么呢？（深入剖析，层层递进）

是爱。长妈妈是一个喜爱孩子的仁慈的女性。

我们可以想象幼小的鲁迅此时那种激动而又敬佩的心情，文中用一个“霹雳”的比喻和词语“震惊”写出了“我”十分震惊的心理，也表现了"残'对长妈妈产生"新的敬意'物原因。作者得到绘图《山海经》的欣喜之态宛然可见。“新的敬意”自然而然地在心底萌生。

那这样一个真诚、善良淳朴、热爱孩子，尽己所能帮助孩子的人，怎能不让鲁迅先生深深地怀念呢?

（四）课堂小结

请几位学生进行发言，归纳本文主题以及自己的心得，而后老师再进行总结；

文章通过记叙“我”儿时与长妈妈相处的七件事，刻画了一位没有文化、迷信、好事，但心地善良、热心帮助孩子解决疑难的普通保姆的形象。

而文中尾句“仁厚黑暗的地母呵，愿在你怀里永安她的魂灵！”则充分表达了我对长妈妈的尊敬、感激和怀念之情。

（五）课后作业，升华情感——寻找“阿长”

那同学们，你们喜欢长妈妈吗？你觉得阿长像你身边的谁呢？是年迈的老祖母，还是唠唠叨叨的母亲，抑或是热心的邻居？请你为身边的“阿长”写一篇小传。

（六）板书设计

题目:阿长与山海经

主题:怀念

探究:作者对阿长妈妈的情感变化

案例二

《登高》颈联中的“八悲”

西昌学院2020级汉语言文学专业庞俊洁提供

一、教学目标

（一）知识与能力目标

了解诗人诗歌创作的背景；了解诗人在颈联中抒发的“八悲”；结合创作背景体会诗人深切的悲意。

（二）过程与方法目标

通过引用宋人罗大经在《鹤林玉露》对诗歌颈联的评价入课题，由教师结合创作背景向学生讲授诗歌颈联所表达的诗人的情感。

（三）情感态度与价值观

把握诗人“悲”的原因，理解诗人内心深沉的悲伤情感。

二、教学重点

1. 理解诗人的创作背景与抒发悲情的联系。
2. 明确诗歌颈联表达了哪“八悲”。

三、教学难点

1. 感知——诗人抒发了怎样的悲意？
2. 探究——诗人为何而悲？

四、教学时长

1课时。

五、课文来源

部编版高一语文必修上册第三单元第8课。

六、教学过程

（一）课题导入

同学们，上节课我们学习了杜甫《登高》的前两联，对诗歌有了一个基本的了解和掌握，那么这节课，我们继续学习诗歌的颈联，深入探究被明代著名诗评家胡应麟称为“古今七律诗第一”的《登高》，结合创作背景，体会诗歌颈联的“八悲”。

（二）创作背景

《登高》写于大历二年（767）秋，是杜甫去世前在四川的夔州所写。其时，安史之乱刚刚结束，地方军阀又乘机而起，相互争夺地盘，社会动荡，民不聊生。杜甫此时“漂泊西南天地间”，家道艰辛，个人多病，尤其是壮志难酬。他的好友李白、高适、严武等又相继去世。适逢秋日登高，夔州水急、风大、猿啸的萧瑟景象，触动了杜甫的情怀，他发出如此之人生概叹。

（三）诗歌范读

（1）播放范读音频，帮助学生初步感知诗歌情感。

（2）教师提问，引导思考——本诗的诗眼是什么，可以用诗中的哪一个字进行概括？

（四）把握诗歌情感

1. 全诗的诗眼——“悲”

全诗围绕一个“悲”字分两层展开：

诗歌的前两联写景，描绘了一幅雄浑高远而又凄清悲凉的秋景。

诗歌的后两联抒情，抒发了诗人感时伤时的爱国情感和常年漂泊的孤苦愁绪。

2. 诗歌颈联表达了哪“八悲”？

宋人罗大经在《鹤林玉露》中指出，“杜陵诗云：‘万里悲秋常作客，百年多病独登台’十四字之间含有八意，而对偶又极精确。”“万里”，地之远也；“秋”，时之凄惨也；“作客”，羁旅也；“常作客”，久旅也；“百年”，迟暮也；“多病”，衰疾也；“台”，高迥处也；“独登台”，无亲朋也。

（1）远离家乡之悲

作此诗时，杜甫依附的成都府尹兼好友严武英年病逝，杜甫只好离开经营了五六年的成都草堂，到了夔州，他把长安当作自己的家乡，不由得抒发远离家乡在外漂泊的悲意。

万里——地之远也，泛指，表示空间远。

百年——时之久也，泛指，表示时间长。

诗人运用了如此庞大且夸张的词语进行描写，打破时空界限，扩大悲凉意境。

（2）感伤时节之悲

“秋”，点明了作诗的时间，时之凄惨也。“悲秋”是古诗中常用的伤春悲秋主题。诗云“自古逢秋悲寂寥”，秋景多冷落萧瑟，伴随着黄昏、落叶、残阳，成为万物衰亡的象征，自然引起了诗人的悲伤之感。

“悲秋”已经让人黯然神伤，“万里悲秋”更是让人凄怆不已。

（3）羁旅漂泊之悲

“作客”，和现在的“做客”不同，作客是客居他乡、在外漂泊的意思。《登高》写于大历二年（767）秋，当时安史之乱刚刚结束，杜甫为了避难，正是客居夔州、漂泊西南的时期，可谓颠沛流离。

（4）久旅不归之悲

“常作客”，长期漂泊羁旅在外。杜甫从48岁开始。一直到58岁去世为止，11年中一直在外漂泊，作这首诗时已是在外漂泊的第八个年头了。

“常”在这里并不是“常常”的意思，而是“长期”的意思。常常表示的是一种频次，次数多的意思，而长期表示的是一种恒久的状态，有种回家遥遥无期的悲凉。

（5）垂暮苍颜之悲

“百年”，指到了晚年。杜甫作这首诗时已经55岁了，按当时人的寿命来说，也算是人至暮年了。时光如流水，暮年已至，百年将近，来日无多。

对比年少气盛、志在四方，身体健康、步履轻盈，诗人此时年老体弱、疾病缠身，想到这里，内心不由得悲意上涌，感慨垂暮。

（6）疾病缠身之悲

“多病”，指疾病缠身。诗人家道艰辛，颠沛流离导致了个人疾病缠身，作此诗后的第三年（770年），一代诗圣在贫病交加中去世。

（7）登高伤怀之悲

“台”，高迥处也。人在高处能够感受到宇宙时空是那么宽广，而渺小孤独的一个人在这样大的一种时空当中更凸显落寞和孤寂。

对比《望岳》“会当凌绝顶，一览众山小”登临泰山时的家庭富足安康，诗中全是壮志凌云、意气风发，“万里悲秋常作客，百年多病独登台”写尽了诗人经历了山河破碎、颠沛流离，晚年穷困潦倒的悲戚。

（8）孤独无依之悲

“独登台”，重阳节登高，只身一人没有亲朋，孑然一身，形影相吊。

正如王维在《九月九日忆山东兄弟》中所写："独在异乡为异客，每逢佳节倍思亲。"诗人羁旅漂泊、客居他乡，自然在独自登高时心情惆怅，感受到无限的孤独与悲凉。

（五）课后小结

本堂课我们通过对诗歌颈联的解读，结合诗人杜甫的创作背景，理解了诗人在诗句中表达的八层悲意，体会到了诗人远离家乡、感伤时节、羁旅漂泊、久旅不归、垂暮苍颜、疾病缠身、登高伤怀、孤独无依的深沉悲意。八层悲意，层层递进，八意合一，体现了杜甫诗歌创作水平之高。

（六）课后作业

1. 流利地背诵《登高》。

2. 结合诗歌的创作背景，试分析尾联诗人表达的思想感情。

（七）板书设计

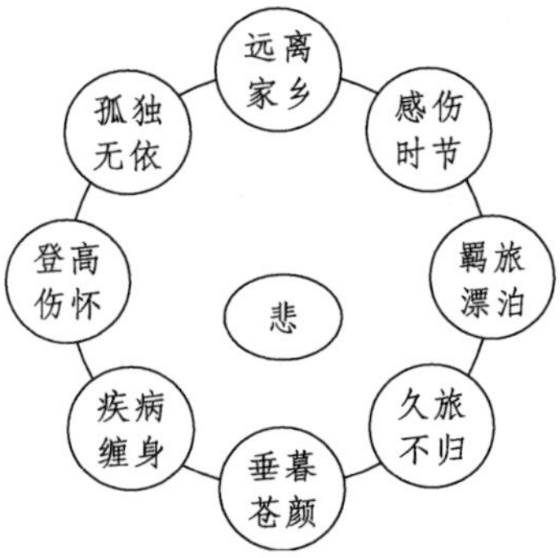

案例三

《祝福》中祥林嫂外貌变化的隐含意义

西昌学院2020级汉语言文学专业庞俊洁提供

一、教学目标

（一）知识与能力目标

理清文中各部分所写内容祥林嫂的外貌特点，结合全文分析祥林嫂外貌变化下的隐含意义。

（二）过程与方法目标

通过“我”回到故乡所观察到的“变”与“不变”串联课文，分析鲁镇的“不变”与祥林嫂的“变”，祥林嫂发生了哪些变化？

二、教学重点

找出祥林嫂在文中的外貌变化。

三、教学难点

通过人物外貌变化，分析祥林嫂外貌变化的隐含意义。

四、教学时长

10分钟。

五、课文来源

部编版高中语文必修下第六单元第1课。

六、教学过程

（一）课文导入

通过上节课的学习，我们了解了作品的创作背景，划分了文章的整体结构，分析了本篇小说主要采用的叙述手法是倒叙法，知道了《祝福》到底讲了一个怎样的故事。相信鲁迅笔下的祥林嫂给大家留下了深刻的印象，我们不禁思考到底是什么造成了祥林嫂如此悲惨的命运。怀着这样的疑问，我们今天来分析探究祥林嫂外貌变化下隐含的意义，看看能不能发现造成祥林嫂悲剧的原因。

（二）课堂探究

在开篇作者就写他重回故乡，如果是你重新回到阔别多年的故乡，首先会做什么呢？应该是观察故乡有哪些变化吧，作者当然也不例外。那就请同学们在文章中找出作者观察到了哪些变化。

1. 找出作者重回故乡发现的故乡的变化

鲁镇：第一自然段：“他比先前并没有什么大改变，单是老了些，但也还未留胡子，一见面是寒暄，寒暄之后说我‘胖了’，说我‘胖了’之后即大骂新党。”

第二自然段："他们也都没有什么大改变，单是老了些；家中却一律忙，都在准备着'祝福'"。"年年如此，家家如此，——只要买得起福礼和爆竹之类的，——今年自然也如此"。

祥林嫂：第三自然段："我这回在鲁镇所见的人们中，改变之大，可以说无过于她的了：五年前的花白的头发，即今已经全白，全不像四十上下的人；脸上瘦削不堪，黄中带黑，消尽了先前哀伤的神色，眼珠间或一轮，表示她还是一个活物手提着竹篮，内中一个破碗，空的。一手杵着一支比她更长，下端开了裂的竹竿：她分明纯乎是一个乞丐了。"

我们发现，作者观察到，除了祥林嫂这个外来人发生了很大的变化，他的家乡和鲁镇的人没有什么大的改变。所以我们知道了鲁镇的人和鲁镇的风俗习惯是不变的，祥林嫂是改变的。

透过不变我们可以看到一个封闭封建的鲁镇，也就是说封建势力和封建迷信思想对农村的统治依旧根深蒂固。

既然作者说祥林嫂"改变之大，可以说无过于她的了"，那我们就来看看祥林嫂有了哪些变化。

2. 找出祥林嫂发生的哪些变化（三次肖像描写）

第一次：头上扎着白头绳，乌裙，蓝夹袄，月白背心，年纪大约二十六七，脸色青黄，但两颊还是红的，看上去模样周正，手脚壮大，又只是顺着眼。

第二次：她仍然头上扎着白头绳，乌裙，蓝夹袄，月白背心，脸色青黄，只是两颊已经消失了血色，顺着眼，眼角上带着泪痕，眼光也没有先前那样精神了。

第三次：五年前的花白的头发，即今已经全白，全不像四十上下的人；脸上瘦削不堪，黄中带黑，消尽了先前哀伤的神色，眼珠间或一轮，表示她还是一个活物手提着竹篮，内中一个破碗，空的。一手杵着一支比她更长，下端开了裂的竹竿：她分明纯乎是一个乞丐了。

找出了祥林嫂的变化，那就和老师一起对这些变化进行详细的分析，分析祥林嫂是怎样一步步走向毁灭的。

3. 讨论分析祥林嫂外貌变化的过程表明祥林嫂怎样的人生状态

（1）初到鲁镇

"头上扎着白头绳，乌裙，蓝夹袄，月白背心，脸色青黄，但两颊还是红的"，"手脚都壮大，又只是顺着眼"，"口角边渐渐的有了笑影，脸上也白胖了"。

① 提问："脸色青黄"这个肖像细节描写告诉我们什么？

明确：生活条件不好，遭遇丈夫去世，受到的打击较大。

② "顺着眼"是顺从的样子，二十六七岁从现在的角度来看，是年轻女性，很活泼、开朗、率性，但是祥林嫂二十六七岁的时候却是顺着眼，这应当是长期受到一些无形的规矩的限制所致。

明确：祥林嫂身处旧社会，被封建制度所制裁。

③ "两颊还是红的"以及来了之后，在劳动中"有了笑影，白胖了"。第一次来鲁镇，让我们看到了经历第一任丈夫去世的人生打击以后的祥林嫂，这时的祥林嫂通过劳动看到了人生的希望，我们应该对此感到欣慰。

明确：一波三折，也为后文祥林嫂的凄惨做铺垫。

（2）再到鲁镇

"头上扎着白头绳，乌裙，蓝夹袄，月白背心，脸色青黄，只是两颊上已经消失了血色。顺着眼，眼角上带些泪痕，眼光也没有先前那样精神了。"

祥林嫂第一次来鲁镇，脸颊是红的，这一次"只是两颊上已经消失了血色"。第二次来到鲁镇，表示她已经失去了生命的活力。"眼角上带些泪痕，眼光也没有先前那样精神了"，生命中已经多了许多悲哀的事，丈夫和孩子的去世打击太大了。

明确：精神受到挫折、意志的支柱在生活的重压下已经动摇。脸色和眼光表明她已经失去充盈的精神，但仍在勉力维持着的习惯打扮表明她对生活对未来还心怀期待。

（3）最后来到鲁镇

"五年前花白的头发，即今已经全白，脸上瘦削不堪，黄中带黑，而且消尽了先前悲哀的神色，仿佛是木刻似的；只有那眼珠间或一轮，还可以表示她是一个活物。她一手提着竹篮，内中一个破碗，空的；一手拄着比她更长的竹竿，下端开了裂；她分明纯乎是一个乞丐了。"

① "脸上瘦削不堪"表示祥林嫂流浪了四五年，生活没有着落，人瘦削不堪是自然的。

② "黄中带黑"强化了这几年所受的苦。"原来是青黄，现在是黄中带黑"，已经失去了正常的肤色。

③ "消尽了先前悲哀的神色"可以看到，第二次来鲁镇的时候的神色是悲哀的，现在已经看不出任何喜怒哀乐，没有任何表情，没有任何神态上的变化。行尸走肉。

④ "只有那眼珠间或一轮，还可以表示她是一个活物"说明祥林嫂站在那里像一个

木雕，只有眼珠动一动，才知道原来是个活人。

明确：这时的祥林嫂像是一个精神完全枯竭的妇女，不仅物质上一无所有，而且精神上毫无寄托，是一个从肉体到精神都完全垮掉的妇女形象。

这个表格可以更加形象生动地反映祥林嫂的变化过程。我们可以看出作者主要从穿着打扮、脸色神情和眼神变化这三个方面来表现祥林嫂一步步走向毁灭的过程。

三个阶段祥林嫂的外观变化

	穿着打扮	脸色神情	眼神变化
初到鲁镇	白头绳，乌裙，蓝夹袄，月白背心	脸色青黄，两颊还是红的，口角边渐渐有了笑影，脸上白胖了	顺着眼
再到鲁镇	白头绳，乌裙，蓝夹袄，月白背心	脸色青黄，两颊失去血色	顺着眼，眼角带着泪痕，眼光没有先前那样精神了
最后到鲁镇	头发全白	瘦削不堪，黄中带黑，消尽先前悲哀的神色，木刻似的	眼珠间或一轮，还可以表示是一个活物

请思考：是什么造成了祥林嫂的毁灭呢？是什么让祥林嫂从一个有生机的妇女成了行尸走肉？

4. 通过对祥林嫂的分析，请同学们思考祥林嫂的外貌变化说明了什么

祥林嫂从一个有生机的妇女变成一个行乞的行尸走肉，是因为封建礼教的蚕食使她一步步走向深渊。祥林嫂是深受封建礼教封建思想和神权毒害的受害者，她的形象也是中国饱受封建礼教毒害的万千妇女中的一个缩影，是作者对这个罪恶封建社会的无声控诉，揭露了封建礼教吃人的本质。

（三）教学小结

这节课我们分析了祥林嫂的外貌变化的过程，学习了怎样挖掘外貌变化下的隐藏含义。祥林嫂的外貌变化过程也是祥林嫂一步一步走向死亡的过程。小说通过描写祥林嫂一生的悲惨境遇来反映辛亥革命后农村的社会矛盾，揭示了封建礼教吃人的本质，指出了彻底反封建的必要性。

（四）拓展延伸

查找相关资料，找出鲁迅其他作品中与祥林嫂具有相似悲剧命运的女性角色，若有外貌描写，试着分析作者是怎样通过外貌描写来表现人物的，人物的外貌描写下隐含着什么。

（五）板书设计

祝福

鲁迅

祥林嫂外貌变化的三次描写：
- 穿着打扮
- 脸色神情 ⟹ 封建压迫
- 眼神变化

第三节　问题型微课

一、问题型微课的内涵

问题是通向理解之门。好的问题能激发学生的探究欲望，引发有质量的思考。所谓问题型微课，即以问题为主线，围绕问题展开讨论的微课。问题型微课的核心，是以问题为引导，但又不只是有个引导那么简单。问题型微课的主线非常清晰，关注一个核心问题讨论，引发思考，分析问题，解决问题，然后进行类似问题的拓展和延伸。问题的类型不同，形成的问题型微课的风格也有所差别，但焦点明确，目的明确。在问题型微课中比较常见的问题类型有“是什么”“为什么”“怎么做”，通过解决问题的方法的展开完成微课内容。

二、问题型微课的特点

1. 用问题串起整节微课

问题式教学法，就是以提出问题、分析问题、解决问题为线索，并把这一线索始终贯穿整个教学过程。问题是问题型微课的核心所在，在问题型微课中，问题贯穿始终，它将整节微课串了起来。微课上，教师会不时地提问并与学习者进行互动，提醒容易分心的学习者：赶紧集中注意力，回到微课上来。好的问题能激发学习者探索未知的欲望，让学习者在思考中学习并提高。

2. 不要为问问题而问问题

《现代汉语词典》对“问题”的解释是需要研究讨论并加以解决的矛盾、疑难。问题型微课中的“问题”也是如此，是需要讨论或解决的矛盾。也就是说“问题”必须是有价值的、有意义的、值得探究的，而不是随便在教材里找一道题目，将它的解题过程拍成微课就叫作“问题型微课”。教学要把主要精力放在问题的发现、分析和解决的过程。问题教学要培养学习者的科学精神和创新思维习惯，无疑要大力进行发散性思维，多角度思考问题，但同时也要注意归纳、综合，进行集中性思维，使二者结合。只有这样，才能在培养学习者的科学精神和创造性思维习惯的同时，做爱好知识的建构与积累。学生思维的培养是离不开问题的。因此，问题教学从根本上讲是“问题源”的开发，即左右脑潜能的开发与和谐发展。因此，教师在教学中的设问与情境的创设要精心设计，既不能过于暴露、直接，又不能过于隐蔽，使学习者难于发现问题。一个好的问题型微课，应该难度适中，要以学习者主体主动参与学习为前提，但是学习者主体性能否在参与中极大地发挥出来，还有赖于微课中正确的引导作用。

3. 问题的展开就像教师在旁边带领学习者探索

在好的问题型微课中，教师就是一个举着明灯的领路人，带着学习者去探索他们渴望了解却又未知的知识世界。学习者学习问题型微课时，就像教师在身边手把手地指导，循循善诱，带着他们一步步靠近问题的真相，一步步解决心中的困惑。我们会发现，除了在微课一开始，教师会提出一个贯穿整个微课的“核心”问题以外，在微课讲解过程中，教师也会在适当的时候提出一系列小问题来启发学习者思考。此外，问题型微课还需要“留白”，在需要学习者认真思考的时候，不要着急告诉学习者答案，而是真的停下来，给学习者反应的时间，然后再往下讲。总之，问题型微课要让学习者有身临其境之感，教师好像就在身边不时提醒他、引导他，督促他前进。

4. 老师要站在学习者的角度，指导学习者

一个好的问题型微课，能让学习者感受到教师在身边手把手教自己。教师可以给学习者指出方向，告诉学习者哪条路更顺畅，让学习者少走弯路。但是教师不能代替学习

者把路走完，直接告诉学习者答案。也就是说，教师应该引导学习者去探究问题，这一点在问题型微课中尤其重要。优秀的问题型微课往往是站在学习者的角度，从学习者已有的知识、能力入手，结合学习者的思维方式来讲解问题研讨的方法。可以将问题与现实生活相结合，从身边的现象引入、提出问题。

三、问题型微课的实训要求及案例

（一）问题型微课的实训要求

1. 一个微课研讨一个核心问题

微课时间短，因此问题型微课最好聚焦于一个核心问题，围绕这个核心问题的原因、解决办法来深入研究，直至完成学习目标。核心问题可以来源于学科的一个知识点，将知识点或技能点转化为问题。也可以源于生活，从生活中发现问题，与学习内容结合，形成问题。围绕问题来引申出微课的设计，只研讨一个问题，让学习者专注于一个问题，通过对一个问题的分析来理解相关概念原理，掌握方法，让学习者触类旁通、举一反三。

2. 微课设计的问题难易适中

微课设计的问题要符合学习者已有的知识基础。教师在创设问题情境时，必须根据特定知识内容以及教学目标，将学习者已有的知识经验与将要学习的知识联系起来，在此基础上设置问题。问题不能过于简单，也不能过于复杂。过易或过难的问题都不能有效地激发学习者思考。学习过程是不断提出问题、分析问题和解决问题的过程。微课中提出的问题应该符合学习者现有的认知结构，是学习者通过努力可以解决的，既不能让学习者对答如流，也不能让学习者望而生畏，觉得高不可攀，而应该落在学习者已有知识经验的范围内，让学习者在认真聆听、仔细思考后可以顺利接受。

3. 问题能启发学习者的思考

微课设计的问题要能引起学习者的学习兴趣，具有启发性。在创设问题情景时，要保证所创设的情境能激发学习者积极思考。要让学习者积极主动地获取知识，而不是被动地接受教师的灌输，有效的学习应该是在激发学习者认知需要的情境中进行的。

4. 深入浅出、层层深入

用微课学习，微课即学习者的教师。学习不是被动接收信息刺激，而是主动建构意义，是根据自己的经验背景，对外部信息主动地选择、加工和处理，从而获得自己的意义。教师在引导学习者思考时，需要浅入深引，让学习者认识学习的规律。问题并不是越难越好，需要以教材为基础，才能使设立的问题既源于课本又高于课本，既能够培养学习者自主学习能力，又不会使学习者望难生畏。

（二）问题型微课案例

案例一

《记承天寺夜游》闲人为何“闲”？

西昌学院2020级汉语言文学专业庞俊洁提供

一、教学目标

（一）知识与能力目标

在通读整篇课文之后，了解课文内容。

深入探讨作者自诩“闲人”的原因及“闲”在何处。

（二）过程与方法目标

通过了解写作背景来探究作者为何说自己是“闲人”。

通过探讨文章细节找出作者的“闲”体现在何处。

二、教学重点

深入探讨作者自诩“闲人”的原因及“闲”在何处。

三、教学时长

2课时。

四、课文来源

部编版初中语文二年级上册第11课。

五、教学过程

（一）课前导入

1. 引用诗句导入

同学们，自古以来有许多文人墨客都爱引用“闲人”作诗，比如：

王维说：“人闲桂花落，夜静春山空。”（《鸟鸣涧》）晏殊说：“花前独占春风早，寻香已落闲人后。”（《采桑子·花前独占春风早》）徐再思说：“明月清风共我，闲人三个。从他今古消磨。”（《天净沙·渔父》）元稹说：“我今因病魂颠倒，唯梦闲人不梦君。”（《酬乐天频梦微之》）他们或表现岁月静好，或表现思念故人。古往今来，许多文人称自己作“闲人”，要么感慨于壮志难酬的境遇，要么向往闲云野鹤的生活，要么追忆难再重现的时光，等等。

2. 问题导入

那在本节课我们要学的《记承天寺夜游》中，苏轼为什么要称自己为“闲人”？我们可以从哪些地方看出来苏轼的“闲”？下面，让我们一起走进课文，去文中找找答案。

（二）写作背景

此文写于宋神宗元丰六年（1083）。元丰二年（1079），苏轼因“乌台诗案”被贬黄州。元丰三年（1080）二月到达黄州贬所，名义上是“团练副使”，却“本州安置，不得签书公事”，也就是说做着有职无权的闲官，到写这篇文章时已经快满四年。与苏轼气味相投的友人张怀民此时也谪居黄州，暂寓承天寺，因有此文。

（三）细读课文，理解研读

1. 苏轼自诩“闲人”的原因是什么？

明确：

（1）从写作背景可以看出，苏轼被贬黄州，名义上是“团练副使”，却“本州安置，不得签书公事”，也就是说做着有职无权的闲官。

（2）从文中可以看出，苏轼与好友张怀民在半夜相与于庭中赏明月，水中观竹影。我们先看时间，文中写道“元丰六年十月十二日夜”。

请同学们试想一下：

元丰六年十月十二日夜，如果你当时是朝廷中的大官，你现在会干什么？你可能是在处理朝廷政事，也可能是在处心积虑搞垮与你对立的人。

元丰六年十月十二日夜，如果你是商人，你现在会干什么？你肯定是在想怎么才能挣更多的钱。

元丰六年十月十二日夜，如果你是恰逢科考的读书人，你现在会干什么？毫无疑问是背书，同时还会为明日的科考焦虑紧张。

但凡你是一个有事可做的人，你都会为你的事情而忙碌。那我们看苏轼，他在干什么？

我们再看细节，文章写道："解衣欲睡，月色入户，欣然起行。"

苏轼都脱了衣服盖上被子打算睡觉了，一天的忙碌劳累之后，准备休息了，哎，月光照进窗户，这个月光哈，也是不偏不倚地刚刚照进了苏轼的窗子，还恰恰是卧室的窗子，恰恰照在了苏轼面前。这下苏轼很高兴，这月色多美啊，我必须要起床看一看，于是"欣然起行"。一个忙碌一整天的人，应该很疲倦呀，应该早点入睡，明天又是忙碌的一天呢！可苏轼不，都要睡了，看见月光觉得很漂亮，就"欣然起行"，这说明什么，说明苏轼不累啊！不仅不累，而且还很悠闲啊，并无烦事挂心头，才有心赏月，还不觉得麻烦地穿上衣服，高高兴兴地出门看月亮。

从这些地方我们可以看出苏轼确实是一个很悠闲的人，没事可做，闲来赏月。所以苏轼说自己是一个"闲人"，确实有据可依。

2. 苏轼这位"闲人"究竟"闲"在何处？

明确：

可以从以下四个方面窥见：

（1）大浪漫：夜起观月。

在前面探究苏轼为什么自诩为"闲人"的时候我们提到，苏轼是一个很悠闲的人，无事可做，没有劳累，没有忙碌，所以在月亮悄悄爬进窗户的时候，他一眼窥见这种美，怦然心动，于是一发不可收拾，激动的心啊，再也按捺不住，马上穿起衣服高高兴兴地出门赏月。这是一个很大的点，在这里我们不只可以看见苏轼的"闲"，更可以看见苏轼心中的大浪漫。

（2）小遇见：寻伴与乐。

文中提到"念无与为乐者，遂至承天寺寻张怀民。怀民亦未寝，相与步于中庭"。

张怀民何许人也？史料记载，这个张怀民是宋朝的一位官员，因和当时主张革新并实行新法的王安石政见不同，便作诗讽刺新法，被捕入狱，后被贬到黄州，可见张怀民与苏轼政见一致。如果说月亮是苏轼在天上的知己，那么张怀民就是苏轼在人间的知己。同学们，想一想，当你无聊的时候，当你烦闷的时候，或者当你有好东西要分享的时候，是否也想约上三五好友消遣时光。苏轼就是这样，月光这样好，难道就我一个人欣赏吗？未免空虚无聊了些。于是想到张怀民，怀民还没有睡吧？那就一起散散步，赏赏月，聊聊天吧。也算是不负这美丽的月色，也慰藉这无聊的时光。这又是苏轼“闲”的一处证明。

（3）细体会：月明影清。

和怀民一起在庭院里散步，发现了什么呢？苏轼惜墨如金啊，只用了十八个字，就营造出一个月光澄碧、竹影斑驳、幽静迷人的夜景。且看文中写道：“庭下如积水空明，水中藻荇交横，盖竹柏影也。”我们可以发挥想象：月光清朗，洒落庭中，那一片清辉白茫茫一片好似积水空潭一般，更妙的是，“水”中还有水草漂浮，游荡，于是乎恍恍然便如仙境一般了。作者的高妙之处在于，以竹、柏之影与月光两种事物互相映衬、比拟、比喻手法精当，新颖，恰如其分地渲染了景色的幽美肃穆，更体现出了月光清凉明净的特点，衬托出作者闲适的心境。我们想一想，是心里面多么干净的人才能发现这样细微的美景啊。没有烦心事，生活悠闲自在，才能有如此这般玲珑心，发现得了这般美景。恐怕只有苏轼这个“闲人”才发现得了吧。

（4）深感悟：美在闲人。

苏轼被月色所迷，转而又惋惜：这样美的景色，怎么无人欣赏呢？转而恍然大悟：“何夜无月，何处无竹柏，但少闲人如吾两人者耳。”是啊，何夜无月，何处无竹柏，可是有如此闲情逸致来欣赏这番景色的，除了我苏轼与张怀民恐怕就不多了吧。闲人太少了，没有闲人，就没有月色；没有闲人，就没有风景；没有闲人，就没有天地的大美。想到这里，苏轼说，今晚没有大事发生，我就把这件闲事记下来吧。

（四）课堂总结

如果非要给苏轼这个“闲人”加一个形容词，老师愿意把他叫作“心境空明的闲人”：一个心境空明的闲人才会对这样的夜晚欣然起行；一个心境空明的闲人才会真正找到自己的人生知己；一个心境空明的人才会看到如此空明的月色；一个心境空明的闲人才会面对自然之美恍然大悟。

（五）课后作业

请同学们思考苏轼这个“闲人”背后真正的感情，以及苏轼在课文里想要表达的思想。

（六）板书设计

闲人→心境空明的闲人→“闲”在何处
- 夜晚欣然起行
- 找到人生知己
- 细赏空明月色

恍悟自然大美

案例二

《〈琵琶行〉（并序）》

——“同是天涯沦落人，相逢何必曾相识”的意蕴是什么？

西昌学院2020级汉语言文学专业庞俊洁提供

一、教学目标

（一）知识与能力目标

理解主旨句“同是天涯沦落人，相逢何必曾相识”的意蕴。

（二）过程与方法目标

运用提问法提出“分析琵琶女和诗人身世遭遇”的问题，再询问学生对核心问题“同是天涯沦落人，相逢何必曾相识”的理解。

（三）情感态度与价值观

认识封建社会造成琵琶女悲凉身世和诗人失意谪居的黑暗现实。

二、教学重难点

理解“同是天涯沦落人，相逢何必曾相识”的意蕴。

三、教学时长

10分钟。

四、知识点来源

部编版高中语文必修上册教材第三单元第2课。

五、教学过程

（一）课堂导入

同学们上午好，白居易在谈诗歌创作时说："事物牵于外，情感动于内，随感遇而形于咏叹。"那么你是怎样理解"同是天涯沦落人，相逢何必曾相识"的呢？这节课，我将带领大家一起学习主旨句，品读主旨句的意蕴。

（二）细读文章、探讨文本

1. 大家回忆一下，上节课我们找到了主旨句是哪一句？

同是天涯沦落人，相逢何必曾相识。（出示字幕投影）

2. 大家能根据课本内容分别讲述琵琶女和诗人的身世遭遇吗？

（1）琵琶女自述身世（课文第三段）

① 自言本是京城女，家在虾蟆陵下住。——出自京都

② 十三学得琵琶成，名属教坊第一部。曲罢曾教善才服，妆成每被秋娘妒。——天资聪慧、才华出众、艳压群芳

③ 五陵年少争缠头，一曲红绡不知数。钿头银篦击节碎，血色罗裙翻酒污。今年欢笑复明年，秋月春风等闲度。——在年复一年的美酒欢歌中度过一年又一年

④ 弟走从军阿姨死，暮去朝来颜色故。门前冷落鞍马稀，老大嫁作商人妇。商人重利轻别离，前月浮梁买茶去。去来江口守空船，绕船月明江水寒。——琵琶女家庭落魄、年老色衰，嫁给商人，最终落得个落魄失意

明确：塑造了一个封建社会被玩弄、被侮辱的妇女的典型形象，控诉世人的重色轻才和丈夫的重利寡情。

（2）诗人自述身世（课文第四段）

① 我从去年辞帝京，谪居卧病浔阳城。——本居京城、犯颜直谏、贬谪到此

② 浔阳地僻无音乐，终岁不闻丝竹声。住近湓江地低湿，黄芦苦竹绕宅生。——地势荒僻、环境恶劣

③ 其间旦暮闻何物？杜鹃啼血猿哀鸣。春江花朝秋月夜，往往取酒还独倾。——才华横溢却无人赏识、孤独寂寞

④ 莫辞更坐弹一曲，为君翻作琵琶行。——文采飞扬

⑤ 座中泣下谁最多？江州司马青衫湿。——同病相怜、哭己哭人

这里老师补充一点：诗人“辞帝京”之前是翰林学士，即皇帝私人秘书兼治国参谋；而如今却是“江州司马”，即刺史的副手，是一个闲差。

明确：这里塑造了一个文采飞扬，却被贬江城、怀才不遇、壮志未酬、孤独苦闷的正直知识分子形象。

3. 找出琵琶女和诗人之间的共同点，理解“同是天涯沦落人，相逢何必曾相识”的内涵

（1）同是天涯沦落人

琵琶女和诗人他们之间虽然出身、经历有很大的不同，但是也有相似之处：

① 一个“本是京城女”，一个“去年辞帝京”，都是从京都长安来到遥远地僻的江州。（琵琶女：自言本是京城女，家在虾蟆陵下住。诗人：我从去年辞帝京，谪居卧病浔阳城。）

② 一个是名满京都的艺人，一个是才华横溢的大诗人，都有出类拔萃的才能。（琵琶女：十三学得琵琶成，名属教坊第一部。诗人：莫辞更坐弹一曲，为君翻作琵琶行。）

③ 一个因年长色衰而嫁商人，一个因直言相谏而遭贬谪，都有由荣至衰的不幸遭遇，都同样怀着满腹的“忧愁暗恨”，过着冷落凄清的寂寞生活。（琵琶女：弟走从军阿姨死，暮去朝来颜色故。门前冷落鞍马稀，老大嫁作商人妇。诗人：我从去年辞帝京，谪居卧病浔阳城。）

（2）相逢何必曾相识

诗人写琵琶女高超的技艺，正是为了通过表现琵琶女的悲凉身世唤起人们对琵琶女的同情。而诗人写琵琶女的悲凉身世又是为了表现自己政治上的失意，抒发郁积心中的左迁之愁、贬谪之恨。

总结：作者借着叙述琵琶女的高超演技和她的凄凉身世，抒发了作者个人政治上受打击、遭贬斥的抑郁悲凄之情。琵琶女的经历，在某种程度上说和诗人有共同点，所以诗人有“同是天涯沦落人，相逢何必曾相识”的感叹。

4. “同是天涯沦落人，相逢何必曾相识”的内涵表达了诗人怎样的情感？

表达了诗人对琵琶女不幸遭遇的同情和自己谪居江州后的郁闷心情。“同是天涯沦落人，相逢何必曾相识”反映的是当时社会的黑暗、统治者昏庸无能、人民处在水深火热之中的悲惨现实。

（三）课堂小结

本节课通过具体段落分析琵琶女和诗人的身世遭遇，进一步找到琵琶女和诗人的共同点，从而让同学们领悟到了本文主旨句“同是天涯沦落人，相逢何必曾相识”的内涵，同时也感受到了当时社会的黑暗、人民生活在水深火热之中的挣扎痛苦。

（四）课后作业

1. 整理主旨句笔记。

2. 学习了“同是天涯沦落人，相逢何必曾相识”后有什么感悟，请写一篇800字的作文。

（五）板书设计

琵琶行(并序)
白居易

同是天涯沦落人，相逢何必曾相识

琵琶女	诗人
京城女	任帝京
↓	↓
名满京都的艺人	才华横溢的大诗人
年长色衰而嫁人	直言相谏而遭贬谪

出门京城、才华出众、落魄失意

案例三

《过秦论》秦灭亡的原因是什么？

西昌学院2020级汉语言文学专业庞俊洁提供

一、教学目标

1. 总结秦的过错。

2. 学习秦朝灭亡的根本原因，把握作者观点。

3. 理解作者写作目的。

二、教学重点

通过学习秦朝的过失了解秦灭亡的根本原因。

三、教学方法

讲授法、提问法。

四、教学时长

10分钟。

五、课文来源

部编版高中语文选择性必修中第三单元第3课。

六、教学过程

（一）前课回顾

通过上节课的学习，我们了解了秦国在商鞅变法后，历经五位君主的治理逐步强盛起来，到秦始皇时一统天下，秦王朝成为我国历史上第一个真正意义上的封建王朝，但同时秦王朝也是一个短命的王朝，仅仅存在了15年。到这里大家应该已经有了疑惑：如此强大的王朝究竟做了什么导致它仅仅存活15年呢？接下来，我们来了解秦王朝统一天下后做了什么，并分析是什么导致了秦的灭亡。

（二）分析课文

1. 分析课文第三段

及至始皇，奋六世之余烈，振长策而御宇内，吞二周而亡诸侯，履至尊而制六合，执敲扑而鞭笞天下，威振四海。南取百越之地，以为桂林、象郡；百越之君，俯首系颈，委命下吏。乃使蒙恬北筑长城而守藩篱，却匈奴七百余里；胡人不敢南下而牧马，士不敢弯弓而报怨。

同学们在这一段里学到了什么呢？

明确：秦的做法有：执敲扑而鞭笞天下；南取百越之地；使蒙恬北筑长城而守藩篱，却匈奴七百余里。

提问1：此时秦朝国力强势，已经一统天下，但秦王朝对外仍是进攻姿态，试问以同学们的经验来看，秦王朝这样对待周边国家的做法可行吗？（对学生的回答表示肯定，要用和平方式对待周边国家，同时指出这是秦朝的第一个过错）

于是废先王之道，焚百家之言，以愚黔首；隳名城，杀豪杰；收天下之兵，聚之咸阳，销锋镝，铸以为金人十二，以弱天下之民。然后践华为城，因河为池，据亿丈之城，临不测之渊，以为固。良将劲弩守要害之处，信臣精卒陈利兵而谁何。天下已定，始皇之心，自以为关中之固，金城千里，子孙帝王万世之业也。

明确：秦实行愚民、弱民，削弱人民的反抗力量；刑法严苛，让人民畏惧反抗；良将精兵守护都城；秦始皇的盲目自信。

提问2：以上是秦始皇治理天下的行动，请同学们根据以前的学习经验判断秦始皇的做法是否正确？秦始皇的做法能否使秦万世称帝呢？（肯定学生的回答，明确这也是秦始皇错误的做法，暴政只会激起百姓更强的反抗之心，这样做不能维护秦朝的统治）

2. 分析课文第四段

始皇既没，余威震于殊俗。然陈涉瓮牖绳枢之子，氓隶之人，而迁徙之徒也；才能不及中人，非有仲尼，墨翟之贤，陶朱、猗顿之富；蹑足行伍之间，而倔起阡陌之中，率疲弊之卒，将数百之众，转而攻秦；斩木为兵，揭竿为旗，天下云集响应，赢粮而景从。山东豪俊遂并起而亡秦族矣。

提问：试想，假如同学们像秦朝的子民一样天天生活在水深火热中，做事小心翼翼却还是会面临生命危险，大家是会继续忍气吞声呢？还是拼命做反抗呢？

明确：百姓也无法再忍受秦朝的暴政了，于是大泽乡起义爆发，秦朝在农民起义中灭亡了；第四段所描述的是大泽乡起义，秦的暴政苛政激起人民强烈的反抗意识，天下百姓响应起义将秦朝推向灭亡，秦王朝仅仅存活了15年。

3. 分析课文第五段

提问：第四段可以看出陈涉与秦朝差距悬殊，陈涉的出身、才能、军队处处不如秦，为什么陈涉会赢呢？请同学们在课文中寻找答案。

且夫天下非小弱也，雍州之地，崤函之固，自若也。陈涉之位，非尊于齐、楚、燕、赵、韩、魏、宋、卫、中山之君也；锄櫌棘矜，非铦于钩戟长铩也；谪戍之众，非抗于九国之师也；深谋远虑，行军用兵之道，非及向时之士也。然而成败异变，功业相反，何也？试使山东之国与陈涉度长絜大，比权量力，则不可同年而语矣。然秦以区区之地，致万乘之势，序八州而朝同列，百有余年矣；然后以六合为家，崤函为宫；一夫作难而七庙隳，身死人手，为天下笑者，何也？仁义不施而攻守之势异也。

明确：本段中，作者通过对比陈涉与九国之师、九国之师与秦、秦与陈涉，可以看出陈涉是处处不如秦师的。但就是这样弱小的陈涉之师却葬送了秦朝的命运。作者最终指出了秦始皇失败的根本原因：仁义不施。失去了仁义，使民心丧尽，失去仁义，就变得不堪一击。秦朝的根本过错是不施行仁政。

4. 总结学习内容

请同学们简单总结以上学习内容。

明确：第三段总写秦始皇的功业，政治、军事、文化、刑法、地理防务五个方面；第四段写了强秦的灭亡和陈涉起义；第五段以秦的兴亡史作为依据，通过对比论证指出秦亡的原因：仁义不施而攻守之势异也。

问题：通过这节课的学习，请同学们探讨作者写《过秦论》有何目的？

明确：贾谊生活在汉文帝统治时期。当时，社会经济已渐渐恢复，人民生活也较安定，但是阶级矛盾却在不断地潜滋暗长，统治阶级日益滋长“淫侈之俗”，并横征暴敛，加重人民负担。贾谊担心“大命将泛，莫之振救”，于是借此文，请求汉文帝以秦亡为警示，施行仁政，免蹈秦亡覆辙。

从前面对贾谊的介绍可以看出，贾谊是个对政治功名有强烈愿望的人，他想通过这篇文章引起皇帝的注意，实现其政治抱负。

（三）布置作业

在学习了秦的灭亡原因后，同学们对此有何感悟，写一篇不少于300字的心得体会。

（四）板书设计

过秦论

贾谊

秦的崛起——秦的灭亡:仁义不施而攻守之势异也

第四节　习题型微课

一、习题型微课内涵

做习题是学习者学习过程中必不可少的环节，在教学过程中也是必不可少的环节，占据着重要地位。习题型微课主要用于讲解习题中的重点、难点，清理解题思路，总结解题方法。习题型微课在教与学的过程中被广泛使用，教学效果好，深受师生喜爱。

二、习题型微课的特点

习题型微课以一道或几道典型习题为中心，针对一类题目进行归纳总结，符合微课以知识点为中心、针对性等特点，把微课的优势发挥到了极致，是微课中的经典类型。习题型微课实质上是对教学资源的重整，把解题过程清晰表述出来，使解题过程更加生动、直观。当老师无法当面讲解习题，习题型微课就可以“挺身而出”。习题型微课具有以下特点：

1. 以一道典型习题或多道类似习题为中心

习题型微课或以习题为线索，教授新知识点：或讲解典型的例题、习题或试题等，分析总结出某一类题的思路和方法；或以习题为载体，分析和解答某一重点、难点问题。它们的教学目标不同，发挥作用的环节也不同，但习题始终是中心，教与学围绕这个中心而展开。

2. 注重解题思路的呈现

解题思路是解题的关键，因此习题型微课特别注重解题思路的呈现。解题思路即把所学的知识点、已掌握的解题方法和题目的已知条件联系起来，找出解决问题的方法。解题思路是解题的思维过程，本身比较抽象，习题型微课通过图像把解题思路直观化，有利于学生理解，加深学生印象。习题型微课采用多种方式呈现解题思路，可以不遗余力地将解题思路具体、生动地呈现在学生面前。

3. 注重解题方法的呈现

与其他类型的微课相比，习题型微课注重解题思路的分析和过程的讲解，注重方法的归纳和应用。习题型微课一般针对典型习题进行讲解，希望学生通过学习微课，举一反三。归纳总结解题方式，可以系统地整理知识，并且使教学内容当中的重点、难点更加条理化、清晰地呈现。

三、习题型微课的实训要求及案例

（一）习题型微课的实训要求

1. 注重重点、难点的把握。
2. 注重题面的解析。
3. 注重解题方法的归纳。
4. 注重趣味性和生动性的设计。

（二）习题型微课案例

如以下所示。

案例一

《皇帝的新装》课本习题二

西昌学院2020级汉语言文学专业庞俊洁提供

一、教学目标

（一）知识与能力目标

了解作者及创作背景；理解这篇童话的讽喻意义；培养阅读的能力及其分析文本的能力。

（二）过程与方法目标

通过讲解典型习题，让学生掌握阅读文本解决问题的方法。

二、教学重点

学习阅读文本解答问题的方法。

三、教学时长

8～10分钟。

四、课文来源

部编版九年义务教育七年级上册第六单元《皇帝的新装》。

五、教学过程

（一）导入

同学们，我们已经学习过了《皇帝的新装》这篇文章的全部内容，那么同学们有没有把握住文章通过塑造人物形象所表达的内容和主旨呢？为了帮助同学们更好地把握文章的内容和主旨，我们需要借助一些典型的习题来巩固和提高。课本上的第二个大题紧扣文章的内容和主题，既可以借助它来进一步学习课文，又可以训练解答阅读题的思维方式和能力。让我们一起走进阅读习题的世界，提高自身的能力吧！

（二）讲解课本习题的第二个大题

1. 所谓的“新装”根本不存在，但人们都不敢说自己看不见，这是为什么？

这道题最后的落脚点是为什么，也就是说这道题是让我们寻找一件事情的原因。大多数情况下，一件事情的原因是隐藏在事情的发展过程中的，因此原因离不开故事情节的发展。我们现在需要结合文章的相关情节来寻找这件事情的原因，所以我们要先找出与这个问题有关的段落，很明显是文章的第二段和第十三段。那么，我们现在来看并分析文章的第二段和第十三段。

第二段：

有一天，他的王国来了两个骗子，自称是裁缝，说能织出美丽的布。

这种布不仅色彩和图案都分外美丽，而且缝出来的衣服还有一种奇怪的特性：任何不称职的或者愚蠢得不可救药的人，都看不见这衣服。

明确：“任何不称职的或者愚蠢得不可救药的人，都看不见这衣服”，这句话对人们心理产生的影响。

第十三段：

这样，皇帝就在那个富丽的华盖下游行起来了。站在街窗子里的人都说：“乖乖！皇上的新装真是漂亮！他上衣下面的后裙是多么美丽！这件衣服真合他的身材！”谁也不愿意让人知道自己什么东西也看不见，因为这样就会显出自己不称职，或是太愚蠢。皇帝所有的衣服从来没有获得过这样的称赞。

明确：“谁也不愿意让人知道自己什么东西也看不见，因为这样就会显出自己不称职，或是太愚蠢”，这句心理描写对人们行为产生的作用。

综合分析：

我们现在一起从文中寻找答案。很明显在课文的第二自然段骗子说这么一句话：

“任何不称职的或愚蠢得不可救药的人，都看不见这衣服。”在文章倒数第五段写道：“谁也不愿意让人知道自己什么也看不见，因为这样会显出自己不称职，或是太愚蠢。”我们从这里可以得到一个答案：人们都怕说出新衣的不存在会导致自己被当作愚蠢的人，因此都装作看见了新衣。但这是通过文本直接可以看出来的，它只是一个是表层原因。我们思考问题不能只看表面，我们要进一步挖掘文本，找出问题的深层原因。我们综合全文来看，文中的皇帝是一个愚蠢、虚荣的人，他作为一个国家的最高统治者，他的言行、思想都会影响整个社会。我们从这里可以得到这个问题的深层原因，统治者的愚蠢、虚荣使得人们看不见也不愿意看见真相，而在这些统治者的统治下，整个社会也都染上了这种装腔作势、无视事实的毛病。

因此我们最后得出答案：

（1）表层原因：在故事里，人们都害怕说出新衣不存在会导致自己被当作傻瓜，因此都装作看见了新衣。

（2）深层原因：统治者的愚蠢、虚荣使得人们看不见也不愿意看见真相，而在这些统治者的统治下，整个社会也都染上了这种装腔伤势、无视事实的毛病。

2. 一个小孩子最先说出了真相，老百姓也都跟着说了真话，而皇帝和大臣们仍装模作样地把戏演下去。作者这样写，有什么用意？

这道题问的是作者写作的用意，它和文章的内容与结构有着密不可分的关系，此外它和作者当时所处的社会环境及其人生经历也是不可分割的。因此，我们在做这道题的时候既要联系原文的相关内容，还要联系实际，我们现在先结合文中的相关内容来分析。

“可是他什么衣服也没穿呀！”一个小孩子最后叫了出来。

“上帝哟，你听这个天真的声音！”爸爸说。于是大家把这孩子讲的话私下低声地传播开来。

“他并没穿什么衣服！有一个小孩子说他并没穿什么衣服呀！”

“他实在没穿什么衣服呀！”最后所有的百姓都说。皇帝有点儿发抖，因为他觉得百姓们所讲的话似乎是真的。不过他心里却这样想：“我必须把这游行大典举行完毕。”因此他摆出一副更骄傲的神气。他的内臣们跟在他后面走，手中托着一条并不存在的后裙。

综合分析：

这些故事情节，在表面上表达的是一个小孩子最先说出了真话，然后人们在小孩子的带动下说出了真话。我们在做题的过程中是不可以脱离客观的实际生活的。所以我们联系现实生活想一想，“小孩子”在一个社会中是什么地位呢？我想大家应该都听到过这样一句话，“儿童是祖国的花朵”，为什么呢？这是因为小孩是一个国家、一个民族发展的新生力量，他们是一个国家未来的希望。所以文中的“小孩子”寄托着作者改变现实、戳穿虚伪的理想。在小孩子说出真话后，老百姓在孩子的带动下有了说真话的勇气，而统治者却仍然装模作样。这很明显是运用了对比的修辞手法，使两者之间形成了一种非常鲜明的对比，显得皇帝和那些大臣们更加可笑、腐朽。在这种对比中，作者的立场和态度也就十分明显了，作者这样写也在无形之中嘲讽了统治阶级的愚蠢和虚伪。

最后我们得出答案：

“小孩子”寄托着作者改变现实、戳穿虚伪的理想。老百姓们在小孩子的带动下有了说真话的勇气，而统治者们却仍然装模作样，两相对比，显得后者更加可笑、腐朽。作者的立场也就十分明显了。

（三）课后小结

《语文课程标准》明确指出：“阅读教学是学生、教师、文本之间对话的过程阅读教学中要注重学生的自我朗读体验。”所以，要引导学生从文本中找到依据，让他们领悟那些不经意的词、不华美的词的深刻含义，然后读出自己的感受，形成自己的理解。

（四）课后作业

阅读安徒生的童话《拇指姑娘》，并用自己的话复述故事。

（五）板书设计

皇帝的新装

安徒生

人物:皇帝、骗子、小孩子

发展:爱新装—做新装—穿新装—展新装

结局:被揭穿

案例二

2022年高考语文甲卷古诗赏析题讲解

西昌学院2020级汉语言文学专业庞俊洁提供

一、教学目标

1. 理解高考古诗赏析类题的做题方法，培养做题思路，掌握基本的解题步骤。

2. 积累古诗词，提高对古诗的理解能力和鉴赏能力。

二、教学重点

学会做古诗赏析题的一般方法，学会鉴赏古诗词。

三、教学难点

在无法全面了解诗歌的创造背景及诗人的情况下，理解、赏析古诗。

四、教学时长

10分钟。

五、课文来源

2022年高考语文甲卷。

六、教学过程

（一）导入内容

古诗词赏析题是高考语文考试内容的重要组成部分，通常是选取一些同学们没学过的陌生诗人的作品。因此，每年都有很多学生因为不了解诗人以及诗歌的创作背景，在做题过程中错误理解诗歌的内涵而导致失分。今天我们就来通过一道最新的高考题学习一下，怎样解答这道题才能最大限度得分，同时也会传授同学们一些做题技巧。

（二）考题分析

古诗赏析题位于高考语文试卷第二部分古代诗文阅读的第15～16题，由一道选择题和一道简答题构成，分值为9分。

为了让同学们了解高考命题的最新动向，提前做好心理准备，我们来看一下近五年高考古诗赏析题的变化。

具体变化如下表所示：

近五年高考古诗赏析题变化

2022	全国甲卷	《画眉鸟》《画眉禽》	宋诗七律	即事抒怀
	全国乙卷	《白下驿饯唐少府》	唐诗五律	送别诗
2022	全国新一卷	《醉落魄·人日南山约应提刑懋之》	宋词	即事抒怀

续表

2021	全国甲卷	《和南丰先生出山之作》	宋诗七律	唱和诗
	全国乙卷	《鹊桥仙•赠鹭鸶》	宋词	即事抒怀
	全国新一卷	《寄江州白司马》	唐诗七律	即事抒怀
2020	全国甲卷	《读史》	宋诗七律	说理诗
	全国乙卷	《奉和袭美抱疾杜门见寄次韵》	唐诗七律	即事抒怀
	全国新一卷	《赠别郑炼赴襄阳》	唐诗五律	赠别诗
2019	全国甲卷	《投长沙裴侍郎》	唐诗七律	干谒诗
	全国乙卷	《题许道宁画像》	宋诗五律	题画诗
	全国丙卷	《插田歌（节选）》	唐诗五言	田园诗
2018	全国甲卷	《题醉中所作草书后卷（节选）》	唐诗七律	即事抒怀
	全国乙卷	《野歌》	唐诗七律	即事抒怀
	全国丙卷	《精卫词》	唐诗七言	咏物诗

可以看出，出题整体上由唐诗向宋词和宋诗倾斜，诗的题材多是即事抒怀。我们今天要讲的最新的高考语文古诗赏析题也是宋词，因此可以大胆预测，未来几年高考语文古诗赏析题的命题方向会更多地朝着宋词、宋诗方向发展。

（三）甲卷古诗赏析题讲解

阅读下面两首宋诗，完成下面小题。

画眉鸟

欧阳修

百啭千声随意移，山花红紫树高低。

始知锁向金笼听，不及林间自在啼。

画眉禽

文同

尽日闲窗生好风，一声初听下高笼。
公庭事简人皆散，如在千岩万壑中。

1. 下列对这两首诗的理解和赏析，不正确的一项是（　　）。

A. 欧诗和文诗题目大体相同，都是以画眉鸟作为直接描写对象的咏物诗。

B. 欧诗所写的画眉鸟在花木间自由飞行，文诗中的画眉鸟则在笼中饲养。

C. 欧诗认为鸟笼内外的画眉鸟，其鸣叫声有差别，而文诗对此并未涉及。

D. 欧诗中的“林间”与文诗中的“千岩万壑”具有大致相同的文化含义。

参考答案：C。

【本题详解】

本题考查学生鉴赏诗歌表达技巧，理解诗歌内容的能力。

C中“而文诗对此并未涉及”说法错误。文诗中先说笼中的画眉鸟在窗边清风中鸣叫，初听之时，声音还是来自“高笼”之中；但等到诗人了却简单的公事，众人散尽之后，衙署清幽安静，此时再听画眉鸟的鸣声，则如同置身于“千岩万壑中”一般。因此，文诗也认为画眉鸟在“高笼”中与在山林之间的鸣声是有差别的，对此有所涉及。故选C。

2. 这两首诗中，画眉鸟所起的作用并不相同。请简要分析。

参考答案：① 欧诗托物言志，通过对比画眉鸟在不同的环境中的叫声，将画眉鸟作为寄托情怀的对象，抒发的是诗人归隐山林、挣脱羁绊、向往自由的感情。② 文诗对画眉进行侧面描写，通过对比“公庭事简人皆散”前后对画眉鸟鸣声的听觉感受，衬托出了诗人高洁出尘、闲散淡泊、襟韵洒落的人物形象。

【本题详解】

本题考查学生鉴赏诗歌事物形象的能力。

欧诗以画眉鸟为直接描写对象，托物言志，写诗人听见画眉鸟在山林繁花之间千啼百啭，才知道笼中画眉的叫声，远比不上它在山间的自由歌唱那么悦耳动听。在本诗中，诗人对画眉鸟进行正面描写，通过对比画眉鸟在“山花红紫树高低”和“锁向金笼”两种截然不同的环境中的叫声，将画眉鸟作为寄托情怀的对象，抒发的是诗人归隐山林、挣脱羁绊、向往自由的感情。

文诗虽以画眉为题，但并未具体地描写画眉鸟的形象和叫声，而是进行侧面描写，重点渲染了“公庭事简人皆散”之后，初听上去仍在“高笼”中的画眉鸣声此时听起来却如同置身于“千岩万壑中”，悠远空旷，清幽寂静。本诗通过对比“公庭事简人皆散”前后对画眉鸟鸣声的听觉感受，衬托出了诗人高洁出尘、闲散淡泊、襟韵洒落的性格。

（四）古代诗歌鉴赏题做题思路

选择题解题方略：

（1）把握选项意思。精读选项，细心推敲措辞，确保准确理解：弄清选项由多少个语意点构成，语意点之间是否有某种逻辑关系，如因果关系、条件关系、转折关系等。

（2）确定对应词句。回到原诗，找到与选项每一个语义点对应的具体词句。

（3）结合语境理解。精读作品，在语境中准确理解与选项语义点对应的原诗词句。

（4）核对判断正误。将对原诗词句的理解与选项的相应表述加以核对，判定选项表述是否正确。如果选项的语意点之间有某种逻辑关系，要看作品与之对应的地方是否存在这种逻辑关系。

简答题解题方略：

（1）多读几遍诗歌题目，确定诗歌主题。诗歌的题目往往就直接点明了诗歌的主要内容，如《礼部贡院阅进士就试》《投长沙裴侍郎》，所以要仔细阅读，寻找关键词。

（2）把握诗歌大意和诗歌中的意象。同样要静下心来仔细阅读诗歌，对诗歌进行大致的翻译，多积累诗词中常见的意象。

（3）合理运用选择题的正确选项。排除错误选项后，其他选项就可以帮助我们更好地理解诗歌，要注意结合正确选项分析。

（五）板书设计

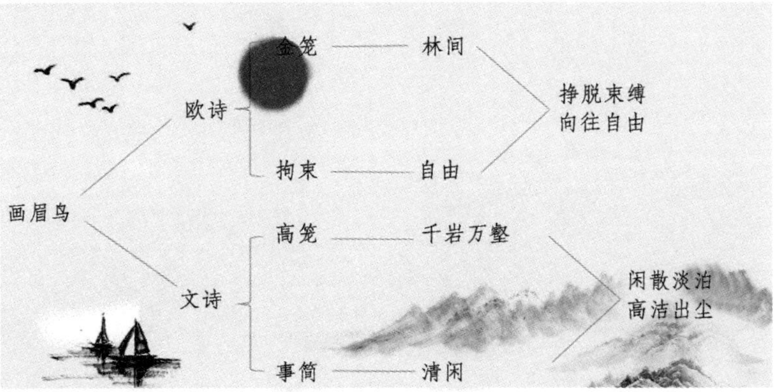

（六）课后作业

1. 按照本节课讲授的做题思路，完成2022年高考语文乙卷和新一卷的古诗赏析题。

2. 课后查阅相关资料，了解宋诗、宋词的特点。

思考题

1. 微课如何分类？
2. 导入型微课的含义及特点是什么？
3. 讲授型微课的含义及特点是什么？
4. 问题型微课的含义及特点是什么？
5. 习题型微课的含义及特点是什么？

参考文献

[1] 中华人民共和国教育部. 义务教育语文课程标准（2022年版）[S]. 北京：北京师范大学出版社，2022.

[2] 中华人民共和国教育部. 普通高中语文课程标准（2017年版2020年修订）[S]. 北京：人民教育出版社，2020.

[3] R. M. 加涅，等. 教学设计原理[M]. 皮连生，等，译. 上海：华东师范大学出版社，1999.

[4] P. L. 史密斯，T. J. 雷根. 教学设计（第3版）[M]. 宠维国，等，译. 上海：华东师范大学出版社，2008.

[5] 徐英俊. 教学设计[M]. 北京：教育科学出版社，2001.

[6] 乌美娜. 教学设计[M]. 北京：高等教育出版社，2004.

[7] 贺卫东. 中学语文教材研究与教学设计[M]. 西安：陕西师范大学出版社，2011.

[8] 张秋玲. 语文教学设计：优化与重构[M]. 北京：教育科学出版社，2012.

[9] 余立新，缪佳芹. 语文教学设计[M]. 重庆：西南师范大学出版社，2014.

[10] 叶圣陶. 叶圣陶语文教育论集[M]. 北京：教育科学出版社，2015.

[11] 宋秋前，包国华. 初中语文教学设计与实施[M]. 上海：上海交通大学出版社，2018.

[12] 刘飞. 语文统编教材大单元教学设计框架构建及其运用[J]. 基础教育课程，2020（12）上：40-51.

[13] 杨晓梅. 试论综合性学习设计在初中语文教学中的实施[J]. 语文教学通讯，2021（1）：54-56.

[14] 石修银. 基于“可见的学习”理论的语文教学设计、过程及评价[J]. 课程、教材、教法，2021（8）：83-89.

[15] 李连娣，吴作奎. 三导向引领下的语文教学目标设计[J]. 文学教育，2022（5）：118-120.

[16] 王尚坤．核心素养视域下的生命观课堂教学设计——以部编版语文教材初一上册《猫》为例[J]．课程与教学探索，2022（6）：29-33.

[17] 于漪．《变色龙》板书及教后反思[J]．现代教学，2009（4）：24.

[18] 吴建．课堂板书设计——不该被忽视的重要环节[J]．中学语文，2008（36）：44-45.

[19] 李明信．板书——帮助学生理解课文的一条蹊径[J]．现代语文，2009（4）：58-59.

[20] 金洁．微课设计与制作一本通[M]．北京：清华大学出版社，2019.

[21] 吴疆．微课程和多媒体课件设计与制作规范[M]．北京：人民邮电出版社，2016.

[22] 方其桂．微课制作实例教程[M]．2版．北京：清华大学出版社，2019.

[23] 马九克．微课视频制作与翻转课堂教学[M]．上海：华东师范大学出版社，2016.

[24] 黄强．微课制作与创新教育[M]．哈尔滨：哈尔滨出版社，2020.

[25] 胡小勇．设计好微课[M]．北京：机械工程出版社，2017.

[26] 刘中黎．中学语文教学微型课题研究（第一卷）[M]．重庆：西南师范大学出版社，2016.

[27] 葛红敏，张溢．如何上好语文微型课[M]．郑州：大象出版社，2021.

[28] 杨旭明，廖鹏飞．核心素养导向的语文微课教学[M]．天津：南开大学出版社，2021.

[29] 郑桂华．中学语文教学设计[M]．北京：高等教育出版社，2019.

[30] 余映潮．余映潮教学设计技法80讲[M]．广州：广东人民出版社，2014.

[31] 张孔义．语文课堂教学技能与微格训练[M]．杭州：浙江大学出版社，2011.

[32] 朱爱华．大语文“我与孩子们的微课程”[M]．南京：江苏人民出版社，2016.

[33] 单从凯，王丽．微课程的开发与应用[J]．中国远程教育，2013（23）：74-77.

[34] 张玉．师范生微课教学能力的培养[J]．科教导刊，2014（11）：108-109.

[35] 隋勇．谈“微课”对语文师范生教学技能的培养[J]．语文建设，2016（6）：3-4.